Dr. Mada Hapworth ist Klinische Direktorin des Hapworth Centers in New York.

Dr. William Hapworth ist Psychiater und Psychopharmakologe. Er ist Medizinischer Direktor des Hapworth Centers und Professor für Psychiatrie an der New York University.

Joan Rattner Heilman ist eine bekannte Medizinjournalistin, die eine Vielzahl von Zeitschriften- und Zeitungsartikeln geschrieben hat. Sie ist außerdem Autorin von vierzehn Büchern.

Dieses Buch wurde auf chlor- und säurefreiem Papier gedruckt.

Deutsche Erstausgabe April 1996
© 1996 für die deutschsprachige Ausgabe
Droemersche Verlagsanstalt Th. Knaur Nachf., München

Titel der Originalausgabe »Mom Loved You Best«
Copyright © 1993 by William Hapworth, Mada Hapworth and Joan
Rattner Heilman
Published by arrangement with Viking Penguin, a division of Penguin
Books USA Inc.
Originalverlag: Viking Penguin, New York
Umschlaggestaltung: Graupner & Partner, München
Umschlagfoto: Angelika Vogel, Berlin
Satz: Ventura Publisher im Verlag
Druck und Bindung: Elsnerdruck, Berlin
Printed in Germany
ISBN 3-426-84090-1

5 4 3 2 1

William E. und Mada Hapworth
Joan Rattner Heilman

Einer ist immer
Mamas Liebling

Geschwisterbeziehungen
bestimmen unser ganzes Leben

Aus dem Amerikanischen
von Ursula Harzer

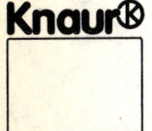

Für Wills

Du bist so wunderbar. Wir wollten nicht, daß ein anderes Kind einen Schatten auf unsere Liebe und Loyalität wirft.

Inhaltsverzeichnis

Danksagung

Unser Dank gilt:
unseren Patienten, die uns ihre innersten Geheimnisse anvertrauten; unseren Freunden und Kollegen, die geduldig unsere langen Abwesenheiten ertrugen und uns wieder in ihre Mitte aufnahmen, wenn wir Zeit hatten; unserer Verlegerin Mindy Werner und Joan Rattner Heilman, die für uns schrieb und die, trotz aller Stürme, stets auf Kurs blieb und half, das Buch zu einem glücklichen Ende zu bringen; unserer Agentin Janet Wilkens Manus, die vom ersten Tag an an uns glaubte; unseren Eltern und Geschwistern, die geholfen haben, das aus uns zu machen, was wir heute sind, und die uns die emotionale Substanz gaben, von der wir zehren können. Im besonderen Tina für ihren Mut, sich mit uns durch das Thema Geschwister durchzuarbeiten, um so mehr Freude aneinander zu haben; Millie für ihre liebevolle Unterstützung; vor allen Dingen auch Wills, der uns immer wieder zum Staunen bringt und unser Leben mit Liebe erfüllt.

Vorwort

Hapworth Centers ist eine medizinische und psychiatrische Einrichtung, die wir vor nicht ganz zehn Jahren in New York gegründet haben. Viele Menschen haben uns in dieser Zeit dort aufgesucht und uns und unseren Mitarbeitern einen tiefen Einblick in ihr Leben gestattet. Meist hat man nur eine geringe Ahnung vom Innenleben der anderen, das nach außen hin zurechtgestutzt ist. Wir als professionelle Psychoanalytiker haben diese Menschen jedoch so gesehen, wie sie wirklich sind. Wir durften auch die Seiten in Augenschein nehmen, die unsere Patienten als ihre geheimsten, unattraktivsten und reparaturbedürftigsten betrachten.

Bei unserer klinischen Arbeit wurden wir uns mehr und mehr der Bedeutung bewußt, die Geschwister – neben den Eltern, natürlich – bei der Entwicklung sowohl der Persönlichkeit als auch des Weltbildes haben. Wir haben gelernt, wie stark Brüder und Schwestern Schatten aufeinanderwerfen und wie das Verhalten anderen gegenüber vom Verhältnis zu den Geschwistern beeinflußt wird. Doch seltsamerweise scheint diese Beziehung das »schwarze Loch« der Psychotherapie zu sein.

In der psychoanalytischen Theorie wird der Ödipus-Komplex als der Schlüssel zu dem, was wir geworden sind und wie wir uns im Leben verhalten, gesehen. Das, was wir als »Geschwister-Komplex« bezeichnen möchten – die mächtige Beziehung zwischen Brüdern und Schwestern –, hat hingegen bis heute wenig Interesse gefunden. Obwohl Alfred

Adler, der zusammen mit Sigmund Freud und Carl G. Jung einer der drei Gründerväter der Psychoanalyse ist, auf die Bedeutung der Geschwisterbeziehung hingewiesen hat, ist diese erst in den letzten Jahren in Fachkreisen anerkannt und die tatsächliche Tragweite ernsthaft untersucht worden.

Der Inhalt dieses Buches basiert auf dreißig Jahren gemeinsamer Erfahrung mit unseren Patienten, die wir ein- oder zweimal in der Woche sehen – in Einzel-, Gruppen oder Familientherapien. Bei der minutiösen Auseinandersetzung mit ihrer Geschichte lernten wir, ihre Unsicherheiten, ihre Stärken, ihre Erfolge und Mißerfolge zu verstehen. Um ihre Anonymität zu wahren, haben wir in den Fallgeschichten nicht nur die Namen geändert, sondern auch die Erfahrungen modifiziert oder ineinander verschmolzen. Wir hoffen, ihr Vertrauen in keinster Weise gebrochen zu haben.

Zusätzlich zu unseren therapeutischen Erfahrungen genossen wir beide eine intensive, psychiatrische und psychologische Ausbildung, zu der auch ein Praktikum bzw. eine Assistenzzeit im New York University Medical Center und Bellevue Hospital New York gehörte, wo wir uns kennengelernt haben. Außerdem bot sich uns die seltene Gelegenheit, von den Kindern Alfred Adlers ausgebildet und analysiert zu werden.

Alfred Adler vertritt die Ansicht, daß der Hauptantrieb des Menschen in seinem Bemühen, das Universum zu beherrschen, das Streben nach Macht und Überlegenheit ist. Nach unseren Erfahrungen findet das erste Erwachen dieses allgemeinen menschlichen Strebens oft in den Geschwisterbeziehungen statt. Wir bedienen uns dieser Philosophie, um unsere Patienten und ihre Welt zu verstehen.

Sie sind nicht allein, wenn Sie sich wünschen, die komplexe

Beziehung zwischen Ihnen und Ihren Geschwistern zu verstehen. Es ist verwirrend und frustrierend, festzustellen, daß man immer wieder das gleiche unbefriedigende Verhalten zeigt und nicht dahinterkommt, warum man sich so verhält und warum man nicht damit aufhören kann. Wir glauben, daß eine genaue Überprüfung der Geschwisterbeziehung Sie von den unausweichlichen Konflikten und Rivalitäten befreit und befähigt, ein glücklicheres, gesünderes und freieres Leben zu führen.

Bill und Mada Hapworth
New York, 1993

1 Enge Bande –
Die Macht der
Geschwisterbeziehung

Falls Sie sich je gewundert haben, warum Sie mit einem Ihrer Geschwister so phantastisch gut auskommen, bei einem anderen immer nahe daran sind, den Telefonhörer aufzulegen, und nach einem Gespräch mit einem dritten sich am liebsten für drei Tage ins Bett verkriechen möchten – ist dies das richtige Buch für Sie. Wir möchten, daß Sie sowohl die Macht der Geschwisterbeziehung als auch die ihr innewohnende, anhaltende Rivalität verstehen lernen.

Beim Erforschen dieser einflußreichen Beziehung werden Sie wertvolle Hinweise bekommen, die Ihnen Ihr eigenes Verhalten erklären; Erkenntnisse, die Ihnen vielleicht bisher nicht bewußt waren, als Sie versuchten, sich selbst besser zu verstehen. Und schließlich bekommen Sie auch einige Antworten auf die Fragen, warum Sie tun, was Sie tun, und wie Sie zu dem geworden sind, was Sie heute sind.

Sie werden lernen, die Beziehung, die Sie zu Ihrem Bruder oder Ihrer Schwester haben, besser zu verstehen, besser zu tolerieren und vielleicht sogar deutlich zum Positiven zu verändern. Erst wenn Sie sich über – sichtbare oder subtile – Verhaltensmuster klargeworden sind, die Sie und Ihre Geschwister im Verhältnis zueinander zeigen, können Sie erkennen, wie sich diese entwickelt und warum Sie sie in all den Jahren beibehalten haben.

Sie werden lernen – und das ist vielleicht das wichtigste –, daß *alle* Brüder und Schwestern ein Leben lang im Wettstreit miteinander stehen. Sie sind Rivalen, ob sie sich dessen bewußt sind oder nicht. Dies gilt sowohl für Geschwister, die sich sehr nahestehen und sich gegenseitig unterstützen, als auch für jene, die sagen: »Ich hätte sie nie zur Freundin gewählt. Wenn sie nicht meine Schwester wäre, würde ich den Kontakt zu ihr abbrechen.«

Rivalität ist der Zündstoff in der Beziehung zwischen Brüdern und Schwestern. Sie erlischt nie, selbst wenn sie erwachsen sind und getrennte Wege gehen. Alle Erwachsenen, die starke, aus der Kindheit herrührende Gefühle mit sich herumtragen, sind für immer gefangen in einem Machtkampf mit ihren Geschwistern – insbesondere mit einem von ihnen. Es ist ein ewiger Wettbewerb um Macht und Überlegenheit. Und der Groll und die Eifersucht – offen oder unterschwellig, gutartig oder bösartig –, die sie als Kinder dem anderen gegenüber gehegt haben, kann immer wieder aufbrechen, und dies passiert häufig genau dann, wenn es am wenigsten erwartet wird.

So wie Macht in allen menschlichen Beziehungen eine Rolle spielt, ist sie auch ein wesentlicher Bestandteil der Geschwisterbeziehung. Wer mehr und wer weniger Machtbedürfnis hat, das ist die strittige Frage. Wir alle versuchen auf unsere besondere Weise, möglichst viel eigene Macht zu erhalten. Warum wohl? Weil jeder das starke Bedürfnis hat, kompetent, akzeptiert und angesehen zu sein und – am wichtigsten – unser Umfeld unter Kontrolle zu haben. Wir wollen das Gefühl haben, den Ansprüchen zu genügen und zu den Siegern zu gehören. Mehr noch, wir ertragen es nicht, zu den Verlierern zu zählen (es sei denn, wir versprechen uns dadurch einen Vorteil).

Macht ist mehr als die bloße Fähigkeit, andere zu beherrschen und zu veranlassen, Dinge zu tun, die sie vielleicht nicht tun wollen. Sie befähigt uns auch, uns zu schützen, indem wir das Verhalten der anderen vorhersagen und ihm zuvorkommen können. Und sie umfaßt in diesem Fall auch die Gewißheit, daß unser Bruder oder unsere Schwester immer dasein werden und für immer Teil unserer Geschichte und unseres Lebens sind.

In unserem Machtkampf werden die Geschwister zu Maßstäben unseres eigenen Wertes. Indem wir uns immer wieder mit ihnen vergleichen – manchmal bewußt, manchmal unbewußt –, beurteilen wir ständig: Geht es ihnen besser oder schlechter als uns? Wer ist angesehener? Wer hat den besseren Job? Wer verdient mehr Geld? Wer hat die bessere Ehefrau? Wer die erfolgreicheren Kinder? Wer mehr Freunde? Wer den besseren Charakter? Wer verfügt über mehr Prestige?

Das heißt nun aber nicht, daß wir immer uneins sind oder immer um die Vorherrschaft kämpfen. Nur wenn wir uns schwach oder persönlich bedroht fühlen, kommen diese unangenehmen Rivalitätsgefühle in uns hoch und lösen die alten, uns selbst schützenden Reaktionen aus, die wir in unserer Kindheit gelernt haben. Jeder, der Geschwister hat, kennt dies, doch manche leiden mehr darunter als andere.

Das ist auch der Grund, warum Geschwisterbeziehungen *nie* vollkommen und *nie* ganz so sind, wie wir uns dies wünschen. Es gibt kaum jemanden, der keine Klagen über einen Bruder oder eine Schwester vorzubringen oder keine Enttäuschungen mit ihnen erlebt hat. Alle Geschwisterbeziehungen sind von Natur aus problematisch – zumindest auf bestimmte Weise und zu bestimmten Zeiten –, selbst bei sich sehr nahestehenden Geschwistern. Übrigens, das Unbehagen ist immer gegenseitig. Wenn Sie Schmerz oder Enttäuschung empfinden, geht es Ihrem Bruder oder Ihrer

Schwester ebenso, auch wenn er oder sie es vielleicht nicht zugibt.

Nehmen Sie zum Beispiel die dreiundfünfzigjährige energische Sally Ann, Konrektorin an einer Junior High School. Sie führt eine zufriedenstellende Ehe und hat vier erwachsene Kinder. Wie sie sagt, ist ihre ältere Schwester Marian ihre beste Freundin. »Wir würden alles füreinander tun. Wir telefonieren mindestens zweimal in der Woche, und ich weiß, daß sie immer für mich dasein wird.«
Nach kurzem Zögern fügt sie dann aber noch hinzu: »Ich kann ihre Gegenwart nicht immer ertragen. Sie gibt mir das Gefühl, den Erwartungen nicht ganz zu entsprechen. So erkundigt sie sich zum Beispiel, warum ich meinen Haushalt nicht besser organisiere oder warum ich Mutter nicht häufiger besuche. Sie ist eine Perfektionistin. Ihr Heim ist blitzblank und wunderschön eingerichtet, ihre Kleidung ist elegant, die Schuhe passen genau zur Handtasche und die Ohrringe zur Brosche. Das ist ja schön und gut, aber ich bin bei ihr einfach nicht entspannt, weil sie immer etwas zu kritisieren hat – manchmal ist es auch nur ein Blick, den ich aber genau deuten kann. Wie ich damit umgehe? Ich sage nichts, weil es keinen Sinn hat, darüber zu streiten, aber bisweilen könnte ich sie umbringen. Zahle ich es ihr irgendwie heim? Ja natürlich, aber auf eine feige Art. Ich kenne ihre Angst vor dem Älterwerden. Wenn ich also wirklich wütend bin, lasse ich ein paar Bemerkungen über Falten und graue Haare fallen, oder ich rufe sie nicht zu der gewohnten Zeit am Samstagmorgen an, dann muß sie die Initiative ergreifen.
Es ist kindisch, aber es kommt ganz automatisch, und ich merke erst später, was ich getan habe. Manchmal realisiere ich es auch erst, wenn mich jemand darauf aufmerksam

macht. Ich lehne es als vernunftwidrig ab, versuche, mich zu rechtfertigen oder mir einzureden, ich hätte mich nicht wirklich wie ein kleines Kind benommen.«

In ihrem Bemühen, gut und kompetent zu sein, verwies die Schwester von Sally Ann gern auf ihre eigenen organisatorischen Fähigkeiten und meinte, andeuten zu müssen, Sally Ann ließe diesbezüglich zu wünschen übrig. Sally Ann konterte, indem sie sich sagte, sie hätte den besseren Charakter, weil sie Streit und Anschuldigungen vermied. Sie verschaffte sich zudem wieder ein gewisses Machtgefühl dadurch, daß ihre große Schwester sich um sie bemühen mußte.

Das Leben ist nicht fair

In jeder Familie gibt es Ungerechtigkeiten. Elterliche Liebe, Akzeptanz, Aufmerksamkeit und Anerkennung werden nie ganz gleichmäßig verteilt. Und selbst wenn sie es wären, würden wir es tief in unserem Inneren nicht so empfinden. Wir alle wachsen mit dem Gefühl auf, der oder die andere erhält mehr von irgend etwas als wir. Wir alle fühlen uns einem Bruder oder einer Schwester gegenüber, zumindest manchmal, benachteiligt. Aus diesem Grund hegen wir einen Groll, der in der Beziehung zu der Schwester oder dem Bruder bis ins hohe Alter eine Rolle spielen kann, auch wenn die Intensität variiert und die Art, wie wir diesen Groll ausdrücken, eine Frage des Stils ist.

Weil die meisten von uns in dem Glauben aufgewachsen sind, ihre Brüder und Schwestern, diese Menschen, die wir uns nicht selbst ausgesucht haben, ohne Vorbehalt lieben zu müssen, fühlen wir uns schuldig und schlecht, wenn dem nicht so ist. Wir wünschen uns wundervolle Brüder und Schwestern, die uns immer zur Seite stehen, und wenn sie diesen Erwartungen nicht entsprechen, sind wir maßlos enttäuscht. Dabei kann man einer Person, die uns zu beherrschen sucht, nicht ausschließlich reine Liebe entgegenbringen – und Geschwister wollen Macht ausüben.

Gefühle von Groll, Neid, Eifersucht, Angst, Deprivation, Schmerz, Ablehnung, Verlegenheit, Schuld und Ambivalenz sowie andere »nicht zulässige Emotionen« gegenüber diesen unentwirrbar mit unserem Leben verbundenen Menschen sind nicht nur natürlich, sondern auch allgegenwärtig. Rivalität unter Geschwistern ist ganz einfach eine Tatsache. Man kann sie abstreiten und unterdrücken, verstehen und akzeptieren, man kann sie ändern und verringern, aber vollkommen aus der Welt schaffen kann man sie nicht.

Ein unerforschtes Thema

Eine gestörte Geschwisterbeziehung ist eines der weitverbreitetsten Probleme bei Erwachsenen, dem jedoch wenig Aufmerksamkeit gewidmet wird. Patienten, die während einer Psychotherapie über ihr Leben berichten, verharmlosen oder leugnen fast immer den Einfluß, den ihre Brüder und Schwestern auf sie ausgeübt haben. Sie werden lediglich als unwichtige Zeugen oder Komplizen betrachtet. Nur sehr selten sind sie sich bewußt, daß ihre Geschwister eine starke Kraft in ihrem Leben darstellen.

In unserer Kultur wird Geschwisterbeziehungen keine große Bedeutung beigemessen. Unsere Beziehung zu den Eltern – und später zum Ehepartner, zum Liebespartner und zu den Kindern – wird als einzig wichtige Bindung betrachtet. Nur wenige Menschen realisieren, daß das Band zwischen Brüdern und Schwestern die *andere* wichtige Beziehung in unserem Leben ist und daß der Geschwister-Komplex – die Konstellation aller Auswirkungen dieser Beziehung und die Art, wie der Groll und die Eifersucht, die damit einhergehen, bewältigt werden – der *andere* wichtige Faktor in der Bestimmung unserer Persönlichkeit als Erwachsener ist.

Vielleicht weil Brüder und Schwestern einfach zur Familie gehört haben, schenken wir ihnen keine bewußte Aufmerksamkeit. In unserer Egozentrik und unserem Wunsch, unser Schicksal selbst zu bestimmen, geben wir vielleicht nicht gerne zu, daß noch jemand anderer – außer unseren Eltern – einen solch wichtigen Einfluß auf unsere Entwicklung genommen hat. Es ist nicht leicht zu bekennen: »Meine Schwester oder mein Bruder haben mich zu dem gemacht, was ich heute bin.« Wer möchte ihnen schon solche Verdienste zusprechen?

Vielleicht leugnen wir aber auch die Bedeutung von Geschwistern wegen ihrer enormen Macht. Mit diesem Verleugnen – übrigens ein bekanntes psychologisches Manöver – wollen wir unsere sensibelsten Bereiche verheimlichen. Meist läßt sich sogar sagen, je stärker die Verleugnung, um so emotional beladener ist das Thema. Bei der Arbeit mit unseren Patienten haben wir herausgefunden, daß jene, die Probleme mit ihren Geschwistern leugnen, manchmal die heimtückischsten und destruktivsten Beziehungen haben, weil die ungelösten Konflikte sie tief belasten, ohne daß sie sich dessen jedoch bewußt sind.

Wir werden von unseren Geschwistern geformt

Neben den genetisch festgelegten Charaktermerkmalen und den Einflüssen unserer Eltern und unserer Umgebung ist die Geschwisterbeziehung verantwortlich für die Prägung unserer Persönlichkeit, unserer Wahrnehmung der Welt und der Rollen, die wir in ihr spielen. Natürlich kann der übermächtige Anteil, den unsere Eltern bei unserer Entwicklung gehabt haben, nicht geleugnet werden: Sie formten im wesentlichen unseren Charakter und unsere Identität; sie vermittelten uns Werte, Moralvorstellungen, Ziele, Schutzmechanismen und die Techniken, die wir benutzen, um unser Leben zu meistern. Eltern haben den größten Anteil am Gesamtkomplex der Faktoren und Motive menschlichen Verhaltens. An zweiter Stelle muß jedoch sofort die Geschwisterbeziehung genannt werden.

Weil Eltern Autoritätspersonen und keine Gleichgestellten sind, können wir nicht direkt mit ihnen konkurrieren. Sie sind uns zu weit voraus, besitzen für einen fairen Kampf zu viel Macht, und der Einsatz ist zu hoch, um sie offen herauszufordern. Außerdem sind sie an andere Regeln gebunden als Kinder, und die Gesellschaft hat andere Erwartungen an sie. Sie geben Befehle, während ihre Kinder sich bemühen, diese durch geschickte Manöver zu umgehen. Eltern sagen uns, was wir tun müssen. Geschwister zwingen uns, herauszufinden, wie wir es tun müssen.

Deshalb lehren uns unsere Geschwister, die mehr oder weniger unsere Körpergröße haben und uns mehr oder weniger gleichgestellt sind, mehr als unsere Eltern es je vermögen, unser Leben zu meistern. Sie geben uns unsere ersten Lektionen im Konkurrieren und zeigen uns, wie man konstruktiv oder neurotisch mit seinen Mitmenschen umgeht.

In der »Geschwister-Lehrwerkstatt«, in der wir neue Gefühle und Verhaltensformen testen, machen wir unzählige Experimente im Sozialverhalten, haben viel Zeit und Raum, um die Ergebnisse unserer Aktionen zu analysieren und dann die nötigen Anpassungen vorzunehmen. Geschwister sind unsere Vorbilder. Sie zeigen uns, wie man zusammen spielen, arbeiten und streiten kann. Sie sind unsere ersten Verbündeten und unsere ersten Verräter. Wenn wir mit ihnen um Macht, Liebe, Aufmerksamkeit und Anerkennung der Eltern konkurrieren, sind sie lebende Beispiele für ein Verhalten, das sich als gut oder schlecht erweist.

Sind wir dann erwachsen und verlassen das Elternhaus, nimmt jeder von uns seine persönliche Schablone mit, ein bleibendes Muster für soziale Interaktionen, das von den Erfahrungen innerhalb der Familie geformt wurde.

Die Macht der Gewohnheit

Auch Sie verlassen Ihr Elternhaus in der Überzeugung, daß alles so bleiben wird, wie es zu Hause gewesen war. Ihre Familie hat die Verhaltensmuster festgelegt, die Sie in Ihren zukünftigen Beziehungen zeigen werden.

Und was soll daran schlecht sein? Gar nichts, wenn die Verhaltensformen, die Sie gelernt haben, in der Außenwelt funktionieren. Probleme entstehen erst dann, wenn die Taktiken und Techniken, die zu Hause so erfolgreich funktionierten, nicht die Reaktionen nach sich ziehen, die Sie erwarten. Heißt dies nun, daß Sie Ihr Verhalten ändern werden? Wahrscheinlich nicht. Denn selbst wenn Ihr gewohntes Verhalten sich nicht zu Ihrem Vorteil auswirkt, werden Sie es voraussichtlich nicht ändern, weil es viel bequemer ist, so zu bleiben, wie man ist. Sind Sie einmal darauf programmiert, auf eine gewisse Weise zu reagieren, ist es äußerst schwierig, eine solche Reaktion abzulegen, ohne die Hilfe einer Psychotherapie, eines starken Mentors oder des Erlebnisses einer einschneidenden und/oder traumatischen Erfahrung. Bei Herausforderungen oder Bedrohungen werden Sie – wie wir alle – dazu neigen, in die alten Verhaltensmuster, jene, die Sie im Elternhaus gelernt haben, zurückzufallen.

Der Einfluß Ihrer Geschwister zeigt sich in jedem Aspekt Ihres Erwachsenenlebens – in der Art Ihrer Entscheidungen, Ihres Verhaltens gegenüber Vorgesetzten, Kollegen, Nachbarn, Freunden und Feinden, ja sogar in der Wahl Ihres Lebenspartners und wie Sie mit diesem und Ihren Kindern umgehen. Ihr Bruder oder Ihre Schwester haben Sie so stark und unauslöschlich geprägt, daß fast alles, was Sie tun – bis zu einem gewissen Grad –, von Ihrer Geschwisterbeziehung beeinflußt wird.

Die Fähigkeit, vorherzubestimmen, was Ihnen bekannt und daher angenehm ist, gibt Geschwistern ihre größte und dauerhafteste Macht über Sie. In unserer großen Welt sind die Optionen unendlich, doch Sie werden Ihren Kurs nach Ihrem persönlichen Radarsystem ausrichten, das darauf programmiert ist, das Bekannte zu suchen. Menschen und Situationen, die Sie »wiedererkennen«, wenn auch unbewußt, geben Ihnen ein Gefühl der Sicherheit und Kontrollierbarkeit. Sie haben deshalb die Tendenz, aus allen Personen, die Sie kennenlernen, eine Reinkarnation derjenigen zu machen, die Sie zurückgelassen haben. Sie werden immer von Menschen angezogen werden, die Ihren Geschwistern ähneln, gleichgültig, ob sie enge Freunde oder erbitterte Feinde oder – was am wahrscheinlichsten ist – eine Mischung aus beidem gewesen sind. Auch wenn die Ähnlichkeit eher gering ist, werden Sie in anderen Personen

Ihre Geschwister *sehen* und sich ihnen gegenüber unwillkürlich so verhalten, wie Sie es Ihren Geschwistern gegenüber taten. Meistens sind wir uns dessen nicht einmal bewußt, und weist man uns darauf hin, wundern wir uns, warum wir so blind waren, es nicht selbst bemerkt zu haben.

Sehen wir uns den Fall von Regina an, die völlig aufgelöst zu unserer ersten Therapiesitzung erschien. Schluchzend erzählte sie uns, daß sie die leitende Stelle bei der Investitionsbank, für die sie Aktienmarktanalysen durchführt, nicht bekommen hat. Es war ihr unverständlich, denn sie hatte die Business School mit den besten Noten abgeschlossen. Ihre Arbeit erledigte sie gut und gewissenhaft, sie machte viele Überstunden und mit ihren Vorgesetzten kam sie gut zurecht. Doch in zehn Jahren war sie nun zum dritten Mal übergangen worden.

Mit unserer Hilfe wurde Regina schließlich klar, daß ihr im Elternhaus gelernter Umgang mit der Rivalität schuld an ihrem Mißerfolg war. Sie war das jüngste von vier Kindern und das einzige Mädchen. Ihr Vater war Strafverteidiger für Kriminelle größeren Kalibers. Sie bewunderte ihn, hatte aber immer das Gefühl, daß er ihre drei älteren Brüder bevorzugte. Schon sehr früh begriff sie, daß sie ihren Brüdern nur überlegen sein konnte, wenn sie sie anschwärzte. Sie berichtete also ihrem Vater von deren Missetaten, woraufhin dieser sie streng bestrafte, weil er auf keinen Fall wollte, daß seine Söhne so endeten, wie die Verbrecher, die von ihm verteidigt wurden.

Als Erwachsene bediente sich Regina derselben Techniken, um, wie sie glaubte, selbst in einem besseren Licht zu erscheinen. Fühlte sie sich bedroht, wies sie auf die Fehleinschätzungen ihrer Rivalen hin und berichtete von deren Irrtümern. Einmal ging sie sogar so weit, die E-Mail-Nach-

richten eines Kollegen auszuforschen und sich seine Indis-
kretionen zu notieren. Doch ihr Verhalten wurde von ihren
Vorgesetzten nicht geschätzt. Im Gegenteil, es brachte ihr
nur Mißtrauen und Mißbilligung ein, denn ihre Arbeitge-
ber suchten Mitarbeiter, die sich gut in ein Team einfügten.
Regina brauchte lange Zeit, bis sie diese Verhaltensmuster
erkannte, die sich negativ auf sie auswirkten. Doch wenn
Sie nun glauben, es wäre für sie ein leichtes, ihr Verhalten
zu ändern, täuschen Sie sich. Wie eine Süchtige, die immer
wieder ihr geheimes Vorratslager aufsucht, muß sie, wann
immer sie verunsichert ist, ihren Rivalen hinterherschnüf-
feln und sie anschwärzen. Nur ganz allmählich erkennt sie,
daß das selbstzerstörerische Verhalten, das sie bei ihren
Brüdern angewandt hat, außerhalb der Familie nicht erfolgreich ist.

Starke Geschwisterbande

Nicht nur sind Sie dem Einfluß Ihrer Geschwisterbeziehungen bleibend ausgesetzt, auch erstaunlich starke Bande verknüpfen Sie für immer mit Ihren Brüdern und Schwestern.
Geschwister geben Ihnen etwas, das Sie nirgendwo anders
bekommen können. Sie sind Ihre vertrautesten und Sie am
längsten begleitenden Verwandten, mit denen Sie durch
Ihre gemeinsame Vergangenheit unzertrennlich verbunden sind. Vielleicht haben Sie mit Ihrem Bruder seit fünfundzwanzig Jahren kein Wort mehr gewechselt oder mit Ihrer Schwester mindestens einmal in der Woche Streit; vielleicht ist Ihre Schwester Ihre engste Freundin, der Sie Ihre
innersten Gedanken anvertrauen, oder sie ist für Sie so weit
entfernt, daß sie keine Rolle in Ihrem Leben mehr zu spielen scheint – doch was auch immer, ob nah oder fern, ge-

liebt oder ungeliebt, ja sogar ob tot oder lebendig, Geschwister sind Teil Ihrer Lebenserfahrung und bis zu Ihrem eigenen Tode wichtige Personen. Sie können so gut wie keine Verbindung haben oder viel streiten, sie können sich von ihnen lösen oder abwenden, doch vollkommen und für immer lassen sich Ihre Geschwister nicht aus Ihrem Gedächtnis streichen. Während man Freunde und Bekannte, ja selbst Personen, zu denen man Liebesbeziehungen unterhielt, aus seinem Leben verbannen und schließlich auch vergessen kann, wenn Gefühle und Umstände sich ändern, Geschwister können Sie nicht fallenlassen. Sie sind, genauso wie Ihre Eltern, für immer ein Teil von Ihnen.

Was sie aneinander bindet, ist die intime Kenntnis voneinander. Wo Sie auch hingegangen sind oder was Sie auch gemacht haben, wahrscheinlich kann niemand Sie auf so vielerlei subtile Arten kennen wie Ihr Geschwister. Ihr Bruder oder Ihre Schwester haben Sie gekannt, lange bevor Sie sich diese nahezu undurchdringliche Schutzschicht gesellschaftlicher Konventionen und diese klugen Verstellungen, die mit dem Erwachsenendasein einhergehen, zugelegt haben, und auch lange bevor Sie Ihren Ehepartner kennengelernt, Ihre Kinder bekommen und Ihren Freundeskreis aufgebaut haben. Er oder sie waren dabei, als Sie die wichtigen Schlüsselerlebnisse Ihres frühen Daseins hatten. Deshalb gibt es niemanden, der Ihre Geheimnisse – die kleinen unausgesprochenen Ängste, die Sehnsüchte, Ambitionen, Schamgefühle, Verwundbarkeiten, die Sie vor anderen sorgfältig verstecken – besser kennt als die Geschwister, die mit Ihnen aufgewachsen sind. Und es gibt niemanden, der es besser versteht, diese geheimen Kenntnisse zu nützen, um Ihnen zu helfen oder Sie zu verletzen. Ihre Geschwister besitzen ein Leben lang die Fähigkeit, Ihre »wunden Punkte« zu berühren.

Rebecca erzählte während einer Gruppentherapie, wie sie bei der Hochzeit ihrer ältesten Tochter voller Freude ihre jüngere Schwester Ruth den Gästen vorgestellt habe, die vom anderen Ende des Kontinents angereist war. Doch bald verwandelte sich diese Freude in Ärger und Verlegenheit. Die Schwestern, die zusammen mit den beiden Töchtern Rebeccas an einem Tisch saßen, begannen in alten Familienerinnerungen zu kramen. Anfänglich machte es Spaß, doch dann wurde es Rebecca unangenehm, als ihre Schwester Geschichten aus ihrer Kindheit erzählte, in denen Rebecca als bestimmend und nörglerisch geschildert wurde. Rebecca hatte das Gefühl, daß Ruth – genau wie früher – versuchte, sie schlechtzumachen und sich zwischen sie und die Menschen, die sie liebte, zu drängen. Was alles noch schlimmer machte, war die Reaktion ihrer jüngeren Tochter. Diese meinte, Mutter sei tatsächlich bestimmend und nörglerisch. Rebecca fühlte sich verraten. Ruth hatte als Entschädigung für die immer noch schmerzlich empfundene, einstige Bevorzugung Rebeccas durch die Mutter absichtlich wunde Punkte berührt.

Geschwister wissen nicht nur viel Vertrauliches voneinander, sie bedienen sich auch gern einer Art Geheimsprache. Selbst wenn Sie und Ihre Brüder und Schwestern sehr unterschiedliche Charaktere haben oder ein größerer Altersunterschied sie trennt, neigen sie dazu, sich in einer gemeinsamen Sprache zu verständigen und gemeinsame Symbole zu verwenden. Sie benützen Ausdrücke, die nur Familienmitgliedern voll verständlich sind. Sie beziehen sich auf Ereignisse, die sie zusammen erlebt haben. Stichworte genügen, und sie wissen, was gemeint ist. Sie haben den gleichen inneren Ehrenkodex – die Werte, die in jeder Familie hochgehalten werden, gleichgültig, ob sie danach leben oder nicht. Wahrscheinlich werden sie nie mehr eine Beziehung haben, bei der es einen so schnellen Wissens- und Gefühlsaustausch gibt und einen solch guten Einblick in die inneren Abläufe eines anderen Menschen. Brüder und Schwestern können oft Gedanken und Gefühle mit einem Blick, einer Geste, einigen Kodewörtern mitteilen, auch wenn sie Jahre voneinander getrennt waren.

Ein anderes, starkes Band zwischen ihnen stellen die gemeinsamen Erinnerungen dar. Geschwister sind die Chronisten unserer Vergangenheit. Sie können Ihre Wahrnehmung von großen und kleinen Ereignissen bestätigen oder für falsch erklären, denn sie haben sie mit Ihnen erlebt oder sind Zeugen gewesen. Nur Ihr Bruder oder Ihre Schwester können die Richtigkeit Ihres Gedächtnisses überprüfen und Lücken füllen, obwohl deren Erinnerungen nicht immer identisch mit den Ihren sein müssen. Erwachsene Brüder und Schwestern tauschen unweigerlich Erinnerungen aus, wenn sie sich treffen, und vergleichen Wahrnehmungen aus der Vergangenheit. War Dad wirklich ein so erfolgreicher Geschäftsmann? Haßte Tante Sally Onkel Willie tatsächlich, oder sah es nur so aus? Kannst du dich noch an die Stille am Abendbrottisch erinnern nach diesem fürchterlichen Krach? War das nicht lustig, als John das kleine Eichhörnchen mit nach Hause brachte? Weißt du noch, daß du einmal mit dem Baseballschläger auf mich losgegangen bist?

Selbst ein mehrere Jahre älteres Geschwister kann Ihre Wahrnehmungen bestätigen und sich Ihre Erinnerungen ins Gedächtnis zurückrufen. Es ist schwierig, ganz allein herauszufinden, wie es damals zu Hause gewesen ist. Geschwister wissen Dinge, nach denen Sie suchen, weil sie ebenfalls dagewesen sind.

»Meine Schwester und ich fühlen uns so verbunden, weil

nur wir beide wissen, was sich bei uns zu Hause abgespielt hat«, sagte eine unserer Patientinnen während einer Gruppentherapie. »Nur wir zwei wissen, daß meine Mutter meine Schwester immer als die Böse hinstellte, und nur wir erinnern uns an die abfälligen Bemerkungen, die sie über jeden Freund machte, mit dem Jill ausging. Wir sind die einzigen Menschen auf dieser Welt, die sich darüber unterhalten können, und wir sind auch die einzigen, die wissen, daß Vater prügelte, Mutter sich auf seine Seite schlug und beide nicht die ehrenwerten Gemeindemitglieder waren, für die alle sie hielten.«

Die Zehn Gebote der Geschwisterbeziehung

Geschwisterbeziehungen waren seit jeher ein faszinierendes Thema. Bis hin zu Adam und Eva erkannten Eltern die potentiell mächtigen Kräfte zwischen Brüdern und Schwestern. In Mythen wie auch in der Bibel spielen Liebe und Streit zwischen Geschwistern eine bedeutsame Rolle. Gruppen, die sich einander zugehörig fühlen, nennen sich untereinander »Brüder« oder »Schwestern«. Politische Führer haben diese Bezeichnungen benutzt, um Solidarität und einen Führungsanspruch für ihre bevorzugten Konzepte und Bewegungen zu erlangen.

Vielleicht aufgrund der starken Gefühle, die Geschwister füreinander hegen, gibt es seit Bestehen der Menschheit ungeschriebene Gebote, die die Grenzen für akzeptiertes und nicht akzeptiertes Verhalten ziehen. Diese Gebote beinhalten die von den meisten westlichen Gesellschaften für wichtig gehaltenen Werte, Normen und Moralvorstellungen, die von Generation zu Generation weitergereicht werden. Werden diese Gebote gebrochen, verhängt die Familie und auch die Gesellschaft einen Richtspruch, der von diskriminierender Behandlung bis hin zu Enterbung und/oder Ausschluß reicht.

Unsere Erziehung hat uns die Rechtmäßigkeit dieser Vorstellungen, insbesondere der aus der Bibel, vermittelt. Sie haben sich zu einem anerkannten Verhaltenskodex entwickelt, der die Beziehung zwischen Geschwistern regelt. Wir nennen dies die Zehn Gebote für Geschwisterbeziehungen. Obwohl diese Gebote häufig gebrochen werden, dienen sie uns doch als Leitlinien, die die Institution aufrechterhalten, uns helfen, unser Selbstwertgefühl zu bestimmen und festzustellen, ob wir gute oder schlechte Menschen sind.

- *»Geschwister bleibt Geschwister.«*
  Was Sie auch tun, wohin Sie auch gehen, oder was Sie auch werden: Sie sind ein Bruder oder eine Schwester. In der Geschichte und in Legenden haben Geschwister einander die niederträchtigsten Dinge angetan, ohne daß die Beziehung daran zerbrochen ist.
- *»Du bist der Hüter deines Bruders.«*
  Dies bedeutet, daß man für sein Geschwister verantwortlich ist, trotz seiner Torheiten, seines Fehlverhaltens oder Verrats, und daß man ihm, wenn nötig, zu Hilfe kommen muß. Die Geschichte von Kain und Abel veranschaulicht dieses Gebot: Kain, der ältere Bruder, war eifersüchtig, weil Gott die Opfergaben von Abel den seinen vorzog. Er entledigte sich seines Rivalen, indem er ihn tötete. Als Gott von ihm wissen wollte, wo Abel ist, antwortete er: »Bin ich denn der Hüter meines Bruders?« Gott bejahte dies und bestrafte ihn, indem er ihn fortjagte und für immer mit dem »Kainsmal« zeichnete.
- *»Rivalität wird bis zu einem gewissen Grad akzeptiert.«*

Man darf rivalisieren, aber nicht gnadenlos. In der berühmten Geschichte aus der Bibel verkleidete sich Jakob als sein älterer Bruder Esau und erhielt so den Segen seines nahezu erblindeten Vaters, den dieser Esau geben wollte. Dieser Irrtum verschaffte ihm das Erbe und die Macht, die dem Erstgeborenen gebührte. Esau, der über den Betrug empört war, wollte Jakob töten. Er warb ein Heer Soldaten an, das ihm dabei helfen sollte. Doch im entscheidenden Moment konnte Esau den tödlichen Schlag gegen seinen Bruder nicht führen. Er umarmte ihn und bat um Vergebung. Auf diese Weise erhielt auch er den Segen Gottes. Wir haben oft erlebt, daß Patienten kurz vor einem triumphalen Sieg über ein Geschwister innehielten, noch einmal alles überdachten und sich dann schützend vor den Verlierer stellten. Ob nun Liebe oder Angst vor dem Verlassenwerden oder vor Vergeltungsmaßnahmen diesen Rückzug verursacht haben, Tatsache ist, daß Geschwister ihr Konkurrieren und ihre Vorherrschaft zwar oft genießen, es aber nicht fertigbringen, ihrem Familienrivalen wirklich ernsthaft zu schaden.

- *»Der Kodex des Schweigens darf nicht gebrochen werden.«*
Alle Familien haben ihre Geheimnisse, und alle Familienmitglieder wissen von Kindheit an, daß diese nicht ausgeplaudert werden dürfen. Manchmal sind diese Geheimnisse die verdrängten Dämonen, die Spuren in unserem Leben hinterlassen und einen Schatten auf all unser Tun und unsere Wahrnehmungen werfen, da eine Enthüllung schreckliche Folgen hätte. Oft erscheint es wegen dieser Geheimnisse unmöglich, sich einer Therapie zu unterziehen, weil deren Preisgabe Außenstehenden gegenüber einem Verrat an der Familie gleichkäme.

Der Kodex des Schweigens soll Geschwister und Eltern schützen und tut es im allgemeinen auch. Geschwister zögern zum Beispiel häufig, einen Mißbrauch in der Familie aufzudecken oder über die Geisteskrankheit eines Bruders oder die notorischen Ladendiebstähle einer Schwester zu sprechen, aus Angst, dem Ansehen der Familie zu schaden. Andererseits wird oft ein Bruder oder eine Schwester aus Eifersucht und Groll absichtlich bloßgestellt, was den Konflikt verschärft. Doch selbst in Momenten starker Rivalität arten diese Enthüllungen selten in offenen Verrat aus. Es werden nur Anspielungen gemacht, mit der geheimen Drohung, alles zu erzählen, wenn sich das Verhalten nicht ändert.

- *»Geschwister müssen einander akzeptieren, wie sie sind.«*
  Wie oft hat Julie, nachdem ihre Schwester ihr Lieblingsspielzeug zerbrochen hat, von der Mutter hören müssen: »Sie ist deine Schwester, die einzige, die du hast. Du mußt sie akzeptieren mit all ihren guten und schlechten Seiten.« Diese wichtige Regel bei Geschwisterbeziehungen sagt uns also, daß wir diese Menschen, die dieselben Eltern haben wie wir, nicht ablehnen dürfen, wie sehr sie uns auch auf die Nerven gehen.
  Die biblische Geschichte von Joseph und seinen Brüdern ist das beste Beispiel für dieses »Die-andere-Wange-Hinhalten«. Joseph war der jüngste und bevorzugte Sohn seines Vaters. Als dieser ihm einen schönen Rock zum Geschenk machte, waren seine Brüder eifersüchtig. Sie stahlen den Rock und verkauften Joseph als Sklaven. Viele Jahre später, als Joseph ein reicher Mann geworden war und es seinen verräterischen Brüdern schlecht ging, verzieh er diesen und kümmerte sich um sie.

- *»Inzest unter Geschwistern ist tabu.«*
  Manchmal verstricken sich Geschwister in sexuelle Beziehungen. Dies ist ein Thema, über das in Familien selten gesprochen und das auch niemals akzeptiert wird. Die

Götter im antiken Griechenland und Ägypten kannten die Versuchungen des Inzestes. Sie hatten oft sexuelle Beziehungen zu ihren Geschwistern, wodurch sie gewöhnlich in große Schwierigkeiten gerieten. Im Alten Testament heiratete Abraham seine Halbschwester und wurde deswegen verflucht. Die sieben Söhne von Job schliefen mit ihren drei Schwestern. Trotz der Buße ihres Vaters verwüsteten Stürme zur Strafe ihr Haus, wobei alle zu Tode kamen.

Inzestuöse Beziehungen können eine Familie ins Chaos stürzen, da die normale Rangordnung innerhalb der Familie, bei der die Eltern die Oberhand haben, außer Kraft gesetzt wird. Sexualität kann einem Geschwister große Macht über das andere geben, nicht nur wegen der daraus resultierenden Schuld-, Scham- und Wutgefühle, sondern auch wegen der Heimlichkeiten, die es mit sich bringt.

- *»Es ist auch nicht akzeptabel, die Kinder deiner Brüder und Schwestern oder deine angeheirateten Verwandten zu begehren.«*

Die Ehe bringt Menschen in die Familie, die nicht blutsverwandt sind. Dadurch ergeben sich oft große sexuelle Spannungen, die manchmal in heimlichen Affären enden, die einem Geschwister mehr zusetzen können. Nicht nur sind diese in die Familie eingeheirateten Menschen nicht blutsverwandt, sie haben auch einen anderen Sittenkodex und eine andere Auffassung von »guter« Geschwisterbeziehung. Sie versetzen die Familie in Aufruhr, weil sie nicht denselben Regeln gehorchen und ihr Interesse nicht dem Wohlergehen der Familie, sondern ihrer Ehe gilt.

- *»Du sollst deine Geschwister ehren, jedoch nicht mehr als deine Eltern.«*

Damit es nicht zu anarchistischen Verhältnissen kommt, müssen in der Familie wie in der Gesellschaft genaue Regeln gelten. Das Überleben der Gruppe hängt von den einfachen Soldaten ab – in diesem Fall von den Kindern –, die die Befehle ihrer Vorgesetzten ausführen. Deshalb müssen Kinder in erster Linie treu zu ihren Eltern stehen. In der Bibel gibt es viele Geschichten, die zeigen, daß Eltern höher geachtet werden müssen als Geschwister. Beispiel: Die boshaften und habgierigen Söhne von Elias lehnten sich gegen ihren Vater auf. Dieser beklagte sich bei Gott über ihr Verhalten, woraufhin Gott ihm sagte, er würde sie noch am selben Tage töten. Und so geschah es dann auch.

- *»Du sollst alle deine Geschwister gleich lieben.«*
Dieses Gebot läßt sich leicht befolgen, wenn man nur ein Geschwister hat. Schwieriger ist es bei mehreren. Obwohl es unmöglich ist, alle gleich zu lieben, geben Geschwister nicht gern zu, daß sie einen Bruder oder eine Schwester bevorzugen, auch wenn dies ganz offensichtlich ist. Sie bemühen sich, es nicht zu zeigen, ähnlich wie Eltern es bei ihren Kindern tun.

- *»Die Familie hat das Recht zu entscheiden, wie eng die Geschwisterbindung sein soll und was man tun muß, um ein ›gutes‹ oder ›schlechtes‹ Mitglied der Geschwistergruppe zu sein.«*
In manchen Familien genügt es, Weihnachts- und Geburtstagskarten zu schicken und einmal im halben Jahr miteinander zu sprechen, während man in anderen seiner Rolle nur gerecht wird, wenn man seinen Bruder oder seine Schwester zweimal täglich anruft. In manchen Familien werden kaum Forderungen gestellt, während in anderen erwartet wird, daß die Mitglieder jederzeit füreinander da sind.

Wie kann man herausfinden, ob man den Erwartungen entspricht, wenn man diese nicht kennt? Welches sind in Ihrer Familie die Maßstäbe für Geschwisterbeziehungen? Wird von Ihnen erwartet, daß Sie Ihre Brüder und Schwestern emotional und finanziell unterstützen, und wenn ja, in welchem Ausmaß und um welchen Preis Ihrerseits? Sollen Sie das Glück Ihrer Geschwister höher einschätzen als Ihr eigenes, das Ihres Freundes oder Ihrer Freundin, Ihres oder Ihrer Verlobten, Ihres Ehemannes oder Ihrer Ehefrau, Ihrer Kinder, Ihres Chefs, Ihrer sonstigen Freunde? In jeder Familie sind die Grenzen für das, was akzeptiert wird, anders gesetzt, aber Sie werden sich gebunden fühlen, bis Sie selbst entscheiden, ob Sie sich daran halten wollen oder nicht.

Voranschreiten

Brüder und Schwestern können lange Schatten auf uns und wir auf sie werfen. Wir müssen ihren großen Einfluß erkennen, damit wir uns, unser Verhalten, unsere Vorlieben und Abneigungen, unsere Ziele und unsere Gefühle verstehen lernen. Die Beziehung zu ihnen können wir nur verbessern, wenn wir uns klarmachen, daß sie, genauso wie wir, Gefangene ihrer Vergangenheit sind. Wir müssen sie als Personen akzeptieren lernen, die, genauso wie wir, Fehler haben.

Vielleicht machen Sie sich an die Lektüre dieses Buches, weil die Beziehung zu den Menschen, mit denen Sie aufgewachsen sind, unharmonisch ist. Vielleicht haben Sie eine Beziehung, die im großen und ganzen gut ist, aber in der es immer wieder zu Streit und Mißverständnissen kommt. Es ist jedoch auch denkbar, daß Sie glauben, die beste aller Beziehungen zu haben. Wie auch immer Ihre Startbedingungen sind, wir möchten, daß Sie ein besseres Gefühl und mehr Verständnis für diese Beziehung bekommen. Wir möchten, daß Sie Ihre Brüder und Schwestern nicht als Feinde, Behinderung, Verpflichtung, Quelle der Frustration und des Leids sehen, sondern als Menschen, die durch ihre eigenen persönlichen Erfahrungen – die manchmal erstaunlich anders als die Ihren sein können – auf ihr Verhalten programmiert wurden. Auch sie sind empfindsame menschliche Wesen, die sich bemühen, ihre Position und ihr verletzliches Ich gegen Bedrohungen ihrer Selbstachtung zu schützen. Wenn sie auf Sie losgehen, tun sie dies nicht, um Sie klein, sondern um sich größer zu machen.

Sie müssen sich nicht lieben, nur weil Sie Brüder und Schwestern sind. Doch um des eigenen Seelenfriedens willen, sollten Sie diese Beziehung, die Sie so tief berührt, einer Überprüfung unterziehen. Welches sind die guten und welches die schlechten Seiten dieser Beziehung? Können Sie Ihren Bruder oder Ihre Schwester als wirklichen Freund oder wirkliche Freundin oder als eine Stütze, wenn auch nur in einem bestimmten Rahmen, betrachten? Falls eine Annäherung oder Freundschaft nicht im Bereich des Möglichen liegt, sollten Sie wenigstens versuchen, Ihre Geschwister so zu akzeptieren, wie sie sind, Einfühlungsvermögen für ihre Probleme aufzubringen und Verständnis für ihr Verhalten zu zeigen. Dadurch würde der Groll, den Sie hegen und der Sie belastet, abgebaut.

Doch unabhängig davon, ob es Ihnen gelingt, die Beziehung zu Ihren Geschwistern zu verbessern oder nicht, die Erforschung dieser einflußreichen Beziehung wird viele Rätsel lösen, die Ihnen Ihr eigenes Verhalten aufgibt.

Da Rivalität der Kern jeder Geschwisterbeziehung darstellt, werden wir uns damit zuerst befassen. Danach werden wir uns den hauptsächlichsten Einflüssen zuwenden wie Geburtenreihenfolge, Bezeichnungen, Familienrollen, Verhalten der Eltern. All dies hat sich auf die Gefühle, die Sie Ihren Brüdern und Schwestern entgegenbringen, ausgewirkt und jeden seine ganz persönlichen Techniken des Selbstschutzes entwickeln lassen. Nachdem wir Ihnen klargemacht haben, wie Ihre Geschwister Ihr Verhalten – vom Arbeitsplatz bis zum Schlafzimmer – beeinflussen, werden wir Ihnen über unsere Erfahrungen, wie gute Geschwisterbeziehungen aufrechterhalten und zerrissene Bande geflickt werden können, berichten.

2 Die Wurzeln der Rivalität – »Mutter hat dich immer mehr geliebt«

Wer Geschwister hat, hat auch Rivalen. Es spielt keine Rolle, ob diese Rivalen zwanzig, fünfzig oder fünfundsiebzig Jahre alt sind, sie werden nie davon ablassen, Sie im Wettbewerb um die Vorherrschaft übertreffen zu wollen. Auch wenn sie Sie heiß und innig lieben und immer bereit sind, Ihnen zu helfen, werden sie doch stets versuchen, besser zu sein als Sie. Sie wollen von der Mutter mehr geliebt, vom Vater mehr bewundert werden, und das gleiche gilt auch für Sie. Es liegt in der Natur des Menschen, nach Überlegenheit und Macht zu streben, auf der allgemeinen Suche nach Sicherheit und Anerkennung.

Rivalität zwischen Geschwistern entsteht aus dem Wunsch, die Brüder und Schwestern zu übertreffen oder die Vorherrschaft über sie aufrechtzuerhalten. Man wetteifert auf dem Tennisplatz, in der Schule, am Telefon, am Abendbrottisch oder auch nur in Gedanken – doch wo auch immer es sich abspielt, man wetteifert um den ersten Platz.

»In *meiner* Familie ist das nicht so«, werden Sie möglicherweise protestieren. »Meine Schwester (oder mein Bruder) und ich haben keine Probleme. Wir konkurrieren nicht miteinander. Wir verstehen uns bestens.« In diesem Fall raten wir Ihnen: »Schauen Sie etwas näher hin.« Sie werden Anzeichen finden, daß auch Sie das Bedürfnis haben, Ihr Geschwister zu übertreffen und zu beherrschen, und Sie werden Anzeichen finden, daß Sie zu verhindern suchen, von ihm übertroffen oder beherrscht zu werden. So sind Sie vielleicht sehr stolz darauf, daß Ihre Schwester den ersten Preis in Mathematik bekommen hat, den begehrtesten Mann in der Stadt geheiratet hat oder in den Country-Club aufgenommen worden ist, aber gleichzeitig ist da auch immer ein kleiner Anflug von Neid oder Eifersucht und ein Gefühl der Unzulänglichkeit, es sei denn, Ihnen ist etwas Besseres widerfahren. Warum ist dies so? Weil Sie in diesem Moment das Gefühl haben, im Vergleich nicht genausogut abzuschneiden.

Die in unserer Kindheit so offen gezeigte Geschwisterrivalität löst sich nicht auf, wenn wir erwachsen werden, selbst wenn wir sie rationalisieren, unterdrücken oder in Abrede stellen. Wir legen sie nie vollständig ab, zeigen sie aber auf eine feinere und gesellschaftlich akzeptiertere Weise als damals, als wir kratzten und bissen, um auf Mutters Schoß sitzen zu dürfen. Der Wettbewerbsdruck, der auf der Position basiert, die wir unserer Meinung nach als Kind in der Familie innehatten, ist immer noch vorhanden. Selbst wenn nur wenig Kontakt zwischen den Geschwistern besteht und selbst wenn ein Geschwister nicht mehr am Leben ist, kann der Groll in unserem Inneren weiter rumoren.

Die vorherrschenden Meinungen in der Familie, das Alter, die intellektuelle Entwicklung, die Hilfestellungen und die Erfahrungen schränken unsere Möglichkeiten und Optionen in der Kindheit stark ein. Wir treffen Entscheidungen, die für diese Zeit und unter diesen Umständen verständlich sind, und die von uns gewählten Techniken, um Erfolg zu haben, prägen sich tief in unser Unterbewußtsein ein. Leider ist es so, daß diese programmierten Reaktionen, die den frühen Auseinandersetzungen mit unseren Geschwistern entsprungen sind, in unserem Erwachsenenleben oft nicht funktionieren. Sie erfüllen ihren Zweck nicht mehr, weil sie den neuen Fähigkeiten, die wir uns mit dem Älterwerden angeeignet haben, nicht entsprechen.

Sehen wir uns den Fall von Craig an, der stark mit seinem fünf Jahre älteren Bruder Evan rivalisierte. Als jüngstes von drei Kindern war Craig besessen davon, seine Minderwertigkeitsgefühle Evan gegenüber zu überwinden. Er hatte auch noch eine ältere Schwester, aber sie spielte im Konkurrenzkampf so gut wie keine Rolle, weil sie ein Mädchen war und als solches in dieser Familie nicht zählte.

Craig, der heute erwachsen ist, kann es nicht verstehen, warum er Evan in keiner Sportart je schlagen konnte. Er schaffte es, im Tennismatch eine gute Führung herauszuspielen, doch dann verkrampfte er sich, schlug die Bälle über die Linien hinaus und verlor schließlich. In der Schule hatte er während des Schuljahres die besten Noten, doch bei der Abschlußprüfung versagte er. Er fühlte sich seinem Bruder unterlegen, da der Vater mit Evans Leistungen im Sport und in der Schule prahlte. Er wollte unbedingt beweisen, daß er genausogut, wenn nicht gar besser sein konnte.

Als Kind akzeptierte es Craig, der Unterlegene zu sein, weil er viel kleiner und schwächer war. Doch als sie beinahe die gleiche Größe hatten, war er entschlossen, Evan zu überrunden. Craig: »Es war wie verhext, wieviel ich auch trainierte und wie gut ich auch wurde, es reichte nie aus.« Doch nicht nur das. Er bemerkte, daß er äußerst nervös reagierte, wann immer er herausgefordert wurde, und er erwartete stets, der Verlierer zu sein.

Judy, Craigs Verlobte, bemerkte das Verhaltensmuster zwischen den Brüdern, als sie an einem Wochenende zehn Stunden gefahren waren, um Evan und seine Familie zu besuchen und die Verlobung anzukündigen. Keine halbe Stunde nach ihrer Ankunft und der überschwenglichen Begrüßung und Beglückwünschung bestand Evan darauf, mit Craig eine Partie Squash zu spielen. Craig verlor erneut, und dies drückte die Stimmung.

»Was soll das?« wunderte sich Judy, als Evan sie am nächsten Tag zur Seite nahm und sie warnte, sich nicht auf Craig zu verlassen, weil er angefangene Dinge nie zu Ende führte. »Er ist unzuverlässig«, vertraute er ihr an. »Es ist besser, du weißt es. Er ist der geborene Verlierer.«

Erst als sich Craig einer Therapie unterzog, fing er an zu begreifen, daß die Rivalität zwischen ihm und Evan Auswirkungen auf jeden Aspekt seines Lebens gehabt hatte. Bei der Arbeit konkurrierte er mit seinen Vorgesetzten – und verlor. In zwei Betrieben war ihm gekündigt worden, weil er sich nicht unterordnen konnte. Er hatte Schwierigkeiten, Freundschaften mit Männern zu schließen und aufrechtzuerhalten. Er bevorzugte die Gesellschaft von Frauen, denen er sich überlegen fühlte. In seinem Kopf geisterte jedoch ständig die Phantasie, daß er, wenn er wirklich wollte, jeden, selbst Evan, in allem schlagen konnte. Er sah sich als führenden Partner, weidete sich gedanklich an der bevorstehenden Niederlage seines Gegners – und dann ließ er sich den Sieg durch die Finger gleiten.

Er erkannte das Verhaltensmuster, aber warum konnte er seinen Bruder (oder jeden anderen Konkurrenten) nicht überflügeln und, wichtiger noch, warum jagte es ihm solche Furcht ein, es zu tun? Jahrelang schrieb er es einer Angst vor dem Erfolg zu. Beim Durchforsten seiner Erinnerungen fiel ihm ein, daß sein Vater darauf bestanden hatte, daß Evan seinem Bruder die verschiedenen Sportarten lehrte. Aus Sparsamkeit scheute er sich, seinen Söhnen Sportunterricht zu bezahlen. Der Vater, seinerzeit auf dem

College einer der besten Sportler, legte großen Wert auf körperliche Ertüchtigung. Allerdings galten bei ihm nur die Gewinner.

Craig erinnerte sich, wie Evan ihm Touch-Football beigebracht und wie sehr ihm dieser Kampf Spaß gemacht hatte. Eines Tages, er war acht Jahre alt und schneller als sein größerer, aber sportlich weniger begabter Bruder, gewann Craig. Sofort bekam er die Wut seines Bruders zu spüren. Evan packte ihn, drückte ihn zu Boden, stopfte eine Handvoll Gras in seinen Mund und drohte, nie wieder mit ihm zu spielen. Der Vorfall vermittelte Craig die Lektion: »Gewinnen heißt verlieren.«

Evan als Lehrer war für beide Jungens eine große Belastung, doch für Craig ging damit noch eine unausgesprochene Bedrohung einher. Er begriff, daß er seinen Bruder nicht verlieren lassen durfte, da dies das Ende der Lektionen und die Mißbilligung seines Vaters bedeutet hätte. Um das zu verhindern, durfte er sich mit seinem Bruder nicht messen, oder er mußte verlieren. Er entschied sich für letzteres. Wenn er schon nicht die Bewunderung seines Vaters erhielt, die dieser nur für Gewinner übrig hatte, würde er zumindest beweisen, daß er am Wettbewerb teilnahm und ein fairer Sportler war. Auf diese Weise war ihm die Gunst von Vater und Bruder sicher. Hinter seiner Angst vor dem Erfolg steht deshalb in Wirklichkeit die Angst vor dem Mißerfolg, was in diesem Fall die Angst vor Ablehnung bedeutete.

Seit dieser Zeit stand das Symbol einer Handvoll Gras zwischen den beiden Brüdern und verhinderte, daß sich Craig als Gewinner fühlte.

Craig unterzog sich einer Therapie, und die dabei gewonnenen Erkenntnisse befähigten ihn, sich nicht mehr automatisch selbst zu sabotieren. Er bekommt keine Angst mehr, wenn er an der Schwelle zu einem Sieg steht, und auch auf anderen Gebieten hat sich sein Leben verbessert. Seit er um seine schlimmen Kindheitsängste weiß, hat er große Fortschritte gemacht.

Vor zwei Jahren hat Evan wegen einer Nichtigkeit mit Craig Streit angefangen, und seitdem spricht er nicht mehr mit ihm. Er hat sich, wie vor Jahren angedroht, von ihm abgewandt. Craig ist die Situation sehr unangenehm, aber seine zunehmenden Erfolge helfen ihm, sich nicht wirklich einschüchtern zu lassen. Er hat auch bemerkt, daß die Anerkennung seines Vaters nicht mehr so wichtig für ihn ist. Obwohl er gern eine gute Beziehung zu seinem Bruder hätte, weiß er, daß Evan, zumindest im Moment, emotional nicht dazu bereit ist.

Beherrscher des Universums

Der Wunsch, Überlegenheit und Kompetenz zu zeigen, steckt in jedem Menschen und motiviert jegliche menschliche Entwicklung. Von der Wiege bis zur Bahre streben wir danach, »das Beste aus uns zu machen«. Bei Babys ist es nur ein Wettbewerb mit sich selbst, wenn sie versuchen, etwas besser zu machen als bisher. Doch bald wandelt sich dieses »Nun kann ich es besser als bisher« zu einem »Nun kann ich es besser als *du*«. Das Herrschen über uns selbst wird zu einem Wettbewerb mit anderen – wobei unsere ersten Gegner die Geschwister sind.

Dieses Vergleichen und ständige Beurteilen, wer in der stärkeren und wer in der schwächeren Position ist, hat eine wichtige Funktion in unserer Entwicklung, weil wir so unseren eigenen Wert und unsere Talente bestimmen und unsere Eigenschaften und Leistungen messen können. Wer ist die Hübscheste, die Klügste, die Schnellste, die Beste, die Beliebteste? Aufgrund dieser Hinweise formen wir uns ein Selbstbild und entwickeln in der Folge Selbstachtung. Dieser Bereich in unserer Entwicklung bietet die Angriffsfläche für die Auswirkungen einer außer Kontrolle geratenen Rivalität und hinterläßt bei einem der Beteiligten das Gefühl, im Vergleich nicht gut abzuschneiden.

Elsie, siebenunddreißig Jahre alt, sprach vor kurzem in einer Einzeltherapiesitzung über ihre Schwester Dorothy. »Dorothy ist fünf Jahre älter als ich. Ich sehe sie nicht oft, aber in Gedanken ist sie immer bei mir, und bei allem, was ich tue, überlege ich mir, wie sie wohl darüber denken würde. Sie war sehr dominierend, als wir Kinder waren. Immer hatte ich das Gefühl, sie wäre besser als ich, und zwar in allem. Sie war gut in der Schule, hatte viele Freunde, war witzig und energisch und hielt offensichtlich nicht allzuviel von mir. Ich war die Nervensäge, die sich immer zurückgesetzt fühlte. Doch was mich wirklich ärgert, ist, daß ich noch heute so empfinde. Ich denke an sie, wann immer in meinem Leben etwas von Bedeutung passiert. Was würde Dorothy sagen? In Gedanken halte ich Zwiesprache mit ihr. Obwohl mehrere hundert Meilen zwischen uns liegen, hat sie immer noch eine große Macht über mich. Manchmal freue ich mich, weil mir etwas gut gelungen ist, doch dann überlege ich, wie sie es wohl sehen würde, und plötzlich ist es nicht mehr so befriedigend. Ich habe mir ein Kleid nach einem Christian-Dior-Schnittmuster geschneidert. Es sieht gut aus, aber dann dachte ich an sie – und wußte, sie würde sagen, es sieht ›selbstgemacht‹ aus.«

Die Plage mit der Bevorzugung

Es ist möglich, daß sich Ihre Geschwisterrivalität kaum auf Ihr Erwachsenenleben auswirkt. Es kann jedoch auch sein, daß sie Ihr Leben dominiert mit Konflikten, die von kleineren Verstimmungen bis hin zu offenem Krieg reichen. Oft liefern die Eltern den Zündstoff, der diesen Groll am Lodern hält. Sie sind im allgemeinen nicht geeignet als Schiedsrichter im Geschwisterkrieg, um den Konkurrenzkampf zum Erliegen zu bringen. Möglicherweise glauben sie sogar, daß Rivalität gut für die seelische Entwicklung ihrer Kinder ist. Dies kann dazu führen, daß sie unbeabsichtigt ein Kind gegen das andere ausspielen. Durch ihre spezielle Situation können sie zukünftige Konflikte ent- oder verschärfen.

Wenn Ihre Eltern sich stets bemühten, kein Kind dem anderen vorzuziehen, ihre Liebe und Anerkennung so gleichmäßig wie möglich zu verteilen, fair zu sein und keinem Kind ihr Lob vorzuenthalten, sind Sie wahrscheinlich mit nur wenig Groll im Herzen davongekommen. Sind Sie jedoch in einer Familie aufgewachsen, bei der die Kinder (tatsächlich oder eingebildet) ungleich behandelt wurden oder in der unkontrollierbare Umstände ein ungleiches Verteilen von Liebe oder Beachtung mit sich brachten, tragen Sie voraussichtlich schwer an der Last der Geschwisterrivalität, was Ihnen auch heute noch Probleme bereiten kann.

Sherrys Rivalität mit ihrer Schwester Arlene hat riesige Ausmaße angenommen, obwohl die beiden Frauen viele Jahre fast keinen Kontakt miteinander hatten. Sherry, sieben Jahre älter als ihre Schwester, wurde in der Zeit der Depression geboren. Sie war der Liebling ihres Vaters und ein unerwünschtes Kind ihrer Mutter, die ledig war, als sie schwanger wurde, eine Peinlichkeit, die ihre feine Bostoner Familie in große Verlegenheit brachte. Der aus einfacheren Verhältnissen stammende Vater war sich sicher, daß die Frau, die er liebte, ihn nicht geheiratet hätte, wäre sie nicht schwanger gewesen. Für ihn war Sherry demzufolge ein Geschenk Gottes.

Sherry und ihre jüngere Schwester hatten in ihrer Kindheit kaum eine Beziehung zueinander. »Arlene war so viel jünger als ich, wir haben uns nie sehr gut gekannt. Als ich das Elternhaus verließ, um aufs College zu gehen, war sie noch ein Kind. Erst als Erwachsene habe ich ihre Feindseligkeit mir gegenüber bemerkt. Ich konnte es nicht fassen. Es ist mir nie in den Sinn gekommen, daß sie neidisch auf mich sein könnte. Schließlich war Mutter vernarrt in sie und fand alles toll an ihr. Doch eines Tages, nach einem Streit, warf sie mir erregt vor, daß Männer immer nur mich liebten und sie übersahen – genau wie Vater damals. Der hätte ihr ständig mich als Vorbild hingestellt und sie, im Gegensatz zu mir, nie gelobt, ihr nie Geschenke mitgebracht und ihr nie bei den Hausaufgaben geholfen.

Meine Schwester ist bis zum heutigen Tag böse auf mich und macht mir das Leben schwer. Sie stellt sich zwischen mich und meine Eltern; einmal hat sie sogar ernsthaft versucht, eine Affäre mit meinem Mann zu beginnen und meine Kinder gegen mich aufzuwiegeln. Sie hat mehr getan, um mein Leben zu zerstören als irgend jemand sonst auf dieser Welt.«

Heute, viele Jahre später, sprechen Sherry und Arlene nicht mehr miteinander. Beim Verwalten des Nachlasses ihrer Mutter kommunizierte Sherry nur über ihren Rechtsanwalt. Sie fühlt sich schuldig, weil ihre Mutter unbedingt wollte, daß sie ein gutes Verhältnis haben. Aber sie kann ihr den Gefallen nicht tun, nach allem, was passiert ist. Ihre Mutter sagte auf dem Totenbett: »Du hast eine Schwester. Ich möchte, daß du das weißt.«

Sherry: »Am liebsten möchte ich sie vergessen, aber in Gedanken ist sie immer da und sitzt über mich zu Gericht. Ich habe Alpträume wegen ihr. Inzwischen bin ich einundsechzig und immer noch wütend auf sie, weil sie mir soviel angetan hat und weil sie mich in diese schreckliche Lage bringt. Ich bin keine gute Schwester, ich bin keine gute Tochter und ich bin kein guter Mensch. Und das alles wegen ihr.«

Obwohl viele Eltern versuchen, ihre Kinder ohne Bevorzugung und so fair wie möglich zu behandeln, sind manche doch parteiisch, ohne sich dessen bewußt zu sein. Und selbst die verständnis- und liebevollsten Eltern können nicht jedem Kind jederzeit genau die gleiche Aufmerksamkeit und Liebe geben. Ob elterliche Bevorzugung bewußt oder unbewußt, absichtlich oder unabsichtlich, in kleinem oder großem Stil geschieht, sie hat immer eine enorme Auswirkung auf die Gefühle, die ihre Kinder sich selbst und den Geschwistern gegenüber hegen.

Kinder sind sehr empfindlich, was ihre Stellung in der Familie anbetrifft, und sie spüren sehr genau, welchen Rang die anderen Geschwister einnehmen. Schon sehr früh bewerten die Kinder, wie sie im Vergleich zu ihren Brüdern und Schwestern behandelt oder eingeschätzt werden. Sie wissen immer sehr genau, wer wieviel von wem bekommt. Und alle Kinder denken – zumindest manchmal –, daß ihre Brüder oder Schwestern mehr geliebt werden als sie. Solch wahrgenommene Unterschiede, ob real oder eingebildet, prägen die Meinung des Kindes über seinen eigenen Wert sowie seine Gefühle den Geschwistern gegenüber.

Die Geschichte von William und seiner Familie zeigt eine Bevorzugung und ihre Auswirkung auf zwei Söhne. John und William, die Ältesten von zehn Geschwistern, wurden im Abstand von zwei Jahren geboren. John, der Erstgeborene und offensichtliche Liebling seines Vaters, war dazu auserkoren, das Familienunternehmen zu übernehmen. Der Vater, der in der Hochkonjunktur der zwanziger Jahre aus eigener Kraft nach oben kam, festigte sein Vermögen während und nach dem Zweiten Weltkrieg. Er war ein gerissener Geschäftsmann, der an den Wert der Arbeit und sein offenkundiges Geschick, reich und mächtig zu werden, glaubte. Diesen Glauben gab er seinen Kindern weiter, zusammen mit dem Sinn für Sparsamkeit und dem Hang zu einem gesellschaftlichen Leben, bei dem Alkohol eine große Rolle spielte.

Für ihn war es eine ausgemachte Sache, daß William dazu da war, seinem Lieblingssohn John zur Seite zu stehen. Zusammen waren die beiden ein eindrucksvolles Paar, ausgebildet an den Elite-Universitäten des Ostens. John sollte allmählich die Zügel der Macht übernehmen, und William sollte Strategien entwickeln, die der Firma neue und lukrative Bereiche erschlössen.

Sie spielten ihre Rollen gut, auch wenn die Spannung zwischen ihnen immer offensichtlich war. Obwohl jeder, der die Brüder näher kannte, dem Vater sagte, daß John nicht fähig war, die Firma zu leiten, wollte der Vater davon nichts wissen, und in der Zwischenzeit suchte William Zuflucht im Alkohol.

Johns Führungsqualitäten wurden zum ersten Mal einer Prüfung unterzogen, als ein Konkurrenzunternehmen die Firma übernehmen wollte. John gab nach, und nur dank der geschickten Schachzüge von William wurde die Katastrophe abgewendet. Der Vater war hoch zufrieden. Die gutgeölte Maschine, die aufzubauen ihn soviel Mühe gekostet hatte, funktionierte fehlerlos.

Auf privater Ebene anerkannte der Vater Williams Verdienst bei dieser »Teamarbeit«, verwarnte ihn jedoch gleichzeitig wegen seines exzessiven Trinkens. William: »Ich fühlte mich heruntergesetzt und unter Wert gehandelt. John war überfordert, und ich hätte eigentlich die Führung übernehmen und Vorstandsvorsitzender werden sollen, aber Vater wollte das nicht.« Während John langsam zu einer einflußreichen Person in den Sitzungssälen amerikanischer Unternehmen wurde, litt William und trank immer exzessiver.

Für alle überraschend, starb der Vater. »Während John am Boden zerstört war, fühlte ich mich irgendwie befreit«, erzählt William. »Dann bekam ich wegen dieser Gefühle schreckliche Gewissensbisse und betrank mich sinnlos.« Viele wichtige Leute machten ihre Aufwartung und ermutigten John, Vaters Ziel, die Firma auf den Aktienmarkt zu bringen, zu verwirklichen. »Die Leute sahen, daß ich betrunken war, und sie rieten mir höflich, trotz meines Kummers John zur Seite zu stehen. Selbst jetzt erwartete man von mir, mich ihm unterzuordnen. Und wenn ich ihm nicht half, ein Star zu werden, war ich nicht nur ein schlechter Bruder, sondern auch noch ein schlechter Sohn.«

William ersäufte seinen Kummer weiterhin in Alkohol, während er beobachtete, wie sein Bruder versuchte, die Kräfte, die er freigesetzt hatte, als er die Firma auf den Aktienmarkt brachte, zu kontrollieren. Trotz starker Schuldgefühle kümmerte William sich nicht um – wie er es sah – Johns Firma. John geriet ohne die Unterstützung seines Bruders mehr und mehr in Schwierigkeiten. Er verstand nicht, warum der Tod des Vaters solch eine starke Auswirkung auf William hatte, und er hoffte, daß dieser sich bald wieder fangen würde.

Als sich nichts änderte, blieb John nichts anderes übrig, als allein weiterzumachen. Unglücklicherweise gab es Bemühungen anderer Unternehmer, die Firma zu übernehmen. John war unfähig, sich gegen einen berüchtigten Finanzhai zu wehren, der die Übernahme mit hochspekulativen Anleihen finanzierte. William erfuhr von der Katastrophe aus der Zeitung und fuhr fort zu trinken.

Der Alkohol erfüllte seinen Zweck: William konnte die Welt tolerieren, er sah sich zwar als Schwächling und Alkoholiker, aber nicht als nachtragenden, illoyalen, subversiven Bruder.

Nun, wo der Vater tot und die Firma verloren war und er John nicht mehr aus dem Hintergrund stützen mußte, konnte William seine Maske fallenlassen. Als Patient in unserem Behandlungsprogramm für Suchtkranke beginnt er, sein Leben neu aufzubauen, und er denkt sogar daran, ein eigenes Unternehmen zu gründen.

Lieblinge wählen

Fast immer hat ein Kind das Gefühl, daß seine Eltern einen Bruder oder eine Schwester ihm vorziehen oder daß es bevorzugt wird. Und tatsächlich haben Vater oder Mutter ein Lieblingskind, nämlich das, das ihm oder ihr im Wesen am ähnlichsten ist. Obwohl Eltern gewöhnlich behaupten, alle ihre Kinder gleich zu lieben oder jedes auf eine spezielle Weise, sind ihre Gefühle nicht bei jedem Kind die gleichen, und sie behandeln ihre Kinder, wenn auch auf sehr subtile Weise, unterschiedlich.

Die Gründe für die elterliche Bevorzugung können einfach

oder vielschichtig sein. Es ist manchmal schwierig, herauszufinden, warum Vater oder Mutter ein Kind mehr liebten.
Hinweise bekommt man erst, wenn man über die Gegenwart hinausblickt und Einflüsse aus der Vergangenheit
überprüft. Oft erkennt man dann, daß die Bevorzugung
auf Faktoren in der Erziehung der Eltern und deren Verhältnis zu den Geschwistern zurückzuführen ist.
Sehen Sie sich einmal folgenden schwierigen Fall von Bevorzugung an:

Karen und Ethel waren Schwestern, die ihr ganzes Leben
lang stritten, bis im Alter von dreiundachtzig beziehungsweise vierundachtzig Jahren eine Art Wunder geschah.
Außenseiter hatten das Gefühl, daß die Schwestern ihre
Zeit damit verbrachten, miteinander zu streiten oder sich
über die Fehler der anderen zu beklagen. Bei Familienfeiern gab es jedesmal Krach, woraufhin die eine oder die andere mit ihrer Familie im Schlepptau hinausstürmte.
Die dreiundachtzigjährige Karen kam zu uns, weil sie unter
Depressionen litt. Ihre jüngere Tochter Jessica, die seit einiger Zeit bei uns in Therapie war, begleitete sie und brachte
außerdem ihre jüngste Tochter Jane mit. Es war ein letzter
verzweifelter Versuch, etwas Licht in eine düstere Angelegenheit zu bringen, die drei Generationen belastete.
Die alte Dame erzählte ihre Sicht einer Geschichte, die sich
vor siebzig Jahren abgespielt hatte, als ob dazwischen keine
Zeit vergangen wäre.
»Meine Schwester hat mich immer herumkommandiert,
und meine Mutter hatte nichts dagegen. Sie bekam alles
vor mir, und von mir erwartete man, daß ich mich über ihre
abgelegten Sachen freue. Als meine zwei Mädchen geboren wurden, achtete ich darauf, daß die ältere nicht wie
Ethel immer das Bessere bekam. Ich wollte nicht, daß mei-

ne kleine Jessica die Benachteiligte war, wie ich damals. Doch jetzt erkenne ich, daß ich sehr viel Zwietracht zwischen den beiden gesät habe.«

Als Karen uns über sich und Ethel erzählte, wurde schnell klar, daß Ethel sich ebenfalls mit dem Kind, das ihre Geburtenreihenfolge teilte, identifiziert hatte. Als die Ältere verbündete sie sich mit *ihrer* älteren Tochter und ging ständig gegen die jüngere an, die sie mit Karen verglich und der sie viele von Karens »hassenswerten« Eigenschaften zuordnete.

Als Jessica zu Wort kam, wurde klar, daß dieses Muster der Bevorzugung sich in der nächsten Generation fortsetzte. Jessica: »Ich stelle fest, daß ich das gleiche bei meinen Kindern tue. Ich beschütze mein jüngeres Kind immer vor dem älteren. Es ist, als ob sie wieder ich wäre.«

Dieses Verhaltensmuster schien sich offensichtlich von Familie zu Familie weiter zu vererben.

In den wenigen gemeinsamen Sitzungen mit Karens Familie wurden Gefühle angesprochen, die sie sich selbst nie eingestanden, geschweige denn einander gezeigt hatten. Als sie erkannten, daß jede mit dem Kind ihrer eigenen, ehemaligen Position in der Familie mitgefühlt, sich mit ihm identifiziert und es auf Kosten des anderen bevorzugt hatte, bemühten sie sich, zum Wohle aller Familienmitglieder ihr Verhalten zu verändern.

Welche Rolle spielt das Geschlecht des Kindes?

Auch das Geschlecht der Kinder hat einen Einfluß auf das Verhältnis der Eltern zu ihnen. Viele Mütter haben Söhnen gegenüber gemischte Gefühle; sie befürchten Probleme aufgrund ihrer früheren Erfahrungen mit Männern. Andere wiederum ziehen Söhne vor, weil sie mit ihnen nicht zu konkurrieren brauchen und weil sie hoffen, von ihnen ihre Träume erfüllt zu bekommen. Viele Mütter identifizieren sich jedoch auch mit ihren Töchtern, aus dem einfachen Grund, weil sie ihnen ähnlicher sind. Väter ziehen Mädchen oft vor, weil sie mit ihnen schmusen können und weil sie nicht wissen, wie sie mit ihresgleichen umgehen sollen. Andererseits finden es manche einfacher, ein enges Verhältnis zu ihren Söhnen zu haben, weil sie leichter Zugang zu einem Kind ihres eigenen Geschlechts finden oder weil sie auf seine Leistungen hoffen, die ihnen mehr Befriedigung geben werden als ihre eigenen.

In vielen Familien werden Jungens anders behandelt als Mädchen. Wir haben herausgefunden, daß Jungen in den meisten Familien immer noch das geachtetere Geschlecht sind und auf mancherlei Weise den Mädchen vorgezogen werden. Ein Junge wird gewöhnlich ernster genommen und sein Erfolg ist immer noch wichtiger als der seiner Schwester. Heute ist es jedoch üblicher, daß Mädchen offen mit ihren Brüdern konkurrieren. Dadurch erhöht sich die Wahrscheinlichkeit einer starken Rivalität, da nun beide Geschlechter verärgert reagieren können, wenn sie auf die untergeordnete Position verwiesen werden.

Es ist nicht immer von Vorteil, bevorzugt zu werden. Paulette zum Beispiel empfand es als eine schreckliche Bürde. Ihre Mutter litt an Multipler Sklerose, und Paulette war von Kindheit an ihre beste Freundin, ihre Kameradin, ihre Bedienstete und ihre Vertraute, während ihr zwei Jahre jüngerer Bruder Vaters Liebling war.

Obwohl die Krankheit viele Jahre keine ernsthaften Auswirkungen hatte, lebte die Mutter ständig in höchster Besorgnis um ihre Gesundheit. Sie gab Paulette das Gefühl, sie

nicht verlassen zu dürfen, da sie andernfalls die schrecklichen Folgen, die sich daraus ergeben könnten, zu verant-
worten hätte.

»Mutter sah es nicht gern, wenn ich mit Jungen ausging,
und sie sprach schlecht über Männer – meinen Vater und
meinen Bruder eingeschlossen. Freundinnen wurden toleriert, aber ständig kritisiert. Das machte es schwierig, wirkliche Freundschaften aufrechtzuerhalten.« Paulette sagte
vor kurzem: »Ich mag meine Mutter, aber weil ich ihr Liebling bin, habe ich mein Leben nicht leben können.«

Manchmal fühlen sich Eltern zu einem Kind wegen seines
Wesens mehr hingezogen als zu einem anderen. Es ist inzwischen allgemein anerkannt, daß Babys mit bestimmten
Eigenschaften geboren werden. Manche sind von Anfang
an zufrieden, fröhlich und anpassungsfähig, während andere mißmutig und schwierig sind, nur widerwillig lächeln
und viel schreien. Erstere machen es einem leichter, sie rei-
zend und liebenswert zu finden. Dazu kommt noch, daß
man manche Kinder, genauso wie manche Erwachsenen,
instinktiv mag, während einem andere weniger sympa-
thisch sind.

Wenn man Meryl hört, könnte man meinen, ihr erstes
Kind wäre ein kleines Monster: »Alice war von Anfang an
ein schwieriges Kind. Sie weinte, sie schrie, sie spuckte ihre
Milch aus, sie schlief nicht, sie lächelte nicht und war immer gleich wütend.« Die drei Jahre später geborene Tochter Diane hingegen war ein Engel, die lächelte und gluck-
ste und selten unzufrieden war. »Ich hatte Gewissensbisse,
weil ich nicht anders konnte, als sie lieber zu haben, obwohl ich versuchte, es nicht zu zeigen.«

Bevorzugung hat manchmal auch etwas mit der Zeit und
den Umständen zu tun. Wurden Sie und Ihre Geschwister

in guten oder schlechten Zeiten geboren? Waren Sie ein geplantes Kind oder ein »Unfall«? Ist Ihre Mutter vor der Heirat schwanger geworden oder danach? Hatten Sie junge oder alte Eltern? Gab es äußere Umstände, wie zum Beispiel einen Todesfall in der Familie, der Sie oder Ihr Geschwister mehr oder weniger willkommen als die anderen machte? Waren Ihre Eltern zufrieden oder unzufrieden mit ihrem Leben? Obwohl Sie keinen Einfluß auf die Umstände Ihrer Geburt hatten, leiden oder profitieren Sie vielleicht immer noch aufgrund von Ereignissen, die Sie nicht ändern konnten.

Die emotionale Befriedigung, die Eltern von ihren Kindern erhoffen, ist ein anderer Grund für eine Bevorzugung. In ihrem eigenen Wunsch nach Erfolg und Anerkennung sehen Eltern ihre Kinder und deren Leistungen oft als Spiegelbild ihrer selbst. Deshalb suchen sie sich das Kind aus, das ihnen am ehesten helfen könnte, ihre Ziele zu erreichen.

Manchmal wird ein Kind auch wegen seiner besonderen Talente oder Fähigkeiten bevorzugt. Alle lieben Siegertypen, und Eltern machen da keine Ausnahme. Der Gedanke, daß ihre Gene etwas Besonderes geschaffen haben – einen herausragenden Sportler, eine außergewöhnliche Schönheit, eine Konzertpianistin –, erfüllt sie mit Stolz, und sie zeigen dies oft durch übertriebene Bevorzugung. Die Eltern investieren viel Zeit, Energie, Aufmerksamkeit und Geld, damit dieses talentierte Kind sein Potential ausschöpfen kann und sie sich dann ebenfalls in seinem Glanze sonnen können. Die anderen Kinder kommen in einem solchen Fall oft zu kurz und entfremden sich den Eltern.

Wenn Eltern einmal nicht mehr leben

Oftmals geht das Verteilen der Gunst noch über den Tod der Eltern hinaus. Testamente sind nicht nur finanzielle, sondern auch emotionale Vermächtnisse und häufig Zeugnisse einer Bevorzugung. Erwachsene Kinder sehen die Art, wie der Nachlaß aufgeteilt ist, häufig als Ausdruck dessen, was die Eltern wirklich für sie empfanden, und sie betrachten es als letzte Erklärung der Bevorzugung. Und oft ist es tatsächlich auch so.

Thema mit Variationen

Bevorzugung ist nicht der einzige Punkt, der sich auf die Intensität der Geschwisterrivalität auswirken kann. So spielt zum Beispiel die Größe der Familie ebenfalls eine Rolle. Wenn Sie mit nur einem Geschwister aufwachsen, verdichtet und intensiviert sich die Geschwisterbeziehung, da es weniger Konkurrenten um Liebe und Aufmerksamkeit gibt. Wenn es nur einen Bruder oder eine Schwester als Bezugspunkt gibt, sind die beiden Kinder der emotionalen Beeinflussung durch das Geschwister stark ausgeliefert.
Andererseits verteilt sich die elterliche Zuwendung um so mehr, je größer die Anzahl der Kinder ist. Eltern mit vielen Kindern können für das einzelne weniger Zeit und Energie aufwenden als jene mit nur zwei oder drei Kindern. Die Kinder lernen sehr früh, daß sie um diese »raren Güter« kämpfen müssen, oder sie lernen, ohne sie auszukommen. Die älteren Kinder zeigen oft ein mütterliches oder väterliches Verhalten den jüngeren Kindern gegenüber und ersetzen so die beschäftigten Eltern. Dies kann zu Abhängigkeiten führen und Rivalitäten schaffen. Oft spalten sich

Kinder auch in Gruppen auf, sondern sich nach Alter oder Geschlecht ab und bilden Geschwisterformationen aus den Älteren und den Jüngeren oder den Mädchen und den Jungens. In einer Familie mit zwei Kindern spielt es keine Rolle, ob das eine ein Junge und das andere ein Mädchen ist, weil sie, da sonst niemand da ist, miteinander konkurrieren werden. Doch in großen Familien treffen die Geschwister, bewußt oder unbewußt, ihre Wahl untereinander für Rivalitäten und Bündnisse.

Nancy, die drei ältere Schwestern und drei jüngere Brüder hat, hatte als Kind ein enges Verhältnis zu dem Bruder, der ihr im Alter am nächsten stand. Doch als die Geschwister älter wurden, schlossen sich die vier Mädchen zu einem engen Bündnis zusammen, das bis heute besteht. »Wir sind wirkliche enge Freundinnen«, sagt sie. »Es ist einfach herrlich, als Erwachsener so viele Brüder und Schwestern zu haben, denn es gibt einem ein Gefühl der Sicherheit. Trotz all der Zankereien in der Kindheit und der wechselnden Sympathien, verfügen wir nun über ein maßgeschneidertes gegenseitiges System von Hilfsmaßnahmen.«

Altersunterschiede

Je geringer der Altersunterschied zwischen Geschwistern ist, desto stärker ist der Einfluß, den sie aufeinander ausüben, und desto intensiver ist im allgemeinen der Umgang miteinander. Kinder mit geringem Altersunterschied teilen viele gemeinsame Erfahrungen und Ereignisse, und dies erhöht die Wahrscheinlichkeit einer engen Bindung, aber auch die Rivalität; aber je mehr Jahre die Geschwister trennen, desto lockerer ist im allgemeinen die Beziehung.

Dies soll allerdings nicht heißen, daß Geschwister mit großem Altersunterschied nicht heftig miteinander konkurrieren können, besonders wenn sie demselben Geschlecht angehören und andere Geschwister vorhanden sind, zu denen sie eine gute Beziehung haben.

Edward, der heute dreißig Jahre alt ist, betrachtete sich immer als ausgezeichneten Sportler; er spielt gut Tennis und ist ein As auf dem Basketballfeld. Doch sein Bruder Adam ist mit seinen neunzehn Jahren inzwischen größer und kräftiger und verfügt über ein besseres körperliches Koordinierungssystem. Er hat ihn nicht nur in diesen beiden Sportarten überholt, sondern ist auch auf dem besten Weg, ein Baseballstar zu werden. Die Rivalität zwischen den beiden, die vorher nie sichtbar war, zeigte sich, als Adam beim Sport aufzuholen begann. Und nun sonnt sich Adam in seinem neuen Ruhm, und Edward hat Mühe, damit zurechtzukommen. »Für mich ist er immer noch der kleine Junge, der in sein Bett näßte. Schließlich ist er elf Jahre jünger als ich. Jetzt macht er mir auf einmal Konkurrenz, und das gefällt mir nicht.«

Die Gegenwart eines Kindes, das »anders« ist, kann die Geschwisterrivalität ebenfalls verstärken, weil dieses Kind oft die ganze Aufmerksamkeit der Familie in Anspruch nimmt. Die Angelegenheiten seiner Brüder und Schwestern werden dadurch relativ unwichtig. Braucht der Bruder beispielsweise zum Atmen ein Sauerstoffgerät, dann sind die Probleme, die man selber mit den Nachbarskindern hat, zu unbedeutend, um sie überhaupt zu erwähnen. Die Eltern haben, wie man weiß, ganz andere Sorgen. Man fühlt sich zurückgesetzt, weil sich die gesamte Aufmerksamkeit auf diesen Bruder konzentriert. Man verspürt zwar den starken

Wunsch, genauso wichtig zu sein, aber man traut sich nicht, dies offen zu zeigen. Man gesteht sich selbst nicht gerne ein, mit einem Geschwister, das so massive Probleme hat, zu rivalisieren.

Gute und schlechte Rivalität

Die Bezeichnung »Geschwisterrivalität« hat einen negativen Beiklang, und die meisten verbinden damit auch nur Ärger. Kann man wirklich nichts Positives darüber sagen? Doch, man kann. Positiv ist, daß Rivalität Geschwister ansportt, sich anzustrengen, um Erfolg zu haben, und Jahre der Praxis in sozialem Verhalten vermittelt. Außerdem können, selbst wenn die Rivalität negativ ist, die Ergebnisse positiv sein. Doch vor allen Dingen gibt sie ein Gefühl der Zugehörigkeit. Welche Gefühle auch immer Ihr Bruder oder Ihre Schwester Ihnen entgegenbringen, Sie haben seine oder ihre Aufmerksamkeit, und das gibt Ihnen Bedeutung und Macht. Es ist wie bei dem alten Sprichwort: »Es ist mir egal, was man über mich sagt, solange man meinen Namen richtig ausspricht.« Es gibt jemanden, für den Sie existieren, jemanden, für den Sie wichtig sind, der Ihre Stärken und Schwächen kennt und Sie als einen Gegner betrachtet, der den Kampf wert ist.

Geschwister geben Ihnen das Gefühl, zu jemandem zu gehören, nicht allein auf der Welt zu sein. Das Verhalten Ihrer Geschwister ist vorhersehbar und vertraut. Sie wissen, selbst wenn sie streiten, was Sie zu erwarten haben, denn sie halten sich an bestimmte Regeln, an Grenzen, die sie zu Hause gelernt haben.

Der Kampf um die Vorherrschaft, den Sie mit Ihren Geschwistern austrugen, ist eine Art Lehre, die Sie auf den

Wettbewerb draußen im Leben vorbereitet hat. Alle Interaktionen zwischen Brüdern und Schwestern drehen sich um diesen Kampf, und alle Probleme, die diese Rivalität später im Leben verursacht, können auf ungelöste Geschwisterkonflikte zurückgeführt werden. Genausogut können aber auch viele der besten Momente im Leben mit der erfolgreichen Lösung dieser Konflikte und den Lektionen, die Sie wachsen ließen, in Verbindung gebracht werden.

Wenn Sie sie schon nicht verhindern können, wie läßt sich dann mit Geschwisterrivalität umgehen, die Ihnen im Weg steht oder Sie unglücklich macht? Als erstes können Sie sie erträglicher machen, indem Sie akzeptieren, daß Rivalität zwischen Geschwistern etwas absolut Normales und allgemein Übliches ist und Sie kein schlechter Mensch sind, weil Rivalität in der Beziehung zu Ihrem Bruder oder Ihrer Schwester eine Rolle spielt.

Außerdem können Sie versuchen, die Teile Ihres Familienpuzzles zusammenzusetzen. Allein schon das Erkennen, was zwischen ihnen all die Jahre vorgegangen ist, nimmt etwas den Druck weg, weil dieses neue Wissen bei Ihnen bereits eine Veränderung bewirkt. Denn in dem Moment, wo Sie etwas erkennen, beginnen Sie, die Dinge anders zu sehen. Wir werden Ihnen zeigen, welche Schritte Sie unternehmen können, um Veränderungen in den Bereichen Ihrer Beziehung, die Sie nicht mögen, vorzunehmen.

Doch zuerst müssen Sie Ihr »wichtigstes Geschwister« ausfindig machen; das Geschwister, das immer Ihr stärkster Rivale sein wird. Es ist der Bruder oder die Schwester, mit dem oder mit der Sie sich am meisten vergleichen, der oder die Ihr Verhalten am meisten beeinflussen kann, der oder die am besten weiß, wie man Sie »auf die Palme bringt«, oder der oder die, dessen oder deren Anerkennung Sie am meisten schätzen.

3 Ihr wichtigstes Geschwister –
Finden Sie heraus, wer es ist

Wie viele Geschwister Sie auch haben, da ist immer *eines*, mit dem Sie am heftigsten konkurrierten, bei dem es die meisten Spannungen gibt, von dem Sie sich am meisten bedroht und mit dem Sie sich am stärksten verbunden fühlen. Da ist immer *eines*, mit dem Sie sich und Ihre Leistungen und Eigenschaften am intensivsten vergleichen.

Dieser Bruder oder diese Schwester bewirkt, daß Sie sich hilflos, unwohl, neidisch, abgelehnt, wütend oder unzulänglich fühlen – oder aber geliebt, erfolgreich, entspannt, akzeptiert und verdienstvoll. Über dieses Geschwister zu triumphieren bereitet Ihnen, wenn auch meist eher unbewußt, am meisten Spaß, und seine Anerkennung bringt die höchste Befriedigung. Erst wenn dieses Geschwister Ihre Erfolge bestätigt, können Sie sich aus vollem Herzen darüber freuen. Es braucht nur ein Wort, eine Geste, eine hingeworfene Bemerkung, einen Blick – und Sie haben entweder das Gefühl, Ihre kühnsten Erwartungen übertroffen – oder alles falsch gemacht zu haben.

Dieser Bruder oder diese Schwester ist Ihr wichtigstes Geschwister, die Person, die neben Ihren Eltern den größten Einfluß auf Ihre Verhaltensweisen und die Entwicklung Ihrer Persönlichkeit hatte. Auch wenn Sie glauben, daß das in Ihrem Fall nicht zutrifft und Sie die Ausnahme von der Regel sind, möchten wir Sie bitten, etwas genauer hinzuschauen, denn nur äußerst selten hat jemand, der mit mehreren Geschwistern aufgewachsen ist, keine solche Beziehung.

Das wichtigste Geschwister ausfindig machen

Wenn es in Ihrer Familie nur zwei Kinder gibt, ist Ihr einziges Geschwister automatisch auch Ihr wichtigstes. Bei einer größeren Familie mag es nicht so einfach sein, diese Person herauszufinden.

Ihr wichtigstes Geschwister, das am meisten Macht über Sie ausübt, sollte nicht mit dem Bruder oder der Schwester verwechselt werden, dem oder der Sie sich am engsten verbunden fühlen. Und es ist auch nicht unbedingt das Geschwister, das Sie am meisten respektieren oder lieben. Obwohl Freundschaft und Rivalität sich nicht ausschließen und Sie sich Ihrem wichtigsten Geschwister zeitweise vielleicht sehr nahe fühlen, ist das Verhältnis, das Sie zu Ihren anderen Geschwistern haben, viel unkomplizierter. Bei Ihrem wichtigsten Geschwister kommt zu der Zuneigung noch Rivalität hinzu, auch wenn Sie sich das vielleicht nicht eingestehen. Sie streben beide danach, die Oberhand zu behalten. Sie fühlen sich unzulänglich, wenn Sie verlieren, und empfinden ein Gefühl der Befriedigung, wenn Sie gewinnen.

Zur Verdeutlichung erzählen wir Ihnen von Kate, die mit achtundsechzig Jahren zu uns kam, genau drei Monate, bevor sie einen tödlichen Herzinfarkt erlitt. Sie hatte gerade herausgefunden, daß sie von ihrer Schwester hintergangen worden war, und das deprimierte sie zutiefst.

Aus einer armen Immigrantenfamilie stammend, hatte es Kate zu Wohlstand gebracht. Sie war eine attraktive Frau, tadellos gekleidet und mit allen Statussymbolen der Besitzenden versehen wie Schmuck, Modellkleider und Limousinen mit Chauffeur. Sie war großzügig und liebenswürdig, fürsorglich gegenüber anderen, insbesondere den ihr Nahestehenden. Zum Beispiel hatte sie ihrer arbeitslos gewordenen Nachbarin soviel Geld geliehen, daß diese davon drei Monate leben konnte.

»Ich glaube, ich bin eine sehr naive Person, besonders was meine Schwestern anbetrifft«, sagte Kate während unserer ersten Therapiestunde. »Ich habe nie zugelassen, daß jemand schlecht über meine Schwestern spricht, und ich habe nicht zugehört, wenn andere, einschließlich meines Mannes, mich vor Martina warnten.« Sie hatte gerade herausgefunden, daß Martina, ihre nächstältere Schwester, mit der sie zusammen ein Unternehmen führte, jahrelang Geld aus der Firma entwendet und illegale Geschäfte getätigt hatte, die nun die Existenz der Firma gefährdeten. »Wenn sie das Geld wirklich gebraucht hätte, hätte ich ihr geholfen«, sagte sie.

»Martina hat das Kosmetikunternehmen gegründet, und ich habe ihr vertraut, obwohl sie, als wir Kinder waren, ziemlich gemein sein konnte. Ich kann mich zum Beispiel noch an das Weihnachtsfest erinnern, an dem ich sie überrascht habe, als sie aus dem Strumpf unseres Bruders Sachen stahl. Aber es wäre mir nie in den Sinn gekommen, daß sie zu so etwas fähig ist wie diesem Betrug. In unserer Familie ging es allen gut, weil wir uns gegenseitig unterstützten. Natürlich hatten wir alle unsere Probleme. Sehen Sie sich Martina an. Ihr Mann ist Alkoholiker und ihre Tochter ein Wrack. Wir anderen sind ihr dankbar, daß sie uns in ihr Geschäft aufgenommen hat, aber wir konnten uns ihr gegenüber nicht behaupten. Ich weiß nicht, was ich jetzt tun soll.«

Bevor Kate sich Klarheit über ihre gegenwärtige Situation

schaffen konnte, erlitt sie einen Herzinfarkt. Die Familie versammelte sich am Krankenbett, natürlich auch Martina, ihre Geschäftspartnerin, mit der sie so viele Jahre zusammengearbeitet hatte. Obwohl Martina Geld liebte, gab sie so wenig wie möglich davon aus, weil sie Angst hatte, wieder arm zu sein. Sie war zum Geizkragen geworden und brachte kein Verständnis für Kates Extravaganzen auf. Wegen ihres ungesetzlichen Verhaltens hatte sie keine Gewissensbisse; für sie war das eine Art des »Geschäftemachens«.

Vic, der einzige Bruder und der Älteste, war ebenfalls am Krankenbett. Er hatte der Mutter geholfen, die Familie in die Vereinigten Staaten zu bringen und die fünf jüngeren Schwestern großzuziehen. Zu seinem Leidwesen nahm er in dieser matriarchalischen Familie als Junge eine untergeordnete Stellung ein. Mutter, das Energiebündel, hatte wenig übrig für Männer, seit sich ihr Mann als Schürzenjäger entpuppt und sie ihn mit ihrer besten Freundin erwischt hatte. Nach diesem Vorfall waren Männer für sie Drohnen, die man benutzte. Als Vics Frau ihn und ihren behinderten Sohn verließ, nahm Martina ihn ebenfalls in die Firma auf. Aus Dank wurde er ihr Verbündeter bei vielen zwielichtigen Manövern.

Ebenfalls gegenwärtig – wenn auch nur im Geiste – war Lillian, die vor Jahren verstorbene Schwester. Fünfzehn Jahre älter als Kate, hatte sie diese zu ihrem Schützling erkoren. Sie war ein Finanzgenie, eine erfolgreiche Selfmade-Frau, klug, mutig, großzügig und liebenswürdig – Kate hatte immer versucht, ihr nachzueifern. Als Anführerin der Geschwister pflegte sie an Festtagen mit Geschenken beladen zu erscheinen.

Sonya, die zwischen Lillian und Martina geboren wurde, war acht Jahre älter als Kate. Sie war Tennisspielerin und verfügte nicht über das rasche Denkvermögen ihrer Schwestern. Kates Zustand ging ihr besonders nahe, da die beiden immer sehr vertraut miteinander waren.

Und da war auch noch Martha, eine Rechtsanwältin, die als jüngste der Geschwister drei Jahre nach Kate geboren wurde. Wegen ihrer kindischen Art wurde sie von den anderen nicht respektiert. Die Schwestern hatten ihr Jurastudium bezahlt. Einerseits fühlte sie sich ihnen zu Dank verpflichtet, andererseits war sie aber voller Groll wegen ihres geringen Ansehens in der Familie.

Zu wem empfand Kate die engste Bindung? Mit wem hatte sie sich ihr Leben lang verglichen? Wer war ihre Hauptrivalin, ihr wichtigstes Geschwister? War es Lillian, die Schwester, die sie am meisten achtete und der sie am meisten nachzueifern versuchte? Nein, Lillian war ihre Heldin, nicht ihre Rivalin. War es Sonya, die andere bevorzugte Schwester? Nein, Sonya war ihre Vertraute und Freundin, nicht ihre Konkurrentin. Es war auch nicht Martha, denn Kate achtete sie zu wenig, um sie als wirkliche Rivalin zu betrachten. Und es war auch nicht Vic, der als Junge in diesem weiblichen Konkurrenzkampf keine Rolle spielte.

Es war Martina. Sie war Kates wichtigstes Geschwister, mit der sie am meisten konkurrierte. »Sie war immer so bevormundend, so bestimmend und überlegen«, berichtete Kate. »Als wir Kinder waren, sagte sie allen, was sie zu tun hatten; sie kommandierte uns herum, als ob nur sie wüßte, was richtig war. Ich habe es immer gehaßt, herumkommandiert zu werden.«

Wechselseitige Rivalität

Meistens, jedoch nicht immer, beruht die Wahl des wichtigsten Geschwisters auf Gegenseitigkeit. In den meisten Fällen wählen zwei Geschwister sich als Hauptrivalen, und sie wissen das auch. Aber wie wir bei Martina sehen, muß die Beziehung nicht gegenseitig sein. Statt sich Kate oder Martha auszusuchen, über die sie in ihrer Kindheit und Jugend so erbarmungslos geherrscht hatte, oder Vic oder Sonya, konzentrierte sie sich auf Lillian. Als älteste Tochter ruhten die Hoffnungen der Familie auf Lillian. Sie war die Königin, und Martina verlangte nach ihrer Krone.

Als Lillian frühzeitig starb, konkurrierte Martina mit einem unsichtbaren Gegner, da ihr die Chance genommen worden war, im Wettkampf mit ihrer Hauptkonkurrentin nachzuziehen.

Den Rest ihres Lebens verbrachte sie im Schatten Lillians. Was sie auch erreichte, sie fühlte sich klein und unbedeutend. Wieviel Geld sie auch verdiente oder hortete, es kam nie an das Vermögen von Lillian heran. Martina vergaß auch nie, daß es Lillian gewesen war, die den Schwestern in den frühen vierziger Jahren den Weg in die aufstrebende Kosmetikbranche bahnte und das Startkapital zur Verfügung stellte. Lillian machte die Firma möglich, und Martina wußte, daß sie Lillian nie hätte beherrschen können, wie sie dies bei Vic, Sonya, Kate und Martha tat.

In Stein gemeißelt

Bündnisse und Rivalitäten können sich in den ersten Jahren des Aufbaus einer Familie durch die Geburt neuer Kinder, Veränderungen in der Familienstruktur und äußere Einflüsse verschieben. Doch irgendwann verfestigen sie sich, denn die Territorien sind abgesteckt, wenn die Kinder der Familie junge Erwachsene geworden sind, und fast immer hat jedes Kind sein wichtigstes Geschwister.

Vic, der Bruder, hat Lillian praktisch zweimal verloren – als sie ihn fallenließ und dann, als sie starb. Für Vic war sie von Anfang an die Hauptrivalin. Sie hatte ihm nicht nur seine Stellung als Einzelkind, sondern auch seinen Status als ältestes Kind weggenommen, weil sie klug und fähig – und ein Mädchen war. Die Familie war stark geprägt von Vics männerverachtender Mutter, die diese katholische Familie vor dem Zweiten Weltkrieg aus Osteuropa herausgebracht hatte. Zuerst war die Rivalität zwischen Vic und Lillian gegenseitig, doch als Sonya geboren wurde und sich als weibliche Konkurrentin erwies, wurde Vic durch Sonya ersetzt. Obwohl Vic nie aufhörte, seinen Fortschritt an Lillian zu messen und sie sein ganzes Leben als sein wichtigstes Geschwister betrachtete, war für Lillian die Sportlerin Sonya das wichtigste Geschwister, und *ihr* Ziel war es, ihr überlegen zu sein.

Aus dem Wettbewerb unter Geschwistern ausgeschlossen oder in der Funktion als wichtigstes Geschwister fallengelassen zu werden kann sehr demoralisierend sein. Niemand mag es, als Konkurrenz nicht ernst genommen zu werden. Zum Leidwesen von Martha wählte niemand sie zum wichtigsten Geschwister, obwohl sie insgeheim mit Kate konkurrierte. Sie fühlt sich auch heute noch unwichtig und verbringt viel Zeit damit, ihr Selbstwertgefühl aufzubauen.

Ein komplexes Gebilde

Es ist wichtig, zu erkennen, was es mit der Beziehung zum wichtigsten Geschwister auf sich hat, da es die Erforschung der Familiendynamik erleichtert. Wenn Sie zwei oder mehr Geschwister haben, wissen Sie wahrscheinlich, daß Sie nicht für alle dieselben Gefühle aufbringen, und möglicherweise leiden Sie sogar unter der Unausgewogenheit Ihrer Gefühle. Doch wenn Sie die Beziehung zu Ihrem wichtigsten Geschwister überprüfen, werden Sie erkennen, daß es vollkommen normal und natürlich ist, auf jedes Familienmitglied anders zu reagieren.

Rivalität – der Kampf um Überlegenheit – ist allen Menschen angeboren. Besonders ausgeprägt ist diese Rivalität Ihrem wichtigsten Geschwister gegenüber sowie den Menschen, die Sie an es erinnern. Dies heißt nun aber nicht, daß sie beide immer im Streit miteinander liegen müssen oder daß sie nicht Rivalen und gleichzeitig gute Freunde sein können. Wenn Sie in einer intakten Familie großgeworden sind, ist Rivalität – obwohl immer vorhanden – nicht der bedeutsamste Aspekt in der Beziehung zu Ihrem wichtigsten Geschwister.

Das wichtigste Geschwister übt auch einen positiven Einfluß aus, vorausgesetzt, die Rivalität ist nicht so stark und unkontrollierbar geworden, daß sie die Beziehung gänzlich dominiert. So vermittelt Ihnen dieses Geschwister ein Bezugssystem, anhand dessen Sie Ihre Fortschritte messen können, sowie eine der engsten Bindungen, die Sie je haben werden. Menschen, die kein wichtigstes Geschwister haben oder umgekehrt von niemandem das wichtigste Geschwister sind – Einzelkinder oder Geschwister, die, wie Martha, die Außenseiter in der Familie sind –, fehlt wahrscheinlich ein wichtiger Bestandteil in ihrer Entwicklung.

Mehr als Ihre anderen Brüder oder Schwestern kennt Ihr wichtigstes Geschwister Ihre verborgenen Sehnsüchte und Wünsche, Ihre Schwächen und Empfindsamkeiten. Er oder sie wissen zum Beispiel, daß Sie sich im Alter von zwölf Jahren sieben Stunden im Besenschrank versteckt hielten, aus Angst, eingestehen zu müssen, Ihr Fahrrad in der Schule vergessen zu haben; oder daß Sie mit fünfzehn wegen Drogenhandels festgenommen wurden; oder daß Sie alles tun, um Konfrontationen zu vermeiden; oder daß Sie sich vor nichts mehr fürchten, als lächerlich zu wirken. Ihre anderen Geschwister haben natürlich oft die gleichen Informationen, aber sie neigen viel weniger dazu, davon Gebrauch zu machen, oder sie haben sie vielleicht sogar vergessen.

Ihr wichtigstes Geschwister hingegen kann sich höchstwahrscheinlich an alles erinnern und weiß genau, wie sich diese Informationen einsetzen lassen. Unbewußt versuchen Sie vielleicht ein Leben lang, Ihr wichtigstes Geschwister zu übertrumpfen – in der Realität, in Gedanken oder auch in der Erinnerung.

Kate kannte Martinas Schwachstellen und sie berührte sie oft. »Martina kann es nicht ausstehen, wenn die anderen nicht tun, was sie sagt. Es ärgert sie maßlos. Selbst als Kind habe ich oft das Gegenteil von dem gemacht, was sie von mir wollte. Im Geschäft verhalte ich mich manchmal ebenso, nur um sie zu ärgern. Sie erträgt es nicht, wenn ich ihre Anweisungen nicht befolge.« Diese Widerspenstigkeit hat Kate dann auch in ihrer Ehe gezeigt, was – zu ihrem Bedauern – zur Trennung von ihrem Mann führte.

In ihrem Kampf um Überlegenheit hat die allseits beliebte Kate Martina gern heruntergesetzt, indem sie sie als das Mauerblümchen der Familie hinstellte. Martina, eine nüchterne Person, interessierte sich nur für das Geschäft, für Geld und Macht. Bei Familientreffen unterhielt Kate die anderen oft mit lustigen Geschichten, in denen Martina die Zielscheibe des Spottes war. Besonders gern erzählte sie von dem College-Abschlußball, zu dem Martina, weil sie von niemandem eingeladen wurde, schließlich mit ihrem Bruder Vic als Begleiter erschien.

Die gespeicherten Erinnerungen, die jedes wichtigste Geschwister über das andere hat, können helfen, sich besser verstehen zu lernen, und Ihnen einige Ängste und Blockaden erklären. Andererseits können sie aber auch zum Folterinstrument werden, einer Waffe, die benutzt wird, sie in einer untergeordneten Position zu halten – wie das nachfolgende Beispiel zeigt.

Mark, der als der mittlere von drei Brüdern aufwuchs, hatte aus mehreren Gründen eine gefährlich geringe Selbstachtung. Sein sechs Jahre älterer Bruder, der sich als Kind sehr wenig um ihn kümmerte, ging mit vierzehn Jahren weg, um eine private Vorbereitungsschule für das College zu besuchen. »Und John, mein jüngerer Bruder, ließ keine Gelegenheit aus, mir zu sagen, was für eine Niete ich sei. John war ein Jahr jünger als ich, aber er war genauso groß, viel kräftiger, sportlicher und sehr klug. Obwohl er unter chronischem Asthma litt – und es immer schaffte, einen Anfall zu bekommen, wenn es ihm günstig erschien –, war er ein guter Sportler und ich nicht. Ich versuchte alles, um irgendwo besser zu sein als er. Wenn es mir gelang, schob er dies dem reinen Zufall zu und meinte, ich bliebe trotzdem ein hoffnungsloser Fall.
Wie stehen wir heute zueinander? Ich rede nicht viel mit ihm und sehe ihn selten. Obwohl ich heute meine eigene Familie habe und gut in meinem Beruf bin, fühle ich mich in Johns Gegenwart sofort wieder als Versager. Erzähle ich ihm zum Beispiel von einem Problem bei meiner Arbeit, lacht er nur und sagt dann so etwas Ähnliches wie: ›Gütiger Gott, Mark, du hast doch noch nie eine Entscheidung tref-

fen können. Wann wirst du endlich erwachsen?‹ Und gleich darauf erzählt er mir von den tollen Dingen, die er macht. Und ich falle immer darauf rein.«

Auch Margaret ist Expertin für Seitenhiebe. Sie weiß, wie sie ihren älteren Bruder ärgern und ihm Minderwertigkeitskomplexe einjagen kann. In ihrem Wettstreit um Überlegenheit hat sie immer versucht, Eric den Stempel des Versagers der Familie aufzudrücken. Eric, das älteste von drei Kindern, war in der Kindheit das dominierende Geschwister gewesen. Als Jugendlicher erlitt er dann jedoch zwei Nervenzusammenbrüche und mußte mehrere Male zur stationären Behandlung ins Krankenhaus.
Obwohl er seitdem sein Leben im Griff hat, konkurriert Margaret, die zweitjüngste der Familie, immer noch mit ihm. Als einzige Tochter und mittleres Kind versucht sie, das Leben aller zu managen. Ohne sich dessen bewußt zu sein, hat sie Eric davon abgehalten, ihre Autorität in Frage zu stellen, indem sie ihn als unzurechnungsfähigen, psychisch angeknacksten Menschen behandelt und ihn in Streßsituationen daran erinnert, keine guten Entscheidungen treffen zu können. In der Folge hält sich ihr Bruder möglichst fern von ihr, was ihr wiederum das Gefühl gibt, von ihm abgelehnt zu werden.

Ihr wichtigstes Geschwister identifizieren

Welches ist *Ihr* wichtigstes Geschwister, das Sie immer übertreffen wollen? Wenn Sie nur ein Geschwister haben, ist die Suche einfach. Dieser Bruder oder diese Schwester ist automatisch ihr wichtigstes Geschwister. Auch wenn Sie sich sehr nahestehen, ist dieses Geschwister Ihr Rivale, vielleicht auch Ihr Vorbild, Führer, und sozusagen Ihr ewiges Bezugssystem.

In einer Familie mit mehreren Geschwistern den Hauptrivalen herauszufinden kann ein schwieriges Unterfangen sein, besonders dann, wenn Sie gelernt haben, Ihre wirklichen Gefühle den Familienmitgliedern gegenüber und vor sich und den anderen zu verbergen.

Meistens, wenn auch selten bewußt, wählen zwei Geschwister desselben Geschlechts einander als wichtigstes Geschwister. Kann man zwischen mehr als zwei Geschwistern desselben Geschlechts wählen, wird oft dasjenige, das einem im Alter am nächsten steht, für diese Extraportion Rivalität ausgesucht.

Wenn die Familie größer wird, gewinnt das Geschlecht der Geschwister in ihrer Beziehung untereinander an Bedeutung. In Haushalten mit zwei Kindern spielt das Geschlecht kaum eine Rolle, da die zwei sich gezwungenermaßen miteinander messen und vergleichen und aus diesem Grund immer einen starken Einfluß aufeinander ausüben. In einer Familie mit drei Kindern kommt dem Geschlecht bereits wieder eine größere Bedeutung zu. Das andersgeschlechtliche Kind ist meist nicht das Objekt größerer Rivalitäten, während die übrigen zwei sich als Rivalen definieren.

Ein gutes Beispiel liefert die Familie Green. Die beiden ältesten Geschwister, zwei Mädchen, konkurrierten stark miteinander. Angespornt von ihrer Mutter, einer dominierenden Frau, die sich ihre eigenen Ambitionen nie erfüllt hat, wurde die eine Ärztin und die andere Rechtsanwältin, beides Berufe, die in den fünfziger Jahren als typisch männlich galten.

Ihr jüngerer Bruder Robert konnte nie gleichziehen. Er

wählte seine nächstältere Schwester zu seinem wichtigsten Geschwister, doch diese konkurrierte statt mit ihm mit ihrer Schwester. Heute als Erwachsener ist er derjenige, der sich um die Eltern kümmert. Weil es ihn insgeheim ärgert, daß er in der Familie nur eine untergeordnete Rolle spielt, möchte er durch seine Sorge um die Eltern ein wenig Druck auf die Schwestern ausüben. Er berichtet ihnen regelmäßig über das Wohlergehen der Eltern und versucht, ihnen Schuldgefühle zu bereiten, indem er sie bittet, Mutters Geburtstag nicht zu vergessen oder Vater im Krankenhaus zu besuchen. Wenn er ihnen den Eindruck vermittelt, nicht »gut« zu den Eltern zu sein, verspürt er ein momentanes Gefühl der Überlegenheit, doch für seine Schwestern ist er kaum mehr als ein Laufbursche und Hausangestellter.

Die gleiche Sprache sprechen

Das Geschwister, das »unsere Sprache am besten spricht«, hat mehr Chancen, unser wichtigstes Geschwister zu werden. Ein intellektuelles Geschwister wird voraussichtlich nicht den Sportler oder die Sportlerin in der Familie als sein wichtigstes Geschwister wählen, wenn ein anderer Bruder oder eine andere Schwester zur Verfügung steht, der oder die seine Interessen teilt. Jemand, der dieselben Werte hat wie man selbst, übt im allgemeinen mehr Anziehungskraft auf einen aus als andere, und man mißt sich auch lieber mit ihm.

In Kates Familie sprachen fast alle die gleiche Sprache, nämlich die des Geldes. Der Erwerb von Reichtum stellte das Familienethos dar, und die Schwester, die die Sprache des Geldes am fließendsten beherrschte, war Lillian. Sie wußte, wie man Geld verdienen konnte, und ihre Geschwister wollten von ihr erfahren, was sie tun mußten, um selbst zu Geld zu kommen. Deshalb wählten die älteren sie als ihr wichtigstes Geschwister, während die anderen versuchten, ihr nachzueifern. Die zwei jüngeren Schwestern hatten auch noch andere Werte – Bildung und gesellschaftliche Anerkennung –, aber diese Werte wurden nur dann als gültig erachtet, wenn sie zu mehr Geld führten.

Kate stand dazwischen. Sie wollte Reichtum und Bildung und einen sozialen Status. Ihr wichtigstes Geschwister Martina betrachtete Kates Errungenschaften jedoch als unwichtig, wodurch Kate ein Gefühl der Überlegenheit vorenthalten wurde.

In anderen Familien ist die gemeinsame Sprache vielleicht die Musik, Bildung oder Religion. Die Geschwister, die diese Werte hochhalten, finden eine bessere Beziehung zueinander als diejenigen, bei denen dies nicht der Fall ist.

In Jonathans Familie wurden die vier Kinder in dem Glauben erzogen, daß die Liebe zur Literatur etwas Göttliches ist. Drei blieben diesem Glauben treu – der Älteste wurde Literaturagent, der Zweitälteste Verleger und der Jüngste hatte Schriftstellerambitionen. Das zweitjüngste Kind, zu dem sich keines der anderen hingezogen fühlte, wurde Börsenmakler. Jonathan: »Selbst als Kind war er anders als wir. Er interessierte sich immer für Zahlen und Fakten, während für uns Wörter und Gefühle wichtig waren. Wir verstanden uns nie wirklich gut mit ihm.« Und keines wählte ihn als wichtigstes Geschwister – er war einfach zu anders.

Das Werk der Eltern

Eltern setzen nicht nur die Werte fest, nach denen die Familie lebt, sie schaffen auch die Voraussetzungen für die Beziehungen ihrer Kinder untereinander; sie fördern Bündnisse oder Konflikte, so wie sie es für richtig halten. Vielleicht unterdrücken sie die Rivalität zwischen ihren Kindern durch ein Verbot, diese offen zu zeigen (»Meine Kinder streiten nie. Ich habe ihnen beigebracht, miteinander auszukommen.«); oder sie fördern die Rivalität, indem sie ihre Kinder ermuntern, um ihre Aufmerksamkeit zu kämpfen.

Manchmal zwängen Eltern ihre Kinder in unpassende Rollen oder unterstellen ein Geschwister dem anderen, weil es dem Wohle der Familie dient. Als Lillian noch lebte, war es den anderen nicht erlaubt, ihr in die Quere zu kommen. Sie war die Geschäftstüchtige, auf die die Familie angewiesen war, besonders während der ersten Zeit in der neuen Heimat. Als sie Erfolg zu haben begann, wurde sie mit großem Respekt behandelt und niemand durfte sie kritisieren. Dies änderte sich erst, als sie einen Mann heiratete, den die Familie nicht akzeptierte, und befürchtet wurde, daß der Ehemann – und später ihre Kinder – Kontrolle über ihr Geld erlangen könnte.

Nun durfte Martina mit Lillian konkurrieren, ohne daß man ihr Vorwürfe machte, und Vic durfte über sie und ihren Mann lästern und zum Oberhaupt der Familie aufsteigen.

Hätte Martina dies vor Lillians Heirat gemacht, wäre sie sowohl von ihren Geschwistern als auch von ihren Eltern stark kritisiert worden. Kate erinnert sich an eine Begebenheit aus ihrer Kindheit, als sie alle zu einem Bauernhof gingen, um das Melken der Kühe zu lernen. In ihrer gewohnt bestimmenden Art wollte Martina die Reihenfolge festsetzen, in der die Kinder selbst versuchen durften zu melken. Sie erklärte, daß die Ältesten beginnen sollten. Sofort mischte sich Lillian ein und bestimmte, daß die Jüngste den Anfang machen werde. »Ohne ein Wort darüber zu verlieren, taten wir, was Lillian sagte. Ihr Wort war Befehl.«

Ihr wichtigstes Geschwister übertreffen – welch ein Triumph!

Weil niemand gern der Unterlegene ist, streben diejenigen, die sich auf der Familien-Stufenleiter unten befinden, nach oben, um diejenigen, die oben sind, zu überholen. Dies gilt ganz besonders, wenn es sich bei den weiter oben befindlichen um wichtige Geschwister handelt. Sein wichtigstes Geschwister zu überrunden wird im allgemeinen als großer Triumph empfunden. Dieser Triumph kann jedoch mit Schuldgefühlen vermischt sein, weil man eine Person, die man eigentlich schätzen und unterstützen sollte, degradiert hat. In Kates Familie wollte zwar jeder sein wichtigstes Geschwister übertreffen, doch keinem ist es gelungen. Im Fall von Craig und Evan, von denen wir im letzten Kapitel berichtet haben, ist es Craig gelungen, Evan zu überrunden. Es hat ihm Selbstachtung eingebracht, aber der Preis dafür war sehr hoch.

Auch Tom befand sich in einer untergeordneten Position, bevor es ihm gelang, seinem Geschwister das Zepter zu entreißen. Tom hatte immer das Gefühl, daß der sechs Jahre ältere Paul, Erstgeborener von vier Geschwistern, der Liebling seiner Eltern war. »Er war der Kronprinz – wir nannten ihn sogar so –, der bewunderte und respektierte große Bruder, ein netter, liebenswürdiger Junge, den alle toll fanden. Obwohl auch ich ihn liebte, war er mein Rivale. Meine Schwester Dot, die im Alter zwischen uns lag, zählte als Mädchen nicht. Mein jüngerer Bruder Al zählte ebenfalls nicht. Ich war sieben, als er auf die Welt kam, und ich habe ihn nie richtig beachtet. Außerdem hatte man mir erlaubt, ihn zu schlagen, wenn er sich schlecht benahm.«

Als Kind bewunderte Tom Paul sehr. Er beneidete ihn auch, denn Paul wurde schon bald zum Familienmythos. Er machte alles als erster, und er machte alles gut, er erlebte Abenteuer und entrann Gefahren. Paul wurde im Zweiten Weltkrieg Soldat und nach Übersee geschickt und kam als Held zurück – zumindest in den Augen seiner Familie. »Als ich am Ende des Krieges zur Armee ging, träumte ich davon, ihn dort drüben zu treffen, ich der Offizier und er der Feldwebel. Aber ich wurde natürlich nie Offizier und habe das Land nie verlassen.«

Wieder zu Hause, wurden die beiden Brüder zu Kumpeln, sie gingen zusammen aus, verabredeten sich gemeinsam mit Freundinnen und erzählten sich ihre Geheimnisse. Tom, der Paul noch immer bewunderte, sich innerlich aber über seinen höheren Status ärgerte, gab sich große Mühe, ihn zu übertreffen. Warum er sich so verhielt, hat er erst viele Jahre später im Laufe einer Therapie verstehen gelernt.

Tom war der erste in der Familie, der ein College besuchte und einen akademischen Beruf ausübte. Er ließ die Kultur der ersten Generation und das von seiner Volksgruppe bewohnte Viertel, in dem er aufgewachsen war, hinter sich und heiratete »eine Außenseiterin«. Aber das geschah viele Jahre, bevor er das Gefühl hatte, seinen älteren Bruder wirklich überrundet zu haben. »Unser kleiner Bruder Al hatte während seiner Ferien in Puerto Rico einen Nervenzusammenbruch. Wir erhielten einen Anruf, in dem uns mitgeteilt wurde, daß er im Gefängnis sitzt, weil man ihn nackt am Strand gefunden hatte.

Meine Eltern waren zu alt und zu verängstigt, um sich der Sache anzunehmen. Wir wandten uns an Paul. Jemand mußte nach Puerto Rico fliegen, mit den Ärzten und der Polizei reden und ihn nach Hause und ins Krankenhaus bringen. Automatisch nahmen wir an, daß Paul es machen würde, denn wir betrachteten ihn immer als unseren Anführer. Aber Paul zeigte wenig Neigung, die Verantwortung zu übernehmen. Krankheit, vor allem Geisteskrankheit, war ihm unheimlich, und er konnte schlecht damit umgehen. Nach anfänglichem Zögern habe ich es gemacht, und ich war erfolgreich. Von da an habe ich die Führung in der Familie übernommen. Ich war nun der König und der von allen respektierte Bruder. Paul dankte ab, und ich bestieg den Thron. Ich fühle mich immer noch ein wenig unwohl dabei und bin vorsichtig, denn es könnte ja sein, daß Paul diesen Platz wieder zurückerobern möchte.

Interessant für mich war, daß ich mich bei all meinen anderen Errungenschaften nie so gut gefühlt habe. Nun hatte ich mit Paul auf seinem Territorium konkurriert und gewonnen. Zum ersten Mal fühlte ich mich wirklich toll.«

Die Konzeption des »wichtigsten Geschwisters« kann Ihnen vielleicht als Erklärung dienen, warum Sie trotz allem, was Sie erreicht haben, nicht vollständig zufrieden sind. Sie strengen sich an, um etwas zu bewerkstelligen, und fühlen sich gut dabei, aber wenn Sie ans Ziel gekommen sind, erfüllt Sie nicht das erwartete Glücksgefühl. Der Grund, warum manche Siege schal schmecken, ist, daß Sie das Ziel nicht für sich selbst gewählt haben, sondern in der Hoffnung, Ihren Rivalen in den Schatten zu stellen. Tom fühlte sich Paul nicht überlegen, als er als erster in der Familie einen akademischen Beruf ausübte oder aus der alten Nachbarschaft auszog, obwohl es einen großen Aufwand an Zeit, Energie und Mut erfordert hat. Der Grund war, daß das Erreichen dieser Ziele keine Auswirkungen auf seinen Status in der Familie hatte. Paul war immer noch das verehrteste und respektierteste Geschwister. Erst als Tom Pauls Rolle als Anführer der Familie übernahm, änderte dies seinen Status und brachte ihn an die Spitze der Familie.

Es gibt keine Gewinner im Konkurrenzkampf zwischen Geschwistern. Es ist ein Fehler, ja manchmal sogar ein tragischer, zu glauben, man könnte besser als seine Brüder oder Schwestern sein. In Wahrheit kann man nur besser sein, als man selbst ist. Man empfindet Freude über die eigenen Erfolge, weil man etwas getan hat, was man *für sich selbst* will, und etwas erreicht hat, was einem *selbst* wichtig ist, und nicht, weil es einen, wie man glaubt, über den Bruder oder die Schwester triumphieren läßt. Denken Sie an die Sportler bei den Olympischen Spielen. Sie waren am erfolgreichsten, wenn sie sich an ihren eigenen früheren Leistungen und ihren eigenen Bestzeiten orientierten, und nicht an denen ihrer Rivalen. Wenn Sie Ihre Ziele für sich selbst aussuchen und nicht, um Ihr wichtigstes Geschwister zu übertrumpfen, wird das Erreichen dieser Ziele viel befriedigender sein und keinen schalen Geschmack hinterlassen.

Sie und Ihr wichtigstes Geschwister

Falls Sie Ihr wichtigstes Geschwister noch nicht ausfindig gemacht haben, kann Ihnen das Beantworten der folgenden Fragen helfen, und vielleicht wird Sie das Ergebnis überraschen.

- Welches Geschwister haben Sie als Kind am meisten beneidet?
- Bei welchem sind Sie besonders erpicht darauf, von Ihren Erfolgen zu erzählen, und bei welchem zögern Sie am meisten, Ihre Mißerfolge zu erwähnen?
- Welches möchten Sie insgeheim am meisten beeindrucken?
- Welches kann Ihnen das Gefühl geben, unbedeutend und unzulänglich – oder einfach wunderbar zu sein?
- Von welchem tut Kritik besonders weh?
- Welchem möchten Sie am meisten ebenbürtig oder überlegen sein?
- Über welches denken Sie am meisten nach?
- Welches war der Liebling Ihrer Mutter? Ihres Vaters?
- Welches war bei den Geschwistern am beliebtesten und welches am unbeliebtesten?

Ihre Antworten zeigen, wer Ihr wichtigstes Geschwister ist. In Wahrheit haben Sie immer gewußt, wer diese Person ist, auch wenn Sie die Intensität der Rivalität zwischen Ihnen vielleicht nie zugegeben haben.

Oftmals sind verwirrende und manchmal auch unglaublich starke, konkurrierende Gefühle Ihrem wichtigsten Geschwister gegenüber nicht zu vermeiden. Das ist normal, und es kommt in mehr oder minder starkem Ausmaß in jeder Beziehung zu dem wichtigsten Geschwister vor. Wenn Sie dies akzeptieren, können Sie viel von dem Unbehagen, der Schuld und den negativen Gefühlen, die Sie als »nicht akzeptierbar« oder »unloyal« bezeichnen, über Bord werfen. Diese Gefühle zuzugeben und zu erkennen, daß kein Geschwister gänzlich frei davon ist, ist ein erster Schritt hin zur Lösung Ihres Geschwisterproblems.

Um die Dynamik in der Beziehung zwischen Ihnen und Ih-

ren Geschwistern zu erkennen, müssen Sie zuerst herausfinden, was jeder einzelne im Familienkontext darstellt,
welches ihre Plätze sind, welche Rollen sie spielen, welche
Taktiken sie gewohnheitsmäßig anwenden, um das zu bekommen, was sie wollen, welches ihre automatischen Reaktionen sind, mit denen sie ihre labile Selbstachtung gegen
Bedrohungen schützen. Vielleicht werden Sie erstaunt feststellen, wie kalkulierbar jedes von ihnen wird.

4 Glück bei der Verlosung – Wie wichtig ist die Geburtenreihenfolge?

Viele Faktoren sind zusammengekommen, um *Sie*, die Person, die Sie geworden sind, zu schaffen, und viele Faktoren prägen auch Ihre Beziehung zu Ihren Brüdern und Schwestern. Einer dieser Faktoren ist die Geburtenreihenfolge. Als eine Variable in der Familiendynamik entscheidet die Geburtenreihenfolge nicht über unser Geschick. Sie bestimmt nicht, was Sie oder Ihre Geschwister sind, was Sie denken oder wie Sie sich verhalten. Auch Ihre Zukunft hängt nicht davon ab, und Sie sind dadurch auch nicht besser oder schlechter gestellt, als Ihre Geschwister, obwohl jede Position spezielle Vor- und Nachteile mit sich bringt.

Die Geburtenreihenfolge *kann* jedoch dazu benutzt werden, allgemeine Tendenzen, die man häufig bei ältesten, mittleren und jüngsten Kindern antrifft, zu analysieren, da jede dieser Gruppierungen zwangsläufig die Welt aus der ihnen eigenen Perspektive sieht. Wenn Sie wissen, daß Menschen sich voraussichtlich nur aufgrund ihrer Stellung in der Familie auf eine gewisse Weise verhalten, kann Ihnen dies helfen, sich und Ihre Geschwister besser zu verstehen, und Ihnen außerdem einige Ursprünge Ihrer Rivalität erklären.

Älteste Kinder zeigen zum Beispiel in vielen Dingen ein ähnliches Verhalten, weil sie einst die »Alleinherrscher« waren und bis zur Ankunft des nächsten Geschwisters die ungeteilte Aufmerksamkeit ihrer Eltern genossen. Da sie, zumindest eine Zeitlang, größer und stärker als die anderen waren und diese deshalb dominieren konnten, haben sie im allgemeinen ein gefestigteres Bild von ihrer Identität und ihren Fähigkeiten.

Für jüngste Kinder hingegen gab es nie eine Zeit, in der sie die Szene allein beherrschten, in der es keine Konkurrenz von größeren und mächtigeren Geschwistern gab. Folglich schlummern bei ihnen Minderwertigkeitskomplexe unter der nach außen gezeigten Selbstsicherheit. Sie sehnen sich nach Respekt, Ruhm und Unabhängigkeit, sind aber voller Selbstzweifel.

Mittlere Kinder teilen einige Merkmale der jüngsten Kinder, weil auch sie wichtige Entwicklungsjahre im Schatten ihrer älteren Brüder und Schwestern verbracht haben. Aber sie sind auch wieder anders, weil sie sich jenen gegenüber, die nach ihnen gekommen sind, überlegen fühlen. Sie leiden unter Identitätsproblemen und oft unter einem extrem geringen Selbstwertgefühl.

Alle ältesten und mittleren Kinder erleben eine »Entthronung«. Sie alle wissen, wie es ist, wenn die Aufmerksamkeit, die sie genossen haben, auf einen neuen Bruder oder eine neue Schwester übertragen wird. Sie müssen einem Eindringling Platz machen, dessen Ankunft unmöglich in ihrem ureigensten Interesse liegen kann. Jüngste und Einzelkinder mußten nie voller Angst einen Blick zurückwerfen, weil jemand Jüngerer und Schwächerer dabei ist, sie zu überholen. Sie haben eine Position in der Familie, die sich nie verändern wird.

Einzelkinder definieren sich teilweise durch die Tatsache, daß sie immer die volle Aufmerksamkeit ihrer Eltern genossen haben und nie vor dem Problem standen, in einem Haus zu überleben, das man mit einem Rivalen teilen muß.

Die üblichen Auswirkungen der Geburtenreihenfolge können abgeschwächt werden durch die folgenden, potentiell mächtigen Variablen: Geschlecht der Geschwister, angeborene Charakterzüge, Altersunterschiede und Abstand zwischen den Geschwistern, Größe der Familie, »Besonderheiten« eines Geschwisters und Fälle von ungewöhnlicher elterlicher Bevorzugung.

Nehmen wir als Beispiel eine Familie mit zwei Kindern, wovon das erste ein Junge und das zweite ein Mädchen ist. Der einzige Junge ist wahrscheinlich eine Mischung aus einem ältesten Kind *und* einem Einzelkind. Seine Schwester hat, weil sie das einzige Mädchen ist, wahrscheinlich die Merkmale eines jüngsten Kindes *und* eines Einzelkindes.

Dieselbe Einmaligkeit ergibt sich auch bei einem ältesten oder jüngsten Kind seines Geschlechts. Es hat eine Position, die es von seinen Geschwistern abhebt. Es hat einen Platz, den kein anderes Geschwister in Anspruch nehmen kann. Anders sieht es bei einem mittleren Mädchen in einer reinen Mädchenfamilie oder einem mittleren Jungen in einer Schar von Jungen aus. Ihnen fehlt der Geschlechtsunterschied, der sie zu etwas Besonderem machen kann.

Alle Positionen in der Geburtenreihenfolge besitzen ihre Vor- und Nachteile, wobei man jedoch sagen kann, daß mittlere Geschwister öfter mehr Nachteile in Kauf nehmen müssen als die anderen. Doch keiner dieser Nachteile ist so mächtig, daß er für Glück oder Unglück, Erfolg oder Mißerfolg im Leben verantwortlich gemacht werden kann, und formt auch nicht automatisch die Persönlichkeit. Wenn dem so wäre, wäre das Leben viel kalkulierbarer, als es ist.

Seit Alfred Adler vor vielen Jahren zum ersten Mal die Bedeutung der Geburtenreihenfolge erkannte, hat diese großes Interesse auf sich gezogen. Bei den von uns herausgefundenen, allgemeinen Merkmalen von ältesten, mittleren und jüngsten Geschwistern dienten uns die Theorien Adlers als Objektiv, durch das wir die Geschwisterbeziehungen betrachteten. Wir haben Einzelkinder miteinbezogen, weil auf viele Geschwister einige Perspektiven von Einzelkindern zutreffen aufgrund des Altersunterschieds oder anderer, spezieller Umstände. Zwillinge haben wir jedoch nicht als spezielle Kategorie aufgeführt, da diese immer wissen, wer der ältere und wer der jüngere der beiden ist und im allgemeinen danach handeln. Außerdem bieten Zwillinge Stoff für ein eigenes Buch.

Wenn Sie Ihre Geschwister im Kontext der Geburtenreihenfolge betrachten, kann Ihnen dies Erkenntnisse über Ihr Verhalten und das Ihrer Geschwister sowie über den Ursprung ihrer Konflikte vermitteln.

Älteste Kinder

Älteste Geschwister möchten beaufsichtigen und befehlen und sind oft ziemlich herrschsüchtig. Sie neigen dazu, sich ihren Geschwistern gegenüber überlegen zu fühlen, was sie, zumindest anfänglich, ja auch sind. Mächtiger als die anderen Kinder in der Familie, betrachten sie ihre jüngeren Brüder und Schwestern als weniger fähig und würdig, die Führerrolle zu übernehmen. Ihr Leben lang suchen Erstgeborene nach Gelegenheiten, die Verantwortung zu übernehmen, denn es gefällt ihnen, Macht zu haben, und sie wissen, wie sie sich ihrer bedienen können.

Erstgeborene haben auch viele Eigenschaften, die für Einzelkinder typisch sind. Dies hängt allerdings davon ab, wie lange es gedauert hat, bis ihre Geschwister auf der Bildfläche erschienen sind. Sie neigen zu Perfektionismus und Intoleranz gegenüber anderen Meinungen; sie sind gewissenhaft und glauben, daß es ihnen zusteht, stets im Mittelpunkt zu stehen. Ihre Kindheit endet mit ihrer Entthronung – der Geburt ihres ersten Geschwisters –, weil sie dann unverzüglich in die Rolle des Vorbilds, Ersatzelternteils, Aufpassers und vielleicht sogar Vertrauten und Ratgebers gedrängt werden.

Obwohl letzten Endes die Eltern die Regeln aufstellen, treten die Ältesten als ihre rechte Hand auf, als die scheinbaren Bosse, von denen erwartet wird, daß sie den Gesetzen Geltung verschaffen, für Ordnung sorgen und ein gutes Beispiel geben. Dafür müssen sie die Beschimpfungen der jüngeren Kinder in Kauf nehmen, die vielleicht ein Leben lang versuchen, ihre Autorität zu untergraben.

Weil es eine Zeit gab, in der sie mit den Erwachsenen allein waren, und weil sie später die Verantwortung für die jüngeren Geschwister übernehmen mußten, neigen älteste Geschwister dazu, sich mit Erwachsenen und den elterlichen Regeln zu identifizieren. Sie sind die »Betriebsspitzel«, die sich genau an die anerkannten Normen und Werte halten. Sie empfinden die Gesellschaft von Erwachsenen nicht als eine besondere Vergünstigung, sondern als etwas normales, auf das sie Anspruch haben.

»Als ich ein Kind war, ging ich mit Vater jeden Samstag ins Restaurant zum Mittagessen, während Mutter mit meiner kleinen Schwester zu Hause blieb. Ich fühlte mich als etwas Besonderes und sehr erwachsen«, erinnert sich Francesca. »Wenn ich zurückkam, schaute ich geringschätzig auf meine Schwester herunter und kam mir haushoch überlegen vor. Sie konnte im Restaurant nicht richtig am Tisch sitzen und sich nicht ordentlich benehmen, sie war eben noch ein Baby!«

Älteste Geschwister sind selbstsicher und zuversichtlich, oftmals auch ernsthaft und zurückhaltend. Sie freuen sich über ihre Leistungen und sind es gewöhnt, von ihren Eltern in großem Maße unterstützt zu werden, und dadurch entwickeln sie ein starkes Selbstwertgefühl.

Im allgemeinen sind Erstgeborene konservativ, zuverlässig und äußerst verantwortungsbewußt. Sie haben nicht nur kein Interesse an Veränderungen, sondern kämpfen darum, daß die Dinge so bleiben, wie sie sind. Und warum auch nicht, befinden sich doch die Trumpfkarten gewöhnlich in ihrer Hand. Älteste Geschwister sind meist wortgewandt, wissensdurstig und belesen. Sie lieben Traditionen, Sitten und Gebräuche. Durch ihren Konservatismus sind sie jedoch weniger kreativ als jüngere Geschwister. Sie wollen das, was sie begonnen haben, unbedingt zu Ende führen und Fehler um jeden Preis vermeiden. Eine ihrer Stärken ist es, bei Problemen sorgfältig alle Fakten zusammenzutragen und auszuwerten, um dann gut begründete Entscheidungen zu treffen.

Älteste Geschwister leben nach dem Grundsatz »ich zuerst« – ganz einfach, weil sie als erste da waren und ihnen deshalb das Privileg zusteht, als erste bedient zu werden. Läuft es im Leben jedoch nicht so, wie sie es erwarten, oder werden sie vor eine ernsthafte Herausforderung gestellt, wissen sie oft nicht, wie sie sich darauf einstellen sollen. Sie sind nicht so anpassungsfähig wie ihre Geschwister, manchmal sind sie sogar ziemlich labil, und ihre Gefühlswelt kann zusammenbrechen, wenn sich Unvorhergesehenes einstellt. Es fällt ihnen gewöhnlich schwer, Kritik zu ertragen oder ihre eigenen Fehler zu tolerieren. Andererseits können sie die Fehler anderer – besonders, wenn es sich dabei um ihre jüngeren Geschwister handelt – akzeptieren. Es sieht fast so aus, als ob sie die Unzulänglichkeiten ihrer

Brüder und Schwestern erwarten und daran Gefallen finden.

Älteste Geschwister fallen gern in eine Vater- oder Mutterrolle. Weil sie – zumindest eine gewisse Zeit lang – die ständige Aufmerksamkeit und Anerkennung ihrer Eltern genossen, gefallen ihnen Beziehungen, in denen sie sich überlegen fühlen und dominieren können. Andererseits mögen sie es meist nicht, wenn andere – zum Beispiel Ehepartner oder Chefs – sich so verhalten wie sie.

Älteste Geschwister neigen nicht dazu, Gefühle zu analysieren, und sie brauchen es im allgemeinen auch nicht zu tun. Sie kennen die Regeln und das angemessene Verhalten und haben nicht das Bedürfnis, unter die Oberfläche zu schauen. Während jüngere Geschwister vielleicht nach tieferen Beweggründen forschen und diese auch finden, stellen sich ältere Geschwister selten die Frage: »Was hat er oder sie damit wohl gemeint?« Sie verhalten sich sehr direkt und erwarten von anderen dasselbe. Sie bitten nicht gern um Hilfe und lösen ihre Probleme lieber selbst. Älteste Geschwister neigen dazu, ihre Gefühle zu unterdrücken und ihren Ärger hinunterzuschlucken.

Männliche Erstgeborene werden in vielen Familien hochgeschätzt und stehen in vorderster Linie, wenn es um Familienwerte geht – wie zum Beispiel Besitztum, soziale Stellung, Geld, Macht, Ruhm. Sie haben auch die meisten Erwartungen zu erfüllen, was sie unter enormen Druck setzt. Weiblichen Erstgeborenen wird meist all die Verantwortung übertragen, die Erstgeborenen zukommt, jedoch ohne die vergötternde Aufmerksamkeit, die Jungens genießen.

Weil älteste Geschwister es gewöhnt sind, Verantwortung und Führung zu übernehmen, sind sie im allgemeinen erfolgreich in Firmenstrukturen, wo die Hierarchie ihnen

Halt gibt. Sie sind jedoch nicht so wagemutig und innovativ wie ihre jüngeren Geschwister.

Jüngste Kinder

Die jüngsten Kinder in der Familie haben eine besondere Position, die ihnen niemand wegnehmen kann. Kein Neuankömmling stößt sie vom Thron. Sie kommen in eine stabile Welt, in der die Hauptakteure ihren festen Platz haben. Unter den Geschwistern wissen nur sie genau, mit wem sie sich auseinanderzusetzen haben.

Doch wenn sie in diese geordnete Welt kommen, sind sie die schwächsten unter den Geschwistern, zumindest für einige Jahre, was ihnen ein Gefühl der Minderwertigkeit gibt. Dies ist bei allen Neuankömmlingen so. Sie versuchen oft ein Leben lang, sich selbst zu beweisen, daß sie besser sind als die anderen. Bei jüngsten Geschwistern ist dieses Gefühl wegen der Geburtenreihenfolge jedoch besonders stark, und es wird sie ihr ganzes Leben begleiten. Tief in seinem Inneren hat ein jüngstes Kind – gleichgültig, welches sein gegenwärtiges Alter ist – das Gefühl, die anderen wären besser als es selbst. Das kommt daher, daß jüngste Kinder zwar viel Aufmerksamkeit und vielleicht auch Liebe bekommen, aber selten ernst genommen werden, weil sie, im Vergleich zu den älteren und reiferen Geschwistern, weniger fähig sind. Ihre älteren Geschwister sind immer schnell dabei, ihre Leistungen herunterzusetzen, und selbst die Eltern sind von ihrem Können nicht so beeindruckt, weil sie diese »Wundertaten« bereits bei den früher geborenen Kindern erlebt haben.

Das heißt nun aber nicht, daß jüngste Kinder sich irgendwann nicht auch als fähig und wertvoll empfinden, doch unter der Oberfläche nagen Selbstzweifel. Während ein älteres Kind Minderwertigkeitskomplexe durch Erfahrungen entwickeln kann, haben die Jüngsten sie erworben, weil sie als letzte geboren wurden. Während ein ältestes Kind oder ein Einzelkind sich im allgemeinen aus Verpflichtung fähig fühlt, müssen die Jüngsten lernen, Vertrauen in ihre Fähigkeiten zu entwickeln.

Jüngste Kinder sehnen sich nach Respekt. Deshalb ist es ihr Ziel, einen bedeutenden Beitrag für die Familie und vielleicht gar für die Welt zu leisten. Verzweifelt suchen sie nach Aufmerksamkeit und Anerkennung, werden aber oft durch ihre Selbstzweifel zurückgehalten.

Jüngste Kinder sind oft erstaunlich scharfsichtige Beobachter. Dies kommt daher, daß sie jahrelang Zeuge der Fehler und Erfolge ihrer älteren Brüder und Schwestern waren. Sie haben herausgefunden, welche Taktiken erfolgreich und welche weniger erfolgreich sind, und sie können, wenn sie ihr eigenes Leben gestalten, auf die Erfahrungen der Älteren zurückgreifen. Diese Gelegenheit bietet sich einem ältesten Kind nicht.

Jüngste Kinder haben gelernt, unverbindlich, verschwiegen, heimlichtuerisch, ja vielleicht sogar unaufrichtig zu sein, weil sie schmerzhaft erfahren mußten, daß es sich nicht auszahlt, wenn andere zuviel von einem wissen. Offenheit könnte gefährlich sein, weil die anderen, Mächtigeren, leicht Vorteile daraus ziehen könnten.

»Wie ungerecht!« lautet der Schrei der Unterdrückten. Man hört ihn am häufigsten von jüngsten Geschwistern, die viele prägende Jahre im eisernen Griff ihrer größeren und stärkeren Brüder und Schwestern verbracht haben.

Sheila erinnert sich noch an die Kämpfe zwischen ihrem älteren Bruder und ihrer Mutter, als diese herausfand, was er in der Schule oder mit den Nachbarskindern angestellt hatte. Sheila: »Sie hat es entdeckt, weil er nichts für sich behalten konnte, und dann war sie wütend. Er wurde dauernd für irgend etwas bestraft. Ich habe schnell gelernt, ihr nur das zu sagen, was sie hören wollte.« Sheila hat viel über sich nachgedacht und dabei herausgefunden, daß sie diese Philosophie überall anwendet. Sie verhält sich so, wie die anderen es von ihr erwarten, ohne ihre eigentlichen Gefühle preiszugeben. Sie ist bekannt für ihre mitfühlende Art und ihre Bereitschaft, anderen bei der Lösung ihrer Probleme zu helfen. Auf diese Weise hält sie sich stets aus dem Mittelpunkt des Interesses heraus. »So habe ich keinen Ärger. Niemand weiß, wie ich wirklich bin. Das Problem dabei ist, daß ich zwanghaft glaube, mich schützen zu müssen, weil ich mich nur so sicher fühle. Die Folge ist, daß ich zu niemanden eine echte Bindung habe.«

Jüngste Geschwister haben es im allgemeinen gern, wenn andere die Führung übernehmen. Da wenig von ihnen erwartet wurde und sie unsicher sind, was ihre eigenen Fähigkeiten anbelangt, ängstigt sie die Übernahme der vollen Verantwortung – obwohl sie sich andererseits nach Anerkennung und Respekt sehnen. Es ist ihr großer Wunsch, der Boß zu sein, gleichzeitig befürchten sie jedoch, diese Position nicht ausfüllen zu können. Sie wollen ihr Schicksal und auch das der restlichen Familie bestimmen, und sie wollen die Macht, die sie als Kinder nicht gehabt haben. Deshalb bleiben sie manchmal viel zu lange im Elternhaus, weil sie sich unbewußt ausrechnen, daß sie nach dem Auszug der älteren Geschwister das Kommando übernehmen können. Statt dessen verbringen sie gewöhnlich nur noch mehr Jahre als verhätscheltes Baby zu Hause.
Als Erwachsene sind jüngste Kinder die kämpferischsten

von allen Geschwistern. Weil sie sich so lange machtlos gefühlt haben, ist ihr Wunsch, ihre Umgebung zu beherrschen, riesengroß. In der Geschwisterhierarchie ganz unten angesiedelt, wollen sie nun unbedingt nach oben. Ihr Hauptziel ist es, im Wettbewerb zu gewinnen, besser zu sein als die anderen, ganz egal, wie groß deren Vorsprung ist.

Deshalb wollen sie ihre Grenzen erfahren und wissen, wie weit sie sich ungestraft vorwagen können. Sie sind oft die radikalsten und rebellischsten unter den Geschwistern, neuen Theorien gegenüber am aufgeschlossensten und am wenigsten bereit, Autoritätspersonen anzuerkennen, und sie entwickeln neue Wege, um ihre Ziele zu erreichen; aber sie können sich nicht an die Regeln halten, weil ihnen von frühester Kindheit an das Rüstzeug fehlte, um im Konkurrenzkampf mithalten zu können. Wenn es darum ging, wer am schnellsten rennen, am besten schreiben oder sonst einen Wettbewerb gewinnen konnte, hatten sie keine Chance. Deshalb unterbrachen sie das Spiel, indem sie vorgaben, sich schlecht zu fühlen oder sich verletzt zu haben – oder sie änderten die Regeln zu ihren Gunsten.

Die Babys in der Familie werden oft verwöhnt, und in den Augen ihrer Geschwister lassen ihnen die Eltern, die mit jedem weiteren Kind großzügiger werden, »alles, aber auch alles durchgehen«. Sie sind oft amüsant, charmant, liebenswürdig und kokett und wissen, wie man mit Schmeicheln und Überredungskunst seinen Kopf durchsetzen kann.

Weil die Jüngsten immer gegen die bestehende Ordnung aufbegehren, sind manche rasch entmutigt und nicht bereit, andere herauszufordern, da sie das Gefühl haben, deren Erwartungen unmöglich entsprechen zu können. Sie sehen sich bereits im voraus als Verlierer. Deshalb machen sie, wenn sie die Möglichkeit eines Mißerfolges sehen, oft einen Rückzieher. Sie geben den Kampf auf und zeigen weniger Widerstandskraft als ihre zäheren Geschwister.

Jüngste werden gewöhnlich gehätschelt. Anderen gegenüber fürsorglich zu sein ist nicht ihre Stärke. Obwohl sie viel tun, um zu gefallen, sind sie oft nicht sehr sensibel, was die Gefühle anderer anbetrifft, weil sie in ihrem Wunsch zu bestehen nur damit beschäftigt sind, sich selbst zu verbessern. Andererseits machen sie sich jedoch ständig Sorgen, ob sie geliebt, akzeptiert und respektiert werden.

Der einzige Weg, sich als Jüngste Bedeutung zu verschaffen, besteht oft darin, sich der anderen anzunehmen, deren Probleme anzuhören, weniger Glückliche zu bedauern und »gute Taten« zu vollbringen. Weil sie so viele Jahre im Schatten älterer Menschen verbracht haben, sind sie häufig gute Zuhörer. Dies wiederum vermittelt ihnen viel »Insider-Wissen«, was gefährlich werden kann, wenn sie es zu ihrem eigenen Vorteil einsetzen.

Da ihre Probleme und Bedürfnisse von den älteren Geschwistern oft bagatellisiert werden, verdrehen sie häufig die Wahrheit und bauschen ihre Erlebnisse und Gefühle auf, in der Absicht, ernstgenommen zu werden.

Nicht selten macht ihre Kreativität und Phantasie sie zu Künstlern und zu ungewöhnlichen Menschen, die neue Wege gehen. Mit ihrer Überzeugungskraft und ihrem Charme eignen sie sich jedoch auch gut als Verkäufer und Lehrer. Obwohl sie unbedingt erfolgreich sein wollen, liegt ihnen Führerschaft nicht. Die Präsidentenwahl gewinnen? Großartig! Den bisherigen Amtsinhaber aus dem Sattel werfen? Phantastisch! Aber in dem Job als Präsident fühlen sich die meisten jüngsten Geschwister nicht wohl. Zwar lieben sie es, Macht zu haben, sind aber oft zu unsicher, sich an ihr zu erfreuen.

Jüngere Kinder sind im allgemeinen nicht so vertrauensvoll wie ihre älteren Brüder und Schwestern. Oft mißtrauen sie den Absichten anderer, weil sie als Kinder Opfer der Ränke ihrer älteren Geschwister gewesen sind, die ihre Leichtgläubigkeit und Naivität schamlos ausnutzten. Sie sind auf der Hut, weil sie glauben, daß die anderen, sobald sich eine Möglichkeit bietet, ihre Schwachstellen preisgeben. Dies hat zur Folge, daß sie nur zögernd Freundschaften und Liebesbeziehungen eingehen. Man braucht Geduld, um eine Beziehung zu einem jüngsten Kind aufzubauen.

Weil ihre Gedanken nicht gewürdigt und oft verworfen wurden, vertrauen die Jüngsten ihrem eigenen Urteil nicht, und diese Unsicherheit verfolgt sie ein Leben lang.

Jüngste Kinder neigen dazu, sich auf andere zu verlassen. Bei ältesten Kindern findet man diesen Charakterzug seltener, da sie es gelernt haben, neues Territorium ohne die Hilfe einer Karte zu erforschen. Auch mittlere Kinder sind es eher gewöhnt, allein zurechtzukommen. Jüngste Kinder entdecken sehr früh, daß andere immer bereit sind, ja sogar darauf bestehen, Dinge für sie zu erledigen. Deshalb haben sie es nicht nötig, selbständig zu werden. Ironischerweise kann es sogar soweit kommen, daß die Jüngsten die älteren Geschwister tyrannisieren und zu ihren Bediensteten machen. In der Hilflosigkeit steckt oft sehr viel Macht!

Mittlere Kinder

Es gibt mehrere Typen von mittleren Kindern. Die mittleren in einer gleichgeschlechtlichen Geschwisterschar; die mittleren Kinder, die Brüder und Schwestern haben; die mittleren, die die *einzigen* Vertreter ihres Geschlechts in einer Geschwistergruppe sind; die mittleren, die das *erste* oder das *letzte* Geschwister ihres Geschlechts sind; die mittleren Kinder von großen Familien und von kleinen Familien. Doch sie alle nehmen das Leben aus der besonderen Perspektive des mittleren Kindes wahr, einer Perspektive, die sich von der des jüngsten oder ältesten Kindes in vielerlei Hinsicht unterscheidet.

Mittlere Kinder in eindeutiger Position sind diejenigen, die zwischen gleichgeschlechtliche Geschwister hineingeboren wurden. Da diese mittleren Kinder am wenigsten Besonderheit aufweisen, haben sie oft von Anfang an die meisten Probleme, mit dem Leben zurechtzukommen. Diese undifferenzierte und eher ungute Position kommt nicht sehr häufig vor, da Familien mit drei oder mehr Kindern desselben Geschlechts nicht die Norm sind. Die meisten mittleren Kinder sind gleichzeitig der jüngste Junge oder das jüngste Mädchen oder der älteste Junge oder das älteste Mädchen oder der einzige Junge oder das einzige Mädchen, was ihnen als Unterscheidung dient. Mittlere Kinder, die sich abheben, die auf irgendeine Weise etwas Besonderes sind, haben es im allgemeinen leichter, eine eigene Identität zu finden.

Mittlere Kinder, die das älteste ihres Geschlechts sind und ein älteres Geschwister des anderen Geschlechts haben, besitzen im allgemeinen die Merkmale der mittleren *und* ältesten Kinder. Mittlere Kinder, die das jüngste Kind ihres Geschlechts sind, legen sich einige Verhaltensweisen zu, die man gewöhnlich von jüngsten Kindern kennt.

Dennoch neigen mittlere Kinder (von denen es in einer Familie mehrere geben kann) dazu, in ihrer Grundpersönlichkeit anders als das Erst- und Letztgeborene zu sein. Sie leiden im allgemeinen unter einem geringeren Selbstbewußtsein als die anderen und sind oft psychisch labil. Ihre Position ist schwierig, da sie sich den Älteren gegenüber unterlegen und den Jüngeren überlegen fühlen. Sie müssen ständig ihren Standpunkt verändern und wissen nie genau, wohin sie in der Familie gehören. Während es das Ziel der Ältesten ist, über alle zu herrschen und ihre Macht aufrechtzuerhalten, und die Jüngsten danach trachten, Aufsehen zu erregen und nach oben zu kommen, wissen die Mittleren oft nicht, was sie wollen.

Wenn Sie ein mittleres Kind sind, werden Sie einige dieser Züge bei sich selbst feststellen. Mittlere Kinder fühlen sich oft verloren, vernachlässigt, übersehen, ständig im Schatten anderer. Sie fühlen sich als Außenseiter, deren Probleme nicht ernstgenommen werden, weil die Eltern sich zu sehr auf die anderen konzentrieren. Sie müssen immer besonders hart um ihr Stück vom Kuchen kämpfen.

Eines ihrer Hauptmerkmale ist ihr Hang zur Übervorsichtigkeit. Deshalb vermeiden sie es wenn möglich, Entscheidungen zu treffen. Sie können im Vorfeld einer Entscheidung methodisch und akribisch ein Problem in allen Details überprüfen, doch wenn die Stunde der Wahrheit näher rückt, sind sie unfähig, einen Entschluß zu fassen. Sie wollen, daß andere für sie entscheiden. Deshalb sind sie gute Makler, Broker, Verkäufer oder Händler: Sie können alle Optionen, die sie bis ins Detail erforscht haben, darlegen und den anderen die Entscheidung überlassen.

Mittlere Kinder, die sich selbst zwingen, Entscheidungen zu treffen, mißachten häufig alles, was sie mit viel Zeitaufwand herausgefunden haben, und fällen impulsive Entschlüsse, die sich oft gegen sie selbst richten. Sie versuchen, sowohl der Führerschaft der Älteren als auch der Risikobereitschaft der Jüngeren nachzueifern, können aber nicht beide Eigenschaften zu ihrem Vorteil einsetzen.

Weil sie übermäßig analysieren und »zu viel denken«, sind mittlere Kinder Zauderer. Es ist ihnen fast unmöglich, etwas zu Ende zu führen, und etwas aufzuschieben scheint ihnen der beste Weg, sich aus einer Sache herauszuhalten. Weil sie unstet sind, mal dahin, mal dorthin tendieren, sind sie sehr flexibel und leicht beeinflußbar. Sie schwimmen mit der Masse und meiden Auseinandersetzungen, weil sie dabei einen festen Standpunkt vertreten müßten.

Mittlere Kinder scheuen sich nicht nur vor Entscheidungen, sie machen sich auch zu viele Gedanken: Hätten sie es doch tun sollen? Hätten sie warten sollen? Hätten sie es sich anders überlegen sollen? Was wäre, wenn? Mittlere Kinder, besonders solche mit gleichgeschlechtlichen Geschwistern, finden es manchmal schwierig, ein bestimmtes Ziel fest im Auge zu behalten. So nehmen sie zum Beispiel einen Job an, weil es sich gerade so ergeben hat, oder sie heiraten jemanden, der sie dazu drängt.

Es ist ihnen sehr wichtig, was für einen Eindruck sie vermitteln. Weil sie kein genaues Bild von sich selbst haben, versuchen sie zuverlässig und ausgeglichen zu wirken. Sie sind ständig auf der Suche nach ihrer eigenen Nische im Leben. Sie sind leicht gekränkt und fühlen sich rasch zurückgewiesen, und weil sie diese Verletzlichkeit nicht gerne zeigen, verstecken sie sie hinter einem beherrschten und unterkühlten Verhalten.

Aus mittleren Kindern werden gute Vermittler und Fürsprecher, ja manchmal sogar Wohltäter. Sie verstehen sich auf Kompromisse, auf das Geben und Nehmen. Sie sind freundlich, geduldig, ausgeglichen und zuverlässig. Meist sind sie auch gewissenhaft, vorsichtig und fleißig. Am liebsten bewegen sie sich hinter den Kulissen, da sie eine panische Angst haben, aufzufallen.

Als geborene Diplomaten eignen sie sich zu Sozialarbeitern, Anwälten, Schiedsrichtern sowie zu Angestellten im mittleren Management, da sie zuhören können und es gewöhnt sind, mit Vorgesetzten und Untergebenen sowie mit verschiedenen Meinungen umzugehen. Sie können Dinge verdrehen oder passend machen, eine Eigenschaft, die sie in der Kindheit perfektioniert haben, als sie gezwungen waren, ein Geschwister gegen das andere auszuspielen, um das zu bekommen, was sie wollten. Sie haben die Fähigkeit, alle Seiten einer Situation zu sehen, und verstehen die Gefühle der anderen. Sie sind taktvoll, sensibel und bescheiden, was ihre eigenen Taten anbelangt.

Weil ihre Position nicht so genau definiert ist, kann es sein, daß mittlere Kinder ihre Identität außerhalb der Familie suchen. Freundschaften sind ihnen sehr wichtig, ebenso das Arbeiten in einem Team, denn auf diese Weise erhalten sie die ersehnte Unterstützung von Gleichrangigen. Andererseits achten sie aber auch oft darauf, andere Menschen nicht zu nahe an sich heranzulassen.

Einzelkinder

Wenn der Beziehung zwischen Geschwistern eine so große Bedeutung zukommt und sie so wichtig für die Entwicklung der sozialen Fähigkeiten ist, was machen dann Einzelkinder, die mit keinem Geschwister üben können, wie man im Wettbewerb bestehen kann? Einzelkinder sind gezwungen, ihre Eltern sowie Ersatzgeschwister wie Vettern und Kusinen oder Spielkameraden als Übungspartner zu nehmen. Im wesentlichen erhalten sie ihre Informationen aus zweiter Hand, was sich ohne Zweifel nachteilig auf ihre Beziehungen zu anderen auswirken kann. Dieses Merkmal und noch einige mehr findet man auch bei ältesten Kindern, die ein großer Altersunterschied von ihrem nächsten Geschwister trennt.

In mancher Hinsicht wachsen Einzelkinder unter paradiesischen Umständen auf. Als gleichzeitig die Ältesten und die Jüngsten in der Familie profitieren sie von den Vorteilen beider Rollen, ohne je um Aufmerksamkeit kämpfen zu müssen. Was sie eventuell nicht lernen, sind Fertigkeiten im Umgang mit Menschen. Sie haben keine Geschwister, die ihnen zeigen, wie man Freundschaften knüpft, Verbündete gewinnt oder mit Rivalen umgeht. Ein weiterer Nachteil ist, daß die Bürde der Erwartungen der Eltern allein auf ihren Schultern ruht.

Diese Exklusivität bringt es mit sich, daß Einzelkinder nie erleben, was es heißt, teilen zu müssen, nie die schmerzliche Erfahrung machen, etwas nicht zu bekommen, weil ein anderer den Vorrang hat. Während Geschwister wissen, daß Eltern mehr als ein Kind lieben können, lernen Einzelkinder nie, was es bedeutet, einen gleichwertigen Rivalen zu haben. Obwohl sie Menschen, die Geschwister haben, oft beneiden, ist ihnen die Stärke der Geschwisterbande unverständlich.

Einzelkinder sind jedoch, oft mehr als Geschwister, fähig, intensive und dauerhafte Freundschaften aufzubauen, da sie wissen, wie verwundbar sie in ihrer einsamen Position sind, und sich nach Seelengefährten sehnen. Die Intrigen der Geschwisterbeziehungen liegen ihnen fern, und sie vermuten nicht – wie Geschwister – die Möglichkeit von Unheil und Verrat hinter jeder Ecke. Sie sind im allgemeinen vertrauensvolle Seelen, die nicht dazu neigen, eifersüchtig über ihre Freundschaften zu wachen oder neidisch auf die Errungenschaften und Besitztümer anderer zu sein. Sie glauben anderen unbesehen und kommen im allgemeinen gut mit ihren Mitmenschen zurecht, speziell wenn es sich dabei um älteste Kinder oder Einzelkinder handelt. Man kann sie sogar oft als ausgesprochen großzügig, ja manchmal sogar hochherzig bezeichnen. Da Einzelkinder es nicht gewöhnt sind, ständig von Geschwistern umgeben zu sein, macht ihnen im allgemeinen das Alleinsein nichts aus. Oft entwickeln sie bewundernswerte Fähigkeiten, ihre eigenen Unterhalter zu sein.

Ähnlich wie älteste Geschwister sind Einzelkinder gewöhnlich konservativ. Sie lieben es, wenn alles seine Ordnung hat, und möchten, daß die Dinge so bleiben, wie sie sind, und sie halten sich an Regeln. Weil sie viel mit Erwachsenen zusammen waren, können sie gut mit diesen umgehen, und sie akzeptieren auch meistens die elterliche Autorität. Oft sind sie außergewöhnlich erfolgreich. Sie sehen es als ihr Recht an, über andere zu bestimmen, und es fällt ihnen leicht, eine Führerrolle zu übernehmen. Weil sie wissen, daß die Hoffnungen und Träume ihrer Familie auf ihnen ruhen, stellen sie hohe Anforderungen an sich selbst und andere und werden mit Leistungsdruck gut fertig. Sie sind im allgemeinen verläßlich, gewissenhaft, selbständig, pünktlich, ausgeglichen und unabhängig. Ihren ausgeprägten Vorlieben und Abneigungen können sie deutlich und energisch Ausdruck verleihen. Sie sind äußerst wortgewandt und oft gute Diskussionsteilnehmer.

Wie jüngste Kinder sind sie sehr zielstrebig, aber nicht weil sie gegen etwas rebellieren oder über andere triumphieren wollen. Sie wollen einfach nur ihr Ziel erreichen und dies auf eine direkte, beharrliche Art. Einzelkinder machen oft den Eindruck, rücksichtslos zu konkurrieren, doch in Wirklichkeit interessieren sie andere Konkurrenten nicht. Weil sie nie um etwas kämpfen mußten, erwarten sie, erfolgreich zu sein. Sie haben niemals Angst, die Konkurrenz könnte ihnen auf den Fersen sein.

Einzelkinder – und Kinder, die wesentlich älter als ihre Geschwister sind – begeistern sich im allgemeinen für alles, was sie interessiert, und oft werden sie zu Experten auf ihrem Gebiet. Sie können sich gut konzentrieren und lassen sich nicht ablenken.

Häufig sind sie jedoch narzißtisch, mit sich selbst beschäftigt und schenken den Gefühlen und Stimmungen anderer keine Beachtung. Bekommen sie nicht das, was sie möchten, kann sie dies verwirren und kränken. Da sie ohne Konkurrenz aufgewachsen sind, tun sie sich schwer mit Hindernissen, die sich ihnen unerwartet in den Weg stellen.

Weil Einzelkinder keine Geschwister hatten, die ihnen Aufmerksamkeit wegnahmen (wenn ihnen diese weggenommen wurde, war es nicht durch Gleichrangige), wurde alles, was sie als Kinder taten, einer genauen Überprüfung durch die Erwachsenen unterzogen, bei denen sie Anerkennung suchten. Als Folge dieses Lebens im Glashaus neigen Einzelkinder wie auch jüngste Geschwister dazu, ihre innersten Hoffnungen oder Ängste sorgsam zu hüten.

Die Geburtenreihenfolge strukturiert

Wir haben uns mit den häufigsten Merkmalen der einzelnen Geschwisterpositionen befaßt. Doch nichts ist bekanntlich so einfach, wie es aussieht, und die Situation und Position jedes einzelnen Geschwisters ist einmalig. Trotzdem kann ihnen die Geburtenreihenfolge weitere Anhaltspunkte geben, warum Sie und Ihre Geschwister, die in dieselbe Familie hineingeboren wurden, das Leben nicht auf die gleiche Weise wahrnehmen. Ihre ungleichen Standpunkte und die Rolle, die sie in der Familienhierarchie spielen – etwas, worüber wir im folgenden Kapitel sprechen werden –, haben einen erheblichen Einfluß auf die Intensität der zwangsläufigen Rivalität zwischen ihnen.

Wenn Sie wissen, daß älteste Geschwister zum Beispiel fast immer dominierend und selbstsicher sind, jüngste Geschwister gewöhnlich mit Minderwertigkeitskomplexen zu kämpfen und ein starkes Verlangen haben, die anderen zu überholen, und mittlere Geschwister Mühe haben, herauszufinden, wohin sie gehören, werden Sie die Eigenschaften Ihrer Geschwister, die in Ihren Augen Mängel sind, besser tolerieren können. Wenn Sie die Tatsache akzeptieren, daß Ihre Geschwister von einer anderen Position aus ins Leben gestartet sind, werden Sie verstehen, daß sie nie vergleichbar denken oder fühlen können wie Sie, und wenn Sie diesen Unterschied akzeptieren, sind Sie bereits dabei, Ihre Geschwisterbeziehung zu ändern.

5 Warum Sie so sind, wie Sie sind – Wie erhält man seine Bezeichnungen?

Ihre Identität und Selbstachtung ist eng mit der Beziehung zu Ihren Geschwistern verbunden, und viele Faktoren haben Ihre Entwicklung beeinflußt, manchmal bereits vor Ihrer Geburt.

Das Ihnen angeborene Temperament ist einer der Hauptbestandteile Ihrer Identität und Ihrer Persönlichkeit. Dazu kommen die Merkmale, die die Familie Ihnen bereits sehr früh im Leben zugeschrieben hat. Einen weiteren Einfluß hat die Geburtenreihenfolge sowie das Geschlecht von Ihnen und Ihren Geschwistern, Ihre Funktion in der Familie, der Altersunterschied sowie unzählige andere Faktoren, die von Familie zu Familie differieren. All dies ist so miteinander verflochten, daß man unmöglich sagen kann, welcher Faktor der wichtigste ist. Doch alle zusammen tragen zur Entwicklung der Identität bei.

Wie kommt man zu seinen Bestimmungen

Selbst in den besten aller Familien sind Vergleiche unter Geschwistern unumgänglich. Deshalb werden uns, kaum haben wir das Licht der Welt erblickt, Bestimmungen zugeordnet. Dabei handelt es sich um eine Anzahl von Merkmalen, die uns von den anderen unterscheiden, unsere Bezie-

hungen bestimmen, dem Familienleben eine gewisse Ordnung geben und die Dinge vorhersehbarer machen. Es
sind die Charakterzüge, die unsere Eltern von Anfang an in
uns erkennen und die uns möglicherweise bis ins Alter begleiten werden.

Die Entwicklung der Identität und Persönlichkeit setzt bei
der Geburt eines Kindes ein, wenn seine Familie an ihm
Charakterzüge wahrnimmt, die ihr – und bald auch den
anderen – sagen, wer diese kleine Person ist. Das erste Kind
in der Familie dient als Bezugspunkt für die nachfolgenden
Kinder. Die Eltern entscheiden – bewußt oder unbewußt –,
welches Kind mehr oder weniger von jeder Qualität besitzt
als die anderen. Sobald mehr als ein Kind da ist, werden die
Eigenschaften nicht allein als tatsächliche Fähigkeiten oder
Qualitäten bewertet, sondern stets im Vergleich mit denen
der anderen Kinder gesehen. Jeder kann nun exakt sagen,
wer am meisten von was hat – Fleiß, Herrschsucht, Klug-
heit, Mut, Faulheit, Attraktivität. Wenn alle Kinder geboren
und mit ihren Bestimmungen und Etiketten versehen sind,
ist jedes Kind für einen Bereich zuständig.

Ein Einzelkind erhält gewöhnlich nur die positiven Bezeichnungen. Ihm werden die Qualitäten zugesprochen,
die die Eltern am meisten schätzen. Erst bei der Entthronung durch eine Schwester oder einen Bruder muß es die
Bestimmungen teilen. Mit jedem neuen Kind werden die
Bereiche aufgeteilt, so daß jedes Geschwister eigene hat.
Diese am Anfang fließende Ansammlung von Eigenschaften wird, sobald die Familie komplett ist, zu etwas Endgülti-
gem.

So wird ein Kind »das Ruhige«, ein anderes »das Hübsche«
und ein drittes »das Kluge« oder »das Nörgelnde« genannt.
Bedauerlicherweise werden Kindern manchmal auch Bestimmungen oder Zuordnungen gegeben wie »das Dum-

me« oder »das Häßliche«. Gewöhnlich beruht dies darauf, was die Eltern oder andere Familienmitglieder in dem Kind sehen, was sie an ihm mögen oder nicht mögen, und dies kann vom Temperament bis zum Aussehen oder der Ähnlichkeit mit einem Familienmitglied reichen. Meistens werden den Kindern mehrere Bezeichnungen gegeben, so daß ein Kind vielleicht »das ruhige, kluge, sensible, liebe Kind« und ein anderes »das lebhafte, phantasievolle, redselige, hübsche Kind« ist.

Solange die Charakterzüge als zutreffend und erstrebenswert angesehen werden und die gegebenen Bezeichnungen nicht auf rigorose Ablehnung stoßen, ist es nicht so wichtig, welche Zuordnungen Kindern gegeben werden. Natürlich wird sich niemand über Bezeichnungen wie »der oder die Dumme« oder »der oder die Seltsame« freuen. Doch auch Bestimmungen, die positiv scheinen, können den Betroffenen mißfallen.

So war zum Beispiel Audrey, die »die Kluge« genannt wurde, voller Neid, wenn ihre Schwester Ruth »die Witzige« hieß, die andere zum Lachen brachte. »Bis heute«, sagt die inzwischen dreiunddreißigjährige Audrey, »kann ich keinen Witz erzählen, und Ruth hat sicher das Gefühl, nicht so gescheit zu sein wie ich. Obwohl inzwischen so viele Jahre vergangen sind, möchten wir immer noch das, was die andere hat.«

Verschiedene Etiketten für verschiedene Menschen

Kein Kind erhält genau die gleichen Bezeichnungen. In den meisten Fällen behalten die Erstgeborenen die ihnen von Anfang an gegebenen Zuordnungen, während den jüngeren Geschwistern gewöhnlich andere Charakterzüge zugeschrieben werden. Gilt zum Beispiel Jane als die Angepaßte, Praktische, Konservative, Kühle, wird man ihre Schwester Alice nicht als Angepaßte oder Kühle bezeichnen, selbst wenn sie ihrer älteren Schwester sehr ähnlich ist. Sie wird etwas anderes sein, vielleicht »die Fleißige« oder »die mit der künstlerischen Veranlagung«.

Manchmal geschieht es jedoch, daß die Bezeichnung, die ein ältestes Geschwister bekommen hat, auf einen Neuankömmling übertragen wird.

Candy wurde ursprünglich als die Hübsche angesehen. Doch einige Jahre später, nach der Geburt ihrer Schwester, verlor sie diese begehrenswerte Stellung. Sie erinnert sich noch, wie ihre Schwester zur Schönheit der Familie erkoren wurde. »Zuerst sah ich sie und dann mich an – sie war drei, ich sieben Jahre alt –, und mir wurde klar, daß sie wirklich hübsch und ich im Vergleich nur durchschnittlich aussah. Und dann fiel mir auf, daß Mutter, wenn sie den Namen meiner Schwester aussprach, immer noch das Wort hübsch oder entzückend dazufügte, etwas, das sie bei mir nie tat. Ich begann, genau zu beobachten, und bekam die Bestätigung: Mutter dachte wirklich, daß meine Schwester hübscher war als ich. Dafür war ich aber freundlicher und charmanter. Die anderen mochten mich mehr als Leigh, die eine ungezogene Göre war. Das machte die Sache für mich erträglich.«

Bezeichnungen und Bestimmungen, die sich erstaunlich oft selbst verwirklichen, müssen die Realität nicht widerspiegeln, obgleich manche offensichtlich von biologischen Unterschieden in Temperament und Aussehen herrühren.

Ein von Geburt an ruhiges und friedliches Baby wird wahrscheinlich nicht als »schwierig« bezeichnet. Andererseits ist es aber durchaus möglich, daß einem Kind mit einem angeborenen ruhigen Temperament, das in den ersten Monaten unter Koliken litt, zu Unrecht und auf Dauer das Etikett »reizbar« oder »schwierig« angeheftet wird.

Manchmal basieren diese anscheinend harmlosen und unschuldigen Bezeichnungen auf etwas, was Eltern in ihren anderen Kindern *nicht* sehen. Eltern suchen in ihren Nachkommen immer nach besonderen Fähigkeiten, und meistens fördern sie die besonderen Begabungen eines jeden Kindes. Es freut sie, wenn sich das eine in diese Richtung und das andere in eine andere entwickelt, weil sie glauben, daß dies die Spannung und Rivalität unter den Geschwistern mildert. Und tatsächlich, in gesunden Familien kann die Förderung seiner Stärken einem Kind auch helfen, sich in einer Welt zu behaupten, in der es viele mögliche Wege zum Erfolg gibt.

Der Haken liegt jedoch darin, daß Eltern in ihrem unbewußten Bemühen, Eigenschaften aufzuteilen und Kinder zu kennzeichnen, das wirkliche Potential oder die wahren Qualitäten eines Kindes häufig ignorieren. Vielleicht befürchten sie, einem anderen Kind das Terrain streitig zu machen. Dies kann, oft für immer, das Bild, das das Kind von sich selbst hat, bestimmen. Vielleicht sind die Eltern von ihrer eigenen Familiengeschichte und persönlichen Vorurteilen beeinflußt, vielleicht handeln sie auch aus Unwissenheit, und allzuoft sind Eltern nicht fähig, objektiv zu sein. In diesem Fall können Bezeichnungen auch Unfrieden stiften. Nur wenige Eltern schaffen es, passende Bezeichnungen zu geben, ohne Eifersucht und Neid bei den Kindern zu wecken. Verantwortungsbewußte Eltern werden versuchen, auch real vorhandene Eigenschaften eines

Kindes nicht überzubewerten, weil so etwas das Selbstbewußtsein eines anderen Kindes schwächen kann.

In einer perfekten Welt würden Eltern ihren Kindern keine Etiketten verpassen, aber diese Welt ist nicht perfekt, und alle Eltern, selbst wenn sie sich ehrlich bemühen, es nicht zu tun, geben ihren Kindern identifizierende Charaktereigenschaften – Qualitäten, die zu Recht oder zu Unrecht an den Kindern hängenbleiben und sich auf ihr Selbstbewußtsein auswirken. Sich dieser allgemeinen Tendenz und der Probleme bewußt zu sein kann helfen, potentiell gefährliche Angriffe auf das hochempfindliche Ego von Kindern abzuwehren.

Andrew, der als »der Intellektuelle« der Familie bezeichnet wurde, sehnte sich danach, ein guter Sportler wie sein Bruder Roger zu sein. Doch seine sportlichen Fähigkeiten wurden ständig heruntergespielt, weil für die Eltern Roger dazu bestimmt war, ein Star auf dem Spielfeld zu sein. Heute glaubt er, daß sie wahrscheinlich damit beabsichtigten, Roger, der nicht so gut in der Schule war, ein Gebiet zu geben, auf dem er sich großartig fühlen konnte.

Andrew erzählte: »Ich war gar nicht so außergewöhnlich klug, und der Druck zu Hause, als ich keine Spitzennoten mehr erreichte, war schrecklich. Eigentlich war ich sportlich genauso begabt wie Roger, aber man hat mich nie ermutigt, es zu zeigen.«

Das Verteilen von Eigenschaften in der Familie kann auch auf noch subtilere Art und Weise erfolgen und auf die besonderen Eigenschaften der Eltern oder die Geburtenreihenfolge der Kinder zurückgeführt werden. Wie wir gesehen haben, werden älteste Kinder im allgemeinen als verantwortungsbewußter, ordentlicher und tüchtiger als jüngste Kinder gesehen. Jüngste Kinder betrachtet man gern als freie Geister, und deshalb entpuppen sie sich gewöhnlich auch als solche.

Sehr oft werden Kinder Identitäten verliehen, die von den Empfindungen von Mutter oder Vater ihren Eltern und Geschwistern gegenüber herrühren. Eine Mutter möchte vielleicht eine Tochter so sehen, wie sie sich selbst sieht, nämlich als ruhig, vernünftig und verläßlich, und eine andere Tochter als das Ebenbild ihrer eigenen Schwester, die als unzuverlässig und lebenslustig galt.

Muriel ist eine Mutter, die offenbar ihre Gefühle für ihr Kind Barbara mit denen für ihre Schwester Janet vermischt hat. So wundert sie sich, wie oft sie ihre Tochter Barbara »Janet« ruft. Die drei Jahre ältere Janet war die wilde Draufgängerin, ein Mädchen, das alles ausprobierte, was Mut erforderte – vom Sprungbrettspringen, Skilaufen, Rodeln bis zum Motorradfahren. Die ganz anders geartete Muriel war vorsichtig, ohne Unternehmungsgeist und ein »Mamakind«. Sie heiratete schließlich einen Zahnarzt, kaufte ein Haus in der Nachbarschaft der Mutter und bekam zwei Töchter.

Barbara, die von ihrer Mutter Muriel in ihrem Draufgängertum bestärkt wird, liebt körperliche Aktivitäten, während Maria, ihre jüngere Schwester, Puppen Schlittschuhen vorzieht und lieber einen Einkaufsbummel macht, als sich sportlich zu betätigen. Muriel pflegt zu Maria zu sagen: »Du willst doch nicht verschwitzt sein. Komm, wir gehen in die Stadt und kaufen deiner Puppe ein neues Kleid.«

Als Muriel unsere Patientin wurde, stellte sich schnell heraus, daß sie ihrer Schwester mißtraute, was von ihrer Mutter noch gefördert wurde. Die Mutter wiederum hatte ihrer eigenen Schwester ebenfalls mißtraut. Muriel erkannte, daß sie ihren Töchtern genauso starre Etiketten verpaßte, wie sie sie und ihre Schwester einst von ihrer Mutter zugeordnet bekamen. Sie entdeckte, daß nicht ihre Schwester der Grund für ihre Depression war, sondern ihre nicht sehr fähige Mutter und sie selbst, weil sie sich angepaßt hatte.

Auf immer und ewig

Sind die Bezeichnungen einmal unter den Kindern der Familie verteilt, haften sie meist für immer. Dies wird von den Geschwistern, die sich nach den Eltern richten, noch unterstützt. Wenn Mutter und Vater dauernd sagen, daß Sally die Fleißige ist und Jeff der technisch Begabte, denken die Kinder mit der Zeit auch so. Jedes wird unbewußt diese Bewertungen von sich selbst und den anderen akzeptieren und versuchen, danach zu leben, um die Bezeichnungen Wirklichkeit werden zu lassen.

Berechtigt oder nicht – worauf es ankommt, ist, wie die Bezeichnungen in der Familie wahrgenommen werden. Wenn Eltern bei ihren Kindern Schwächen herunterspielen und Stärken betonen, verringern sie den Wettbewerb und halten die Rivalität in vernünftigen Grenzen. In den meisten Familien werden den Geschwistern derart verschiedene Territorien zugewiesen, daß sie leicht gegen Einmischung verteidigt werden können. Doch wenn ein Kind dem Bruder oder der Schwester die ihm oder ihr zugesprochenen charakteristischen Merkmale neidet, weil sie ihm besser vorkommen als die seinigen, wird die Beziehung fast immer rivalisierend sein. Das gleiche gilt, wenn ein Kind davon abgehalten wird, auf einem bestimmten Gebiet zu konkurrieren, weil dieses Gebiet bereits für ein anderes reserviert ist.

Selbst wenn wir unsere Bezeichnungen nicht lieben, werden sie zu dem, was wir sind. Die Unterschiede zwischen uns sind das, was uns von den anderen abhebt und abgrenzt und was uns das Gefühl gibt, etwas Einmaliges zu sein. Deshalb klammern wir uns mit erstaunlicher Hartnäckigkeit an unsere Bezeichnungen und wehren uns gegen jegliche Einmischung in die Domäne, die wir als die unsere betrachten.

Obwohl Audrey, von der wir berichtet haben, genausoviel Humor besitzt wie ihre Schwester Ruth, hat die Familie Ruths Ruf als das Familienmitglied mit dem sprühenden Witz fortbestehen lassen. Ruth wacht eifersüchtig über das ihr zustehende Etikett. Sie wäre erstaunt, wenn man sie darauf aufmerksam machen würde, daß sie gern Audreys Anekdoten unterbricht, bevor diese sie zu Ende bringen kann. Audrey ihrerseits, die sich immer wieder in den Hintergrund gedrängt fühlt, ist stolz auf ihre Identität als die ernsthaftere, intellektuelle Schwester, die es ab und zu auch schafft, andere zum Lachen zu bringen.

Manchmal sind die Zuordnungen nicht zutreffend. Gibt man Ihnen Bezeichnungen, die nicht Ihren wahren Talenten und Fähigkeiten entsprechen, haben Sie vielleicht Schwierigkeiten, sich selbst so zu sehen, wie Sie wirklich sind. Weil Sie glauben, daß die Bezeichnungen auf Sie zutreffen, bemühen Sie sich, ihnen zu entsprechen, und sei es auch nur, weil Sie wissen, daß das von Ihnen erwartet wird. Vielleicht sind Sie gar nicht das Genie, das zu sein man Ihnen eingeredet hat. Sie nehmen jedoch an, tatsächlich außergewöhnlich klug zu sein. Stellt sich dies dann als nicht zutreffend heraus, reagieren sie verwirrt und mit Selbstzweifeln.

Bezeichnungen bekommen eine solche Macht, daß wir uns mit ihnen identifizieren und sie als Grund dafür angeben, daß etwas nicht wunschgemäß gelaufen ist. Hat man Sie zum Beispiel als faul, als eine Person, die die Dinge hinauszögert und Verantwortung meidet, charakterisiert, eignen sie sich zweifelsohne diese Attribute an. Obgleich es Sie vielleicht ärgert, wenn man Sie für faul hält, werden Sie wahrscheinlich Ihrem Ruf gerecht werden und Ihre Mißerfolge darauf zurückführen. So sagen Sie sich vielleicht: »Na gut, ich habe schon immer gern die Hände in den Schoß gelegt. Hätte ich mich wirklich bemüht, wäre ich sicherlich bereits zum Vizepräsidenten aufgestiegen.«

Haben wir das Gefühl, ein Geschwister versuchte, die uns zugeteilten positiven Bezeichnungen für sich zu beanspruchen, kämpfen wir mit allen Mitteln dagegen an, obwohl wir uns dessen nicht bewußt sind. Die Rivalität eskaliert, wenn Ihr Geschwister seinen Bezeichnungen nicht entsprechen kann und versucht, sich andere – vielleicht Ihre – anzueignen, da diese besser passen. Oder Ihr Bruder oder Ihre Schwester möchten Ihre Bezeichnungen zu den eigenen hinzuaddieren. In diesem stillschweigenden Kampf um die Verteidigung unserer Titel perfektionieren wir unsere Selbstverteidigungstechniken, auf die wir später noch zu sprechen kommen. Ein gutes Beispiel hierzu ist die Geschichte von Susan und ihrer Schwester Eleanor.

Susan war von klein auf die Verträumte und Charmante, der die Herzen zuflogen, während Eleanor als die Praktische, Verläßliche galt, die für jedes Problem eine Lösung fand. Die Beziehung zwischen den Schwestern artete in der Adoleszenz in einen offenen Krieg aus, als Eleanor mehr Freunde als Susan hatte. Für Mutter und Vater war es unerklärlich, wie zwei Mädchen aus einer so netten Familie sich so schrecklich aufführen konnten.

Der Grund war offensichtlich: Susan versuchte verzweifelt,

ihre Domäne als die allgemein beliebtere Schwester zu verteidigen, während Eleanor ihr vorlebte, daß sie die Gefragtere war. Susan: »Heute sehe ich, daß mich immer dann die Wut packte, wenn Eleanor Besuch hatte oder zu einer Party eingeladen wurde. Ich fing einen Streit an, behauptete, sie hätte mein Halstuch genommen oder Unordnung auf meiner Seite des Zimmers gemacht. Es war mir ganz egal, ob das, was ich sagte, den Tatsachen entsprach oder nicht.

Das war auch die Zeit, wo ich anfing, Jungens zu sammeln. Es kümmerte mich nicht, wer sie waren oder ob ich sie mochte, wichtig war nur, daß sie anriefen und mich einluden. Im nachhinein ist mir klar, daß ich mir damit das Gefühl geben wollte, beliebter als meine Schwester zu sein.«

Ungleiche Behandlung bringt Probleme

In vorbildlichen Familien erhält jedes Kind eine Identität, die genausoviel wert ist, wie die der anderen Geschwister. Die besten Geschwisterbeziehungen findet man in Familien, in denen es keine offensichtliche Bevorzugung gibt, keine ständigen Vergleiche seitens der Eltern und kein gegenseitiges Ausspielen der Kinder. Erst wenn es Ungleichheiten beim Verteilen der Etiketten gibt, wenn einem Kind Bezeichnungen gegeben werden, die weniger gelten als die des anderen Kindes, kommt die Rivalität auf Hochtouren, und die Beziehung zwischen den Geschwistern verschlechtert sich. Ihre Meinung von sich selbst und vom anderen wird für immer verzerrt.

Maggie war die Folgsame, die Ordentliche, das Kind, von dem die Mutter stolz erzählte, daß es nach einem Spielnachmittag genauso sauber und ordentlich nach Hause

kam, wie es fortgegangen war. Die vier Jahre ältere Rhoda
hingegen war die Unzuverlässige, die Achtlose, die mit auf-
geschürften Knien und schmutziger Kleidung zurückkam.
Maggie war aber nicht nur die Folgsame, sondern auch die
Vernünftige, die Zuverlässige, die nie ihre Sachen verlor
und immer ihre Hausaufgaben machte. Ganz anders Rhoda. Sie verlegte ihre Schulbücher und vergaß die Besorgun-
gen, die man ihr auftrug. Die Bezeichnungen, die sie bekam, begleiteten sie durchs Leben. Heute, mit siebenund-
vierzig Jahren, steigt der Groll über die bevorzugte Position
Maggies immer noch ab und zu an die Oberfläche, obwohl
die Schwestern eine gute Beziehung zueinander haben.
Rhoda sagte: »Letztes Jahr war ich zu einer Hochzeitsfeier
eingeladen. Ich wollte zu diesem Anlaß die Diamantohrrin-
ge tragen, die Mutter Maggie vererbt hatte, obwohl sie
wußte, daß ich sie gerne gehabt hätte. Ich bat Maggie, sie
mir auszuleihen, woraufhin diese mir antwortete: ›Du
kannst sie haben, wenn du sie für den Tag versicherst. Es
könnte ja sein, daß du sie verlierst.‹ Ich war wirklich gekränkt. Schließlich bin ich heute eine erwachsene Frau
und sehr verantwortungsbewußt. Sie hat schon viele Dinge
verloren, aber darüber redet niemand.«

Familien schätzen manche Eigenschaften eines Kindes
mehr als andere, und, wie wir bereits gesagt haben, ziehen
alle Eltern insgeheim ein Kind dem anderen vor. Manchmal ist ein Kind der Liebling beider Eltern, aber häufiger
bevorzugt jeder Elternteil ein anderes Kind. In der Folge
eignet sich das erwählte Kind gewöhnlich die Eigenschaften und Fähigkeiten dieses Elternteils an oder die Eigenschaften und Fähigkeiten, die dieses Elternteil schätzt, um
ihm zu gefallen oder um ihm so ähnlich wie möglich zu
sein. Diesem Elternteil zu gefallen, das wird wichtiger als al-

les andere, denn die Belohnung ist Liebe, Aufmerksamkeit, Wertschätzung und vielleicht sogar materielle Vorteile wie zum Beispiel neue Spielsachen. Dem Kind gefällt es, sich auf die gewünschte Art zu verhalten, und dieser Mechanismus erhält sich selbst. Sehen Sie sich einen unserer Patienten an, in dessen Familie ausgezeichnete Noten das einzige war, was zählte.

Gary, klein und untersetzt, schleppt so ungefähr hundertsiebenundvierzig Kilogramm Gewicht mit sich herum und hat dünnes, strähniges Haar. Aber er wurde ein erfolgreicher Rechtsanwalt und das Idol seiner Mutter.
Sein gutaussehender Bruder – heute ein erfolgreicher Jazzgitarrist – war nicht so klug wie Gary. Er hatte das Gefühl, weniger beachtet und weniger anerkannt zu sein. Seine Leistungen in der Schule waren nicht besonders gut. Von Anfang an sah man in ihm lediglich den attraktiven Charmeur, den man nicht ernst nehmen mußte, da seine besonderen Fähigkeiten in der Familie nicht geschätzt wurden. Weil er zu wenig elterliche Anerkennung bekommen hatte, redet er heute geringschätzig über seinen ungepflegten, übergewichtigen Bruder. Gleichwohl fühlt er sich ihm unterlegen. Nichts macht ihn glücklicher, als Gary bei einem Fehler zu ertappen und ihn darauf hinzuweisen.

Und welches sind Ihre Bezeichnungen?

Auch Sie haben Ihre eigenen Bezeichnungen – Charakterzüge, die Sie von den anderen unterscheiden und für die Sie in der Familie bekannt waren. Da sie zweifellos eine große Rolle in der Entwicklung Ihrer Identität gespielt und Sie sicherlich – zumindest bis zu einem gewissen Grad – bis in Ihr Erwachsenenleben hinein bestimmt haben, ist es wichtig, sie zu identifizieren. Auch die Bezeichnungen, die Ihren Brüdern und Schwestern zugefügt wurden, sollten Sie identifizieren, da sie die Intensität Ihrer Geschwisterrivalität stark beeinflußt haben.

Die meisten Menschen können sofort eine Reihe ihrer Bezeichnungen aufzählen. »Ich war die Ungezogene, die allen viel Ärger gemacht hat. Aber ich war auch die Clevere.« »Ich war die Ruhige, das liebe kleine Mädchen, das allem Ärger möglichst aus dem Weg ging.« Manchmal jedoch sind die nicht so eindeutigen Bezeichnungen schwerer zu bestimmen, oder man bekennt sich nicht so ohne weiteres dazu, weil man sie nicht mag oder glaubt, ihnen nicht gerecht zu werden. Um diese Merkmale aufzuzeigen, die zur Formung Ihrer Persönlichkeit entscheidend beigetragen haben, sollten Sie die folgenden Fragen so ehrlich wie möglich beantworten. Benutzen Sie die nachfolgende Auswahl an Eigenschaftswörtern als Anhaltspunkte, wobei Sie natürlich noch andere passende uhinzufügen können.

Anschließend stellen Sie die Bezeichnungen Ihrer Geschwister fest und vergleichen Sie sie mit Ihren.

- Welche Charakterzüge beschreiben die Art und Weise, wie Ihre Familie Sie als Kind sah?
- Welche Charakterzüge treffen Ihrer Meinung nach auf Sie zu?
- Welche Qualitäten hatten Sie, die Ihre Geschwister nicht hatten?
- Welche Qualitäten gefielen beiden Elternteilen offensichtlich am meisten?
- Welche Charakterzüge mißfielen ihnen?
- Welche Attribute – positive und negative – würden Ihre Geschwister Ihnen zuschreiben?

- Welche Qualitäten Ihrer Geschwister hätten Sie gerne gehabt?
- Haben Sie es je als unfair empfunden, daß ein Bruder oder eine Schwester für eine Qualität gelobt wurde, die Sie eigentlich als die Ihre ansahen?
- Wie sehen Sie Ihre Bezeichnungen im Vergleich mit denen Ihrer Geschwister?

Wenn Sie Schwierigkeiten haben, Ihre Bezeichnungen zu bestimmen, kann Ihnen die nachfolgende Aufzählung nützlich sein. Denken Sie daran, daß die Etiketten, die man Ihnen in der Kindheit gegeben hat, nicht Ihren wahren Qualitäten entsprechen müssen. Sie sind vielleicht ganz anders als das, was man in Ihnen gesehen hat. Sie werden möglicherweise erkennen, daß manche Bezeichnungen, die in Ihrer Familie nicht hoch angesehen waren, bei anderen durchaus eine hohe Wertschätzung genießen.

Intelligent   dumm   sportlich   unsportlich
kreativ   musisch   attraktiv   hübsch   unscheinbar
folgsam   rebellisch   individualistisch   durchschnittlich   ruhig   idealistisch   materialistisch   pragmatisch   opportunistisch   pessimistisch   optimistisch   mißmutig   fröhlich   charismatisch   depressiv   rechthaberisch   habgierig   reizbar   schüchtern   aggressiv   manipulierend   mitteilsam   ausgeglichen   zurückhaltend   zufrieden   charmant   konkurrierend   fleißig   hilfsbereit   ordentlich   unordentlich   kritisch   zuverlässig   unzuverlässig   verständnisvoll   energisch   nachtragend   einsichtig   faul   gut   böse   anständig   hinterlistig   gesellig   tugendsam   ungesellig   unehrlich   ehrlich   praktisch   gelassen   gesprächig   begeisterungsfähig

selbstsicher   lebhaft   friedlich   großzügig   neugierig   lästig   neidisch   selbstkritisch   tüchtig
Führertyp   Mitläufer   Einzelgänger   höflich
unhöflich   sanft   schroff   introvertiert   geizig

Bezeichnungen und Rollen

Aufgrund der Charakterzüge, die an Kindern, ob zu Recht
oder zu Unrecht, festgestellt werden, übernehmen diese in
ihrer Familie gewisse Funktionen oder spielen gewisse Rollen, die alle Geschwister in Positionen zwingen, die sie
meist für immer beibehalten. Sind Sie zum Beispiel als Erstgeborene mehrere Jahre älter als das nachfolgende Geschwister und haben Sie die Bezeichnung »vernünftig,
verantwortungsbewußt, zuverlässig«, werden Sie von Ihren
Eltern zu dem Geschwister ernannt, das über die anderen
wacht. Und Sie werden diese Rolle wahrscheinlich nie aufgeben, gleichgültig, wie sehr Sie sich manchmal wünschen,
genauso sorglos wie ihr kleiner Bruder zu sein.
Wie wir im nächsten Kapitel sehen werden, sind Rollen
nicht dasselbe wie Bezeichnungen, obwohl diese Begriffe
häufig verwechselt werden. Am besten stellen Sie sich Bezeichnungen als Adjektive, als eindimensionale Beurtei-
lungen unserer Qualitäten vor, die unsere Grundstruktur
beschreiben. Rollen ähneln Substantiven. Sie sind die
Kennzeichnung der Funktionen, die wir in der Familie
übernehmen und an denen wir häufig ein Leben lang fest-
halten, ungeachtet dessen, ob sie in der bestimmten Situation angebracht sind oder nicht. Unsere Bezeichnungen
und Rollen machen uns zu Mitspielern im Familiengesche-
hen und beeinflussen in großem Maße die Beziehung zwischen uns und unseren Geschwistern.

6 Das Universum wird aufgeteilt – Ihre Rolle in der Familie

»Ich kann mit meiner Schwester Eileen nicht fünf Minuten in einem Zimmer sein, ohne daß sie mich herumkommandiert«, beklagt sich die neunundzwanzigjährige Margie. »Sie glaubt, sie müsse alles bestimmen und nur sie könne etwas richtig machen. Und ich verwandle mich prompt in die kleine Schwester, die keine eigene Meinung hat. Es ist manchmal zum Verrücktwerden. Schließlich bin ich eine erwachsene Frau, die einen verantwortungsvollen Job hat und Chefin von zwei Mitarbeitern ist. Aber manchmal, das gebe ich ja zu, mag ich es, wenn Eileen die Entscheidungen trifft und sich um alles kümmert, besonders was Mutter und Vater angeht. Die beiden haben sich immer auf sie verlassen. Mir ist das recht; somit habe ich einige Sorgen weniger. Außerdem bin ich nicht darauf erpicht, viel Verantwortung zu tragen.«

Wenn Sie sich Ihre Familie genau ansehen, werden Sie erkennen, daß Sie und Ihre Geschwister gewisse Rollen erfüllen, die teilweise auf den Etiketten, die Ihnen verliehen wurden, basieren. Jedes Kind ist für einen bestimmten Bereich zuständig, dadurch unterscheiden sie sich voneinander, und jedes Kind versucht, diesen Bereich zu behalten. Rollen sind nichts anderes als vertraute Verhaltensmuster, die die spezifischen Aufgaben beschreiben, die für den Erhalt der Familie notwendig sind. Damit das Unternehmen

Familie reibungslos funktioniert, müssen diese Aufgaben – wie die Sorge um das Wohl der anderen oder die Entscheidungsfindung – von den Familienmitgliedern erbracht werden. Die Erfüllung der Aufgaben ist sozusagen unser Beitrag zur Familiengemeinschaft. Anhand des Rollenkonzepts können die Aufgaben jedes Familienmitglieds analysiert, subtile oder schwer definierbare Familienwerte erkannt sowie Anhaltspunkte für die Art der Beziehung zwischen den Geschwistern gefunden werden. Natürlich behandelt jedes ernstzunehmende Buch über die Psychologie der Familie das Thema »Rollen«. In unserem Fall möchten wir die Rollen im Hinblick auf die Interaktionen zwischen Geschwistern näher betrachten.

Jede Rolle innerhalb der Familie hat ein Hauptthema, das über Hunderte von möglichen Varianten verfügt. Nehmen wir zum Beispiel die Rolle des oder der Fürsorglichen. Das Geschwister, das diese Rolle innehat, kann die sanfte, besorgte Florence Nightingale sein, die nur hilfreich und nett sein möchte, oder genau das Gegenteil, die dominierende Tyrannin, die allen sagt, was sie zu tun und zu lassen haben. Das Geschwister, das die Rolle des verhätschelten Babys innehat, kann das ewig hilflose, quengelnde Kind sein oder das süße und charmante Geschwister, das die anderen amüsiert, oder vielleicht sogar die alterslose kleine Göre, die es als ihre Aufgabe ansieht, Chaos zu verbreiten.

Rollen sind von Natur aus weder gut noch böse. Nur in der Art, wie sie gespielt werden, kann man sie als positiv oder negativ definieren. Ist Ihre Rolle positiv, wird sie Ihre Selbstachtung und Ihr Wohlbefinden steigern. Ist sie negativ, kann sie Sie zur Verzweiflung treiben und ein geringes Selbstwertgefühl erzeugen.

Rollen können kombiniert, erweitert oder, unter extremen Bedingungen, ausgetauscht werden. Meist setzen sie sich jedoch mit der Zeit so fest, daß so gut wie keine Veränderung mehr möglich scheint. Sie – und Ihre Geschwister – verharren vermutlich für den Rest Ihres Lebens in den gewohnten Rollen, und zwar sowohl innerhalb der Familie als auch in jeder anderen zwischenmenschlichen Beziehung, die Sie eingehen werden.

Der Gedanke, unser Verhalten wäre vorhersehbar oder unveränderlich, ist uns unangenehm. Deshalb neigen wir dazu, die wichtigen Einsichten, die unsere Rollen sowohl über uns selbst als auch über unsere Beziehung zu anderen vermitteln, nicht zur Kenntnis zu nehmen. Doch wenn Sie verstehen wollen, warum Sie und Ihre Geschwister sich auf eine bestimmte Weise verhalten, müssen Sie diese Rollen identifizieren. Sie werden sicherlich herausfinden, welches Geschwister welche Rolle spielt, und fast immer wird es sich dabei um Variationen von Bezeichnungen wie zum Beispiel »der/die Held/in«, »der/die Fürsorgliche«, »der/die Manager/in«, »das unscheinbare Geschwister«, »der/die Rebell/in«, »der Liebling« oder »das besondere Kind« handeln.

Die Macht der Rollen

Die Macht der Rollen liegt in ihrer Fähigkeit, uns eine Aufgabe zu geben, unser Handeln verständlich zu machen, die Ordnung zu wahren und eine Identität zu vermitteln, auf die andere reagieren können. Rollen bringen Ordnung in die Familie, erleichtern die Kommunikation, zeigen, wer für was zuständig ist und welches Verhalten von jedem erwartet wird. In anderen Worten: Sie schaffen Vertrautheit und Kalkulierbarkeit. Rollen können sich überschneiden oder von mehr als einer Person übernommen werden, aber wenn das letzte Kind geboren und die Familie komplett ist, stehen sie fest und werden – falls es keine dramatische Intervention gibt – zur dauerhaften Aufgabe innerhalb und außerhalb der Familie.

Rollenzuteilung gibt es in größerem oder kleinerem Ausmaß in jeder Familie. Es ist etwas Normales und in gesunden Familien konstruktiv und nützlich. Eltern machen ihren Kindern damit häufig ein kostbares Geschenk, da es jedem Kind eine Bestimmung gibt.

Auch wenn Sie sich vielleicht eine andere Rolle wünschen, sind Sie mit der, die Sie haben, auch nicht unglücklich, und sei es nur, weil Sie sich daran gewöhnt haben. Diese Rolle ist Ihnen vertraut, und deshalb fühlen Sie sich in ihr am wohlsten. Auch wenn Sie versuchen, sie abzulegen oder ihre Auswirkungen auf Ihr Verhalten zu unterdrücken, tendieren Sie dazu, immer wieder in sie zurückzufallen, besonders unter Streß, weil das Ihr wirkliches Ich ist. Diese Rolle wird von Ihren Brüdern und Schwestern, ob mit oder ohne einen gewissen Unmut, erwartet und akzeptiert. Sie, wie alle anderen auch, fühlen sich am sichersten, wenn das Verhalten der anderen mehr oder weniger kalkulierbar ist.

Wenn Sie in Ihrer Familie die Rolle des oder der Fürsorglichen einnehmen, stellt es für Sie eine Befriedigung dar, sich zu vergewissern, daß es allen gutgeht. Und Sie würden wahrscheinlich großen Widerstand leisten, wenn andere Ihnen diese Verantwortung abnehmen möchten – auch wenn Sie sich selbst vielleicht weiszumachen versuchen, daß Sie gern davon befreit wären.

War es Ihre Rolle, den Führer oder die Managerin in der Familie zu spielen, werden Sie ganz selbstverständlich annehmen, daß Sie die wichtigen Entscheidungen zu treffen haben. Sind Sie als der verwöhnte Liebling der Familie aufgewachsen, erwarten Sie, daß man Sie bemuttert und beschützt, auch wenn Sie sich vielleicht beklagen, nicht ernstgenommen zu werden. Die meisten möchten nicht wirklich ihre Rollen tauschen, trotz aller Nachteile, und wir *können* es ohne große Anstrengung und großen Aufruhr auch nicht. Was wir aber können, ist, negative Rollen in positive verwandeln. Wir können lernen, sie wirkungsvoller und befriedigender zu gestalten – wie das folgende Beispiel zeigt:

Julia, die kompetente einundvierzigjährige Sekretärin des Geschäftsführers eines großen Firmenverbundes, verkörpert in ihrer Familie die Rolle der Fürsorglichen. »Ich denke immer an alle Geburtstage und Jubiläen und richte die Feste dafür aus. Ich erinnere mich noch, wie ich als Achtjährige ein altes Merkbuch meiner Mutter fand und es wie einen Schatz hütete. Ich fand darin alle wichtigen Daten und konnte von da an alle Leute daran erinnern. Damit hatte ich etwas in der Hand, das mir das Gefühl gab, wichtig zu sein.

Heute kümmere ich mich um die anderen, wenn sie in Schwierigkeiten sind. An Feiertagen lade ich immer alle zu mir ein, das würde sonst nie klappen. Sie verlassen sich auf mich.«

Dieses Jahr aber war Julia verärgert, weil sie das Gefühl hatte, die Großfamilie erwarte wie immer von ihr, zum Erntedankfest eingeladen zu werden, obwohl ihr Ehemann seine Arbeit verloren hatte und drei Kinder zu versorgen waren. Und an Weihnachten würde es wahrscheinlich ebenso sein. Sie fühlte sich überarbeitet, nicht gebührend geschätzt und gestreßt, sowohl zu Hause als auch an ihrem Arbeitsplatz.

Als ihre neue Schwägerin anbot, das Essen am Erntedankfest zu kochen, um sie zu entlasten, meinte Julia: »Das ist ja großartig«, doch kurz darauf fühlte sie sich deprimiert.

»Ich schlief schlecht in dieser Nacht. Es ist einfach verrückt. Endlich ist da jemand, der mir etwas abnehmen möchte – und wie reagiere ich? Als ob sie sich in mein Aufgabengebiet einmischen wollte!« Julia hat sich die Arbeit und Verantwortung in der Familie nicht bewußt aufgebürdet. Eigentlich wußte sie, daß es zuviel für sie ist, aber wie hätte sie sich anders verhalten können. Es war wichtig für Julia, das traditionelle Familienessen auszurichten und dafür gelobt zu werden; denn in ihren Augen »kann das Erntedankfest nur in meinem Haus gefeiert werden«. Aber sie erkannte, daß sie es sich leichter machen konnte, indem sie jeden bat, einen Beitrag zum Essen mitzubringen. Auf diese Weise hat sie immer noch die Verantwortung, aber die Arbeit ruht nicht einzig und allein auf ihren Schultern. Außerdem kann auch ihr Ehemann helfen. Es braucht Mut, eine negative Rolle in eine positive zu verwandeln, aber Julia weiß nun, wie sie es anstellen muß.

Das Territorium aufteilen

Entsprechend den besonderen Bedürfnissen jeder Familie, werden die Rollen von den Eltern verteilt und durch die Interaktionen unter den Geschwistern verstärkt, bis sie fest verwurzelt sind. Wenn die Eltern Ihnen eine Aufgabe gegeben haben, die sowohl Ihren Bezeichnungen als auch Ihren angeborenen Fähigkeiten entspricht, empfinden Sie diese wahrscheinlich als angenehm und nicht übermäßig einschränkend. Sie gibt Ihnen innere Stärke und zeigt Ihnen und den anderen, wer Sie sind.

»In unserer Familie«, berichtet Jane, »war mein Bruder ganz offensichtlich der Fürsorgliche, sowohl mir als auch meinen Eltern gegenüber. Er war nur sechzehn Monate älter als ich, hatte blonde Haare und sah fabelhaft aus. Ich hingegen war dunkel, kränklich und mit meinem Aussehen nie zufrieden. Er war der Liebling meiner Eltern, nicht nur weil er ein Junge war und gut aussah, sondern auch weil man sich auf ihn hundertprozentig verlassen konnte und er es immer allen recht machen wollte. Er war sehr ordentlich und half viel mehr im Haushalt als ich. Außerdem konnten alle bei ihm ihre Sorgen abladen, und er versuchte dann, Lösungen zu finden. Er war mein großer Beschützer und immer da, wenn es galt, meine Kämpfe auszufechten. Wenn ich in der Schule in Schwierigkeiten war, verständigte man nicht meine Mutter, sondern ließ nach Bobby suchen.

Ich liebte ihn, kam mir aber im Vergleich zu ihm unzulänglich und minderwertig vor – und so ist es immer geblieben. Obwohl ich in vielen Dingen mehr Erfolg hatte als er, war er immer für mich da, wenn ich ihn brauchte, ganz besonders seit seine Ehe zerbrach und er wieder allein lebt. Seine Frau pflegte sich zu beklagen, daß er sich viel mehr Sorgen um uns als um sie mache. Obwohl ich diejenige bin, die eine gute Ehe führt, Kinder und Geld hat, sorgt er sich immer noch um mich wie auch um alle anderen. Wenn man Bobby um Hilfe bittet, bekommt man sie auch. Ich bin auch hilfsbereit, aber mein Motiv ist nicht so uneigennützig. Der Hauptgrund, warum ich Unannehmlichkeiten auf mich nehme, ist, um von anderen geliebt zu werden.«

Bei Connie lag der Fall anders. Sie verkörperte nicht die Rolle der Fürsorglichen, obwohl sie die älteste von drei Kindern ist.
Connie war die Heldin der Familie, der Liebling ihres Vaters, der sie fast wie ein Einzelkind behandelte. »Für mei-

nen Vater habe nur ich existiert, während meine Mutter uns alle nicht sonderlich beachtete. Mein Bruder, zwei Jahre jünger als ich, und meine Schwester, zwei Jahre jünger als er, führten in diesem Haus ein Schattendasein. Das habe ich allerdings erst begriffen, als wir erwachsen waren. Ich war klug, hübsch und zog die Aufmerksamkeit der anderen auf mich. Alle hielten mich für furchtlos und glaubten, ich könne alles.

Im nachhinein ist mir klar, daß diese zwei Kinder mich gehaßt haben, aber ich habe es nicht bemerkt. Mein Bruder war ein typisches mittleres Kind und das schwarze Schaf in der Familie. Er war schlecht in der Schule und hatte Mühe, lesen zu lernen. Andererseits konnte er alles reparieren, aber mein Vater schätzte das nicht. Er war ein mageres, ängstliches Kind. Ich wurde ihm immer als Beispiel vorgehalten. Meine Schwester wurde auch mit mir verglichen und schnitt dabei ebenfalls nicht gut ab. Sie war das Baby, und wir behandelten sie so, als ob sie zu nichts fähig wäre.

Nun bin ich über sechzig und versuche mir einen Reim aus all dem zu machen, und das ist nicht leicht. Wenn ich es am wenigsten erwarte, steigt bei meiner Schwester der Groll hoch. Sie wird zum Beispiel an dem Tag krank, an dem ich einen Besuch zu Hause mache, und kann mich deshalb nicht am Flughafen abholen. Und mein Bruder? Er zog von zu Hause weg, so schnell er konnte, heiratete und schloß sich der Familie seiner Frau an. Ich höre selten von ihm. Er ist mein Bruder, ich hasse ihn nicht, und ich liebe ihn nicht. Aber da sind immer noch diese Erinnerungen an den kleinen Jungen mit den traurigen Augen, und es tut mir leid.«

Eine Familie ist viel mehr als nur eine Ansammlung von Individuen. Sie ist eine Einheit für sich, und diejenigen, die dazugehören, bemühen sich gemeinsam, diese Einheit zu festigen und ihre Ziele zu verwirklichen.

Die elementarsten Ziele jeder Familie sind, ihr Überleben und ihre Fortpflanzung zu sichern sowie die Lebensbedingungen der jeweils nachfolgenden Generation zu verbessern. Zusätzlich entwickelt jede Familie ihre ganz eigenen Werte, obwohl diese nicht immer sofort ersichtlich sind. Die Anhäufung von Geld kann in der einen Familie das wichtigste Ziel sein, während es in der anderen der Wunsch nach Anerkennung und Ansehen ist. Bei manchen geht das ganze Sinnen und Trachten auch dahin, den Kindern eine Ausbildung in den besten Schulen zu ermöglichen. Die Kennedys aus Massachusetts sind ein gutes Beispiel für eine Familie mit klaren Zielen: Sie wollten politische Macht.

Das Ziel einer Familie kann auch ganz einfach nur sein, die Familie zusammenzuhalten, finanziell über die Runden zu kommen und darauf zu achten, daß es den Kindern bessergehen wird als den Eltern. Doch in den meisten Fällen ist das Hauptziel der Eltern, Kinder großzuziehen, die einmal erfolgreich und selbständig sind und auf die sie stolz sein können – und die ihnen im Alter eine Hilfe sein werden.

Wie kommt man zu welcher Rolle und warum?

Ihre Rolle in der Familie wird Ihnen aufgrund eines komplizierten psychologischen Prozesses zugeteilt, der fast immer durch unbewußte Kräfte in Gang gesetzt wird und oft mit widersprüchlichen Emotionen befrachtet ist. Die Zuteilung erfolgt entsprechend den Bedürfnissen der Eltern, den tatsächlichen Fähigkeiten und Bezeichnungen der Kinder und der Wahrnehmung dieser Züge durch Mutter und Vater. Gleichzeitig wird damit angestrebt, die Familienwerte zu fördern, die, auf die Kinder projiziert, ein Programm für die nächste Generation bilden.

Nachdem die Kinder Größe und Paßform Ihrer Rollen getestet und die Teile, die sie spielen können, überprüft haben, wird von ihnen erwartet, daß sie sie akzeptieren, verinnerlichen und sich ihnen anpassen. In den meisten Fällen übernehmen sie Rollen, für die sie geeignet sind, die ihren natürlichen Fähigkeiten entsprechen und ihnen einen gewissen Status und eine gewisse Macht innerhalb der Gruppe geben.

Eltern und Geschwister haben einen großen Einfluß auf die Verteilung der Rollen. Unbewußt drängen oder schmeicheln die Eltern ihre Kinder oder die Kinder einander in Rollen. Indem zum Beispiel jüngere Geschwister zu ihrer großen Schwester, die sich um sie kümmert, aufblicken und ihre Fähigkeiten, mit Problemen fertig zu werden, bewundern, können sie dieser das Gefühl geben, daß es ihre angemessene Rolle ist, Verantwortung zu übernehmen, während die anderen ihren Spaß haben.

Alle Familienmitglieder wachen über das ihnen eigene Territorium, in das sie keine Einmischung wünschen.

Eine unserer Patientinnen erzählte uns folgende Geschichte: »Ich erinnere mich, daß ich im Alter von sechs Jahren einmal so sein wollte wie meine große Schwester June. Ich kam dazu, als meine Mutter wieder einmal in der Küche weinte. Obwohl ich nicht wußte, was los war, legte ich den Arm um sie und sagte: ›Nicht weinen, Mami. Alles wird wieder gut‹, genau wie June das immer machte. June, die damals zwölf war, kam hinter mir her und meinte, sie fände uns beide lächerlich und ekelerregend. Diese Bemerkung, begleitet von einem vorwurfsvollen Blick, zeigte sehr genau, daß es ihre Aufgabe war, sich um Mutter zu kümmern und daß ich mich in ihr Territorium begeben hatte.«

Wie in diesem Fall erklären sich manche Rollen durch die Geburtenreihenfolge. Ältere Kinder übernehmen häufig die Führerrolle sowie die Rolle der Fürsorglichen, mittlere Kinder fungieren oft als Vermittler, und jüngste Kinder neigen dazu, die Rebellen oder die »verhätschelten Babys« der Familie zu werden. Die Reihenfolge, in der die Kinder geboren werden, macht manche Positionen für jüngere Kinder schwerer erreichbar, da diese Rollen oft schon vergeben sind. Ein jüngeres Geschwister kann sich dieser Rollen nur bemächtigen, wenn es besonders gewitzt ist oder wenn die Eltern eine bestimmte Rolle für dieses Kind reserviert haben.

Andy wäre gern durchsetzungsfähig und energisch gewesen, aber es war von Anfang an klar, daß sein Bruder Peter die Führungsrolle innehatte. Er versucht, den Unterschied zwischen ihnen zu erklären: »Ich erinnere mich, wie ich in die Küche ging, um den Hund zu füttern, und dabei überlegte, warum ich mich meinen Eltern gegenüber nie so behaupten konnte wie Peter. Er war erst neun Jahre alt, zwei Jahre älter als ich, aber viel reifer. Er war der geborene Führer, etwas, was ich nie sein würde. Mir strichen die Eltern liebevoll über den Kopf, vor ihm aber hatten sie Respekt. Deshalb fing ich an, mich unentbehrlich zu machen, indem ich ihren Wünschen zuvorkam. Peter konnte das nicht, weil er zu sehr mit seinen eigenen Interessen beschäftigt war.«

Auch die Anzahl der Geschwister verändert die Optionen beim Verteilen der Rollen. Im allgemeinen kann man sagen: Je mehr Geschwister, desto spezifischer sind die Aufgaben jedes einzelnen. Manchmal bekommen zwei oder drei Kinder dieselbe Basisrolle, wobei jeder für einen anderen Aspekt zuständig ist. In kleinen Familien können manche Rollen gar nicht vergeben werden, oder Geschwister müssen mehrere Rollen auf einmal übernehmen.

In der Batali-Familie gab es zehn Kinder, alle im Abstand von zwei Jahren geboren. Die älteste, Diane, übernahm die Mutterrolle für die nachfolgenden vier Geschwister, während Irene, an fünfter Stelle geboren, die Mutterrolle für die jüngsten vier innehatte. Beide waren die Fürsorglichen, doch Diane war die Chefin, mit der Irene sich immer absprechen mußte. Als ihre Eltern alt und gebrechlich wurden, wies Diane Irene die Fürsorge für den Vater zu, während sie sich um die Mutter kümmerte.

Auch das Geschlecht hat einen Einfluß auf die Möglichkeiten. So sind Jungens eher die Familienhelden, während Mädchen mehr die Fürsorglichen sind.

Miriam war fünf Jahre älter als ihr Bruder Josh, aber in dieser jüdisch-orthodoxen Familie konnte sie nicht der Star sein. Ihr Vater nahm Josh in sein Geschäft auf, obwohl er weit weniger begabt war als Miriam, und als Junge wurde er auch mehr respektiert. Niemand dachte auch nur eine Sekunde daran, Miriam denselben Respekt und dieselbe Bewunderung entgegenzubringen.

Alle guten Vorschläge konnten nur von Josh kommen. Obwohl Miriam anregte, in einen Vorort zu ziehen, wurde Josh dafür gelobt. Mutter sagte: »Was für ein Glück, daß wir einen Jungen mit so einem klugen Kopf haben. Er hat uns geraten, wegzuziehen, bevor es mit dem Viertel abwärtsging.« Miriam erntete auch keine Anerkennung, als sie ihr eigenes Backwarengeschäft gründete. Der Erfolg des Unternehmens wurde ihrem Ehemann zugeschrieben, was Miriam akzeptierte. Sie war überzeugt, daß nur Männer gute Ideen haben können, und den Gedanken, selbst auch intelligent zu sein, unterdrückte sie. Mit dem Erfolg des Unternehmens brachte sie sich nicht in Verbindung, sie beglückwünschte sich lediglich dazu, einen so klugen Bruder und Ehemann zu haben.

Im Laufe der Jahre spielen die Geschwister ihre Rollen immer besser. In ihrem angeborenen Geltungsstreben entwickeln, redigieren und korrigieren sie diese Rollen und fügen, wenn es sich als erfolgreich erwiesen hat, Nuancen dazu, bis die Ausführung perfekt und zur zweiten Natur geworden ist.
Die Rolle, die man Ihnen gegeben hat oder die Sie in Ihrer Familie angenommen haben, ist keine willkürliche Wahl, sondern das Ergebnis unzähliger Erwartungen und Bedürfnisse. Wurde Ihnen die Rolle des Helden, der Managerin oder des gehätschelten Kindes zugewiesen, gab es ein Bedürfnis für diese Rolle in Ihrer Familie. Auch die Rolle des Sündenbocks kann eine Variante sein.

Alexander war der Sündenbock in der Familie. Man sah in ihm das schwierige Kind, das nur Ärger machte. Ihm wurde die Schuld für die Familienprobleme gegeben – ein alkoholsüchtiger Vater, eine unfähige Mutter, viel Streit, eine sich auflösende Ehe –, und er tat allerhand, um seinem Ruf gerecht zu werden. Er perfektionierte seine Wutanfälle, prügelte andere, störte in der Klasse und machte, wenn er merkte, daß zu Hause Spannung und Streit in der Luft lag, einen Blödsinn nach dem anderen (wie zum Beispiel einen Fisch verschlucken oder Geschirr zerbrechen).

Von den Eltern intuitiv in diese Rolle gedrängt, machte er sich zum Mittelpunkt der Familie, indem er im Alter von fünfzehn Jahren Drogen nahm und Mitte Zwanzig alkoholabhängig war. Währenddessen nährte man in der Familie weiterhin den Glauben, daß man ein glückliches Leben hätte führen können, wenn da nicht dieses Problemkind gewesen wäre. Erst viele Jahre später begriff Alexander, daß er eigentlich nur Befehlen gehorcht hatte. Er hatte seine Rolle akzeptiert und sie sehr gut gespielt. Sie wundern sich vielleicht, warum er solch eine negative Rolle angenommen hat. Sein Lohn war das Gefühl, mit seinem Verhalten die Familie zusammenzuhalten, den Frieden zu bewahren und das Ziel aller Aufmerksamkeit zu sein.

Das Hauptziel der herrischen Mutter von Benjamin war der Erfolg ihrer zwei Töchter. Sie war eine frustrierte Frau, weil ihre Versuche, in einer männerorientierten Welt Karriere zu machen, mißglückt waren. Die Töchter sollten das erreichen, was ihr verwehrt geblieben war. Den zwei Mädchen wurde die Rolle der Familienheldinnen zugesprochen. Sie entsprachen den Erwartungen, indem die eine Ärztin und die andere Rechtsanwältin wurde.

Von Benjamin, dem Letztgeborenen, einem ruhigen kleinen Jungen, wurde stillschweigend verlangt, den Aufstieg der Schwestern zu fördern – was er auch tat. Heute ist er ein mittlerer Angestellter in einer großen Firma; er ist verheiratet und hat drei Kinder. Seine Rolle ist die des Fürsorglichen und Managers. Er kümmert sich um die psychisch labile Mutter, damit die Schwestern ohne Belastung weiterhin die Rolle der Heldinnen spielen können.

Um die Bedeutung einer Rolle zu erkennen, muß man sie aus dem Zusammenhang herausnehmen. Was wäre gewesen, wenn Benjamin seine Rolle nicht gespielt hätte? Seine Schwestern hätten nicht so viel Zeit gehabt, sich auf ihre Karrieren zu konzentrieren, und die Dynamik der gesamten Familie hätte sich anders dargestellt.

Die Bewertung der Rollen

Jede Rolle in der Familie besitzt einen Status, entsprechend den von den Eltern besonders hochgehaltenen Zielen und Werten. Ist es zum Beispiel das Hauptziel einer Familie, den Familiennamen weiterzugeben, wird die Rolle der Fürsorglichen besonders erstrebenswert. Wird gegenseitige Abhängigkeit und das Zusammengehörigkeitsgefühl hoch bewertet, steigt die Rolle des gehätschelten Kindes in der Wertschätzung, da es seine Aufgabe ist, die Aufmerksamkeit von Problemen abzulenken und allen das Gefühl zu geben, in der Liebe zu ihm verbunden zu sein.

In der Carter-Familie lag das Hauptaugenmerk auf der Erziehung und Bildung. Dan Carter, ein geistigen Interessen zugetaner, einfacher Arbeiter, wollte, daß seine drei Kinder einmal angesehene, gutbezahlte Berufe ausübten, für die es immer einen Bedarf gab.
Als Dans Frau Anne krank wurde, übernahm die vierzehnjährige Dolores die Haushaltspflichten, kochte das Essen und kümmerte sich um die Mutter und die jüngeren Brüder. Bert, der Jüngste, ein sehr hübsches, liebes und sensibles Kind, den alle ins Vertrauen zogen, wurde abwechslungsweise gehätschelt oder nicht beachtet. Donny, der Mittlere, erkannte klar, daß er zum Star und Führer ge-

boren war und die Erwartungen der Familie zu erfüllen hatte.

Der Plan ging auf. Donny wurde Rechtsanwalt, bei dem alle Rat suchen. Dolores wurde Krankenschwester, ein Beruf, bei dem ihr ihre Fürsorglichkeit zugute kommt, und Bert wurde Psychiater. Alle fühlen sich wohl in ihren Rollen, denn im großen und ganzen haben ihre Eltern, ohne es sich genau zu überlegen, ihre angeborenen Fähigkeiten und das von ihnen erwartete Verhalten in ein gutes Verhältnis gebracht.

In der Familie werden den Kindern spezifische Rollen zugeschrieben, um Verhaltensmuster aus der Kindheit der Eltern zu wiederholen – oder zu vermeiden. Obwohl sie es leugnen würde, wies Grace, die Mutter der Cushing-Familie, ihren zwei Kindern die gleichen Rollen zu, die sie und ihr Bruder Steve innehatten. Das erste Kind, ein Junge, wurde als der Führer/Held betrachtet, auf dem hohe Leistungserwartungen lasteten, während das zweite Kind, ein Mädchen, auf die Rolle des Babys beschränkt wurde, der Mutters ständige Besorgtheit galt. Als Grace erkannte, daß sie unbewußt ihre Tochter mit sich selbst und ihren Sohn mit ihrem vergötterten, aber stark rivalisierenden Bruder identifiziert hatte, meinte sie: »Das ist doch nicht schlecht. Ich war ein glückliches Kind, und ich bin sicher, meine Kinder werden sehr wohl ihren Weg machen.«

Die instinktive Zuweisung der Rollen, die wir innerhalb der Familie und oft auch sonst im Leben spielen, hat auch häufig ihren Ursprung in elterlicher Bevorzugung. Die besten Rollen werden dem am meisten und die schlechtesten dem am wenigsten favorisierten Kind zugewiesen.

Sean und Teresa, beide selbst älteste Geschwister, haben sich immer mit ihrem älteren Sohn Sean jun. identifiziert, den sie seinem Bruder Anthony vorzogen. Er bereitete ihnen viel Freude, während Anthony sie ständig enttäuschte. Er bestrafte seine Eltern, indem er als Jugendlicher Drogen nahm. Die Eltern suchten zwar therapeutische Hilfe, um mit seinem Problem zurechtzukommen, waren jedoch lange Zeit nicht in der Lage, sich die Bevorzugung, die für uns so offensichtlich war, einzugestehen. Sean sen.: »Anthony hatte es schwer, denn Sean war das perfekte Kind, das alles richtig machte. Er war ein toller Sportler, ein vorzüglicher Schüler und so gutaussehend, daß Anthony keine Chance neben ihm hatte.«

Wir fanden, daß Anthony ebenfalls intelligent, fähig und gutaussehend war. Er hatte eine Chance – aber nicht bei seinen Eltern, die nicht einsahen, daß sie darüber wachten, daß er seinen Bruder nicht überrundete.

Belastende Rollen

Eine Rolle ist belastend, wenn sie unsere Lebensfreude beeinträchtigt, wenn sie ein Gefühl der Unzulänglichkeit und geringen Selbstachtung hervorruft, wenn sie uns das Gefühl gibt, unser Potential nicht ausschöpfen zu können, wenn wir uns unbefriedigt oder überlastet fühlen und wenn wir ernstlich auf unsere Geschwister eifersüchtig oder neidisch sind oder denken, daß sie in der Familie alle Vorteile und alle Anerkennung bekommen.

Unsere Rollen in der Familie können ebenfalls belastend sein, wenn sie zu früh zu wichtig werden. Alexander, der Junge, der quasi von Geburt an zum Sündenbock wurde, um die Aufmerksamkeit von den Problemen der Eltern auf ihn zu lenken, hätte sehr gut nur die Rolle des »normalen« Rebellen spielen können. Er wurde aber zum schwarzen Schaf gemacht, eine Steigerung der Rolle des Rebellen, und das hat ihm nur Probleme gebracht. Nun muß er, um ein befriedigendes Leben zu führen, seine Meinung über sich selbst revidieren und sein selbstzerstörerisches Verhalten ablegen.

Marianne hatte ein ähnliches Problem. Sie war erst dreizehn Jahre alt, als ihre Mutter ernsthaft erkrankte und sie an ihrer Stelle die Verantwortung für den Haushalt übernahm. Dies bedeutete, daß ihre Rolle der Fürsorglichen, die sie schon vorher bei den Geschwistern innehatte, zu einer übermäßigen Belastung wurde. Sie erledigte die Hausarbeiten, kochte und kümmerte sich um die zwei jüngeren Schwestern. Marianne fand kaum Zeit für Aktivitäten, denen Jugendliche normalerweise nachgehen.

Ihr fünfzehnjähriger Bruder Eric, der die Rolle des Familienhelden spielte, sah keinen Anlaß, seine Position zu verändern. Im Gegenteil, ihr wurde sogar noch mehr Bedeutung beigemessen, weil die anderen seine Erfolge als willkommene Ablenkung empfanden.

Doch nehmen wir einmal an, das Problem hätte sich anders dargestellt. Wenn, statt der Erkrankung der Mutter, der Vater arbeitslos geworden wäre und sie die Miete nicht mehr hätten bezahlen können, wäre Eric gezwungen gewesen, die Schule zu verlassen und sich eine Arbeit zu suchen. In diesem Fall hätte es sein können, daß seine Rolle als Held durch die veränderten Lebensumstände ins Wanken gekommen wäre, während Mariannes Rolle sich wahrscheinlich nicht verändert hätte.

Wie funktioniert die Rolle
außerhalb der Familie?

Manchmal funktioniert die Rolle, die einem Geschwister gegeben wurde, zwar sehr gut innerhalb, aber überhaupt nicht außerhalb der Familie. Normalerweise bereiten uns Rollen auf ein zufriedenes Leben jenseits der Familie vor. Eine Rolle kann uns das Leben nach dem Verlassen des Elternhauses jedoch auch erschweren.

Ein Geschwister, das zum Beispiel die Fürsorgliche/Managerin in einem Haushalt war, in dem diese Rolle gebraucht wurde, damit die Familie richtig funktionierte, kann so herrisch mit Freunden und Kollegen umgehen, daß diese sich von ihr abwenden werden, wenn sie ihr Verhalten nicht ändert. Jemand, der sich zum Unruhestifter entwickelt, weil die Familie Ablenkung von ernsthaften Problemen der Eltern braucht, ist vielleicht der Meinung, daß er seine Aufgabe zu Hause sehr gut erfüllt. Doch wenn er für immer in der Rolle des exzentrischen Rebellen verharrt, wird er vielleicht die Schule abbrechen, Drogen nehmen oder, um zu Geld zu kommen, eine Bank ausrauben. Die Rolle des »Familienflegels« funktioniert offenbar nicht, wenn der Rolleninhaber sich dem Wettbewerb außerhalb der Familie nicht gewachsen fühlt.

Im allgemeinen funktionieren jedoch die Verhaltensmuster, die wir zu Hause entwickelt haben, sowohl innerhalb als auch außerhalb der Familie.

Babs war ganz erfüllt von ihrer Rolle als Managerin im Hause ihrer Eltern, die beide einen anspruchsvollen Beruf ausübten. Sie war die achtsame Schwester, die sich um alles kümmerte, die darauf achtete, daß ihre hilflose jüngere Schwester Judy und ihr arbeitswütiger Bruder John, den man von seinen Schularbeiten zum Eßtisch schleppen mußte, rechtzeitig zur Schule kamen, ihre Pflichten erledigten und saubere Kleidung trugen.

Heute ist sie mit dem sehr erfolgreichen Arzt Don verheiratet, der wenig Zeit für die Dinge außerhalb seines Berufs hat. Ihr Organisationstalent wird von ihm hoch geschätzt. »Babs kümmert sich um alles«, erzählt er allen, während Babs vor Stolz strahlt. »Ich würde ohne sie nicht zurechtkommen.« Babs hat aus ihrer traditionellen Rolle Nutzen gezogen.

Wenn Sie im Erwachsenenalter versuchen, die Ihnen zugewiesene Rolle abzulegen, sie neu zu bestimmen oder die Rolle von jemand anderem anzunehmen, müssen Sie mit negativen Reaktionen von Ihren Geschwistern und allen anderen, die aus Ihrem gewohnten Verhalten Vorteile gezogen haben, rechnen.

Diese erkennen – vielleicht unbewußt –, daß irgend jemand Ihre Aufgabe übernehmen muß, um die Lücke, die Sie hinterlassen, auszufüllen. Manche Rollen sind für den Erhalt einer Familie unbedingt nötig. Wenn Sie sich zum Beispiel entscheiden, nicht mehr länger die Fürsorgliche zu sein, muß eines Ihrer Geschwister diese Aufgabe übernehmen und wird darüber wahrscheinlich nicht glücklich sein. Ihre Brüder und Schwestern möchten lieber den Status quo aufrechterhalten, sie möchten, daß Sie das Verhalten, an das sie gewöhnt sind und das sie vielleicht auch dringend nötig haben, beibehalten. Wenn Sie sich verändern, sind Ihre Geschwister vielleicht gezwungen, sich ebenfalls zu verändern.

Sehen Sie sich einmal die Situation von Maria an. Maria spielte in ihrer Familie stets bereitwillig die Rolle der Fürsorglichen. Sie befreite ihre Schwester, Rebellin und gehätscheltes Kind der Familie, von der täglichen Sorge um den alternden Vater und die hilfebedürftige Mutter. Doch als sich bei ihr eine chronische Krankheit einstellte und sie nicht mehr in der Lage war, alles allein zu machen, wandte sie sich an ihre Schwester Tess. »Ich bin überlastet und habe nicht mehr die Energie, mich um alles zu kümmern. Du mußt mir helfen«, erklärte sie dieser, woraufhin Tess wie eine loyale und hilfsbereite Schwester antwortete: »Ja, natürlich werde ich das.«

Aber sie schaffte es nicht und fiel bald wieder in ihre alte Rolle des hilflosen Kindes zurück, das erwartete, daß man ihm half, und das möglichst wenig Verantwortung übernehmen wollte, gleichzeitig aber überall erzählte, was es für die anderen alles gemacht hatte. Auch die Eltern konnten ihre Gewohnheiten nicht ablegen. Zwar versuchten sie, Maria weniger zur Last zu fallen, aber sie zählten weiterhin auf sie, und sie fanden wie immer Entschuldigungen für ihr verwöhntes jüngeres Kind. Und Maria, die um Hilfe gebeten hatte, aber im Grunde keine wollte, weil ihre Rolle ihr Selbstbewußtsein stärkte, klagte zwar über ihre Überlastung, fuhr aber fort, sich zu sorgen und zu kümmern. Für sie war das ganz normal und natürlich. Ihre fehlende Kraft versuchte sie zu kompensieren, indem sie ihren Ehemann bat, für eine begrenzte Zeit ihre Aufgabe in der Familie zu übernehmen – ein Schachzug, den man oft entdeckt, wenn ein Familienmitglied seine traditionelle Rolle nicht erfüllen kann.

Peg, die jüngste von vier Geschwistern, wuchs in einer streng katholischen Familie auf. Von den Kindern wurde erwartet, daß sie strikt die Lehren der Kirche befolgten und erst nach ihrer Heirat das Elternhaus verließen. Pegs

Aufgabe bestand darin, die gute Tochter zu sein, die sich um die Eltern kümmert, nachdem die anderen weggegangen waren, um ihre eigenen Familien zu gründen. Viele Jahre tat sie, was man von ihr verlangte. Eine Zeitlang spielte sie sogar mit dem Gedanken, Nonne zu werden. Doch dann schockierte sie die gesamte Familie, als sie, ihrer Aufgabe überdrüssig, zu trinken begann. Mit Hilfe einer Therapie gelang es ihr schließlich, ihre Sucht zu überwinden. Sie zog aus dem Elternhaus aus und ließ sich, zum Entsetzen aller, mit einem geschiedenen Mann ein, einem trockenen Alkoholiker, den sie bei den Treffen der Anonymen Alkoholiker kennengelernt hatte.

Ohne sich ihrer wahren Motive bewußt zu sein, fühlte sich die gesamte Familie genötigt, Peg zu überzeugen, daß es in ihrem eigenen Interesse liege, wieder ihr früheres Leben als gute Schwester/Tochter aufzunehmen. Warum wohl? Weil sie sie brauchten, um die Funktionen, die zu ihrer alten Rolle gehörten, zu erfüllen. Die Schwester, die ihr im Alter am nächsten stand und immer ihre stärkste Rivalin war, versuchte, sie wieder auf die rechte Bahn zu bringen. Martha war schon immer diejenige gewesen, die sie als erste auf ihre Pflichtversäumnisse hinwies.

Eines Abends redete Martha mehr als zwei Stunden auf Peg ein und ermahnte sie, ihr Leben wieder in die richtige Bahn zu lenken: »Ich bete zu Gott, daß du wieder zu der Schwester wirst, die ich kenne. Die Leute sagten mir immer, ich hätte eine großartige Schwester. Ich möchte, daß du wieder die alte Peg wirst, die alle lieben. Weißt du, daß du Mutter das Herz brichst. Du bist schuld, wenn sie einen Herzinfarkt bekommt. Als du ausgezogen bist, hat sie tagelang geweint. Wir waren immer eine engverbundene Familie, und nun machst du alles kaputt.«

Peg, die unter der Verantwortung, die man ihr auflädt, leidet, ist allmählich stark genug, um zu erkennen, daß sie sich aus den Fesseln der Familie befreien muß. Trotzdem hat sie ihre Zweifel: Ist sie möglicherweise dabei, sich zu einer gemeinen und egoistischen Person zu entwickeln? Könnte es sein, daß die Schwester vielleicht doch recht hat? Peg muß lernen, ihre »Güte und Hilfsbereitschaft« nicht nur in den Dienst der Familie zu stellen, sondern auch als ein Mittel einzusetzen, um ihre Ziele in einem eigenständigen Leben zu verfolgen. Sie muß die Vorhaltungen ihrer Schwester nicht akzeptieren, im Gegenteil, sie hat das Recht, darauf hinzuweisen, daß Mutter sich guter Gesundheit erfreut und Vater etwas mehr Selbständigkeit und ein aktiveres Leben guttun würde.

Wenn Ihre Familie Ihnen eine geeignete Rolle gegeben hat, die wirklich Ihren Fähigkeiten, Talenten und Eigenschaften entspricht, werden Sie gut damit zurechtkommen und sie zu Ihrem Vorteil nutzen. Diese Rolle wird Ihnen sogar helfen, Ihre eigene Identität zu entwickeln.

Welches ist Ihre Rolle?

Versuchen Sie nun, Ihre Familie einzuschätzen. Nach welchen Werten wurde gestrebt, und welchen Platz hatte jedes Mitglied in diesem Schema? Welches ist Ihre spezielle Familienfunktion, und welche Rollen sind typisch für Ihre Geschwister?

Die nachfolgend beschriebenen Rollen sollen als Anhaltspunkte dienen. Dabei dürfen Sie nicht vergessen, daß wir Beispiele ausgesucht haben, die eindeutig zuzuordnen sind – gängige Verhaltensmuster und extreme Haltungen – und die nicht genau auf Sie zutreffen müssen. Doch Sie werden sich und Ihre Geschwister irgendwo innerhalb dieser allgemeinen Klassifizierungen einstufen können. Vielleicht umfaßt Ihr Verhalten charakteristische Merkmale, die man in mehreren Rollen antrifft. Vielleicht werden ähnliche Rollen von mehr als einem Ihrer Geschwister gespielt. Doch höchstwahrscheinlich werden Sie eine ziemlich genaue Beschreibung Ihrer lebenslangen Stellung in der Familie finden. Welche Rolle Sie spielen, ist nicht so wichtig wie das, was Sie schließlich daraus gemacht haben. Jede Rolle kann Ihnen und jenen, die mit Ihnen zu tun haben, zu einem befriedigenden Leben verhelfen oder ihnen im Wege stehen.

Die Fürsorglichen

Fürsorgliche Menschen glauben, für alles und jeden verantwortlich zu sein. Sie sind die Geschwister, denen man seine Sorgen anvertraut und die für die anderen die Scherben aufsammeln. Ihre eigenen Bedürfnisse sind ihnen weniger wichtig als die der anderen. Im allgemeinen nehmen sie eine Führungsposition unter den Geschwistern ein und neigen dazu, nach festen moralischen Grundsätzen zu leben. Sie wollen unbedingt alles richtig machen, und am Ende sind sie es, die die meisten Familienentscheidungen treffen.

Weil Fürsorgliche das Gefühl haben, die anderen könnten sich nicht selbst um ihre Dinge kümmern oder das Richtige zur richtigen Zeit machen, sind sie bereit, es für sie zu tun, und sie entmutigen jeden, der versucht, selbst Verantwortung zu übernehmen. »Nein, nein, ich mache das schon«, hört man sie häufig sagen. Aber gleichzeitig sind sie auch schnell dabei, sich zu beklagen, alles selbst machen zu müssen.

Im allgemeinen sind die Fürsorglichen gute, großzügige,

hilfsbereite, verläßliche und verantwortungsbewußte Menschen, die immer zur Stelle sind, wenn jemand gebraucht wird. Es sind die Geschwister, die alles stehen- und liegenlassen, um Sie zu Ihrem Arzttermin zu fahren, und die sich um Sie kümmern und Ratschläge erteilen und die Sie besuchen – vielleicht mit einem Topf Hühnerbrühe –, wenn Sie krank sind. Sie sind auch sicherlich diejenigen, die sich um Mutter kümmern werden, wenn sie alt und gebrechlich wird. Für andere bereit zu sein, gibt Fürsorglichen das Gefühl, wichtig zu sein und ihr eigenes Leben im Griff zu haben, und es gibt ihnen gleichzeitig ein Identitätsbewußtsein sowie einen Lebenszweck.

Andererseits suchen Fürsorgliche ständig nach Anerkennung und neigen dazu, sich unzulänglich und schuldig zu fühlen. Ihrer Ansicht nach tun sie nie genug, um ihren Wert für die Familie zu beweisen. Das ist auch der Grund, warum sie sich immer noch mehr aufbürden. Sie werden gern zu Arbeitswütigen und Perfektionisten, denen es schwerfällt, eigene Fehler zu akzeptieren, und die glauben, für alles verantwortlich zu sein. Oft verbringen sie so viel Zeit damit, die Bedürfnisse anderer zu erfüllen, daß sie nicht dazu kommen, ihre eigenen Dinge zu erledigen. Natürlich fällt es ihnen schwer, selbst um Hilfe zu bitten oder Hilfe zu akzeptieren. Für sie ist das ein Eingeständnis persönlichen Versagens.

Menschen, die die Rolle der Fürsorglichen annehmen, haben oft viele Bewunderer, aber wenig enge Freunde, weil sie gewöhnlich rivalisieren und sowohl perfektionistisch als auch bestimmend sind. Sie heiraten gern schwache Persönlichkeiten, die Unterstützung und ständige Streicheleinheiten brauchen, die aber oft – obwohl sie sich andererseits darauf verlassen – irgendwann dieser übermächtigen Fürsorglichkeit überdrüssig sind.

Die große Herausforderung für die Fürsorglichen stellt das Teilen ihrer Macht dar sowie das Eingeständnis ihrer eigenen Verletzlichkeit. Als Eltern sind sie in großer Bedrängnis. Es fällt ihnen schwer, ihren Kindern eigene Entscheidungen zuzugestehen und sie nicht mit ihrer Besorgtheit zu erdrücken, die den Kindern das Gefühl gibt, undankbar zu sein, wenn sie nach Unabhängigkeit streben. Fürsorgliche, die ihre Aufgabe übertreiben, können tatsächlich leicht zu Märtyrern werden. Am äußersten Ende des Spektrums kann die Rolle der Fürsorglichen lästig, einschränkend und fordernd werden.

Die Manager

Anders als die Fürsorglichen, wollen Manager keine praktische Verantwortung für das Wohlergehen der anderen übernehmen. Sie sind die Bestimmer, die sagen, was zu tun ist und wer es zu tun hat. Manager würden ihre gebrechliche alte Mutter nicht zu sich nach Hause nehmen und sich tagein, tagaus um sie kümmern. Sie würden bestimmen, daß es für Mutter das Beste ist, »wenn sie zu dir zieht«. Andererseits wären sie natürlich gern bereit, die Verwaltung des Nachlasses zu übernehmen.

Manager – fast immer das älteste der Geschwister oder das älteste des angeseheneren Geschlechts in der Familie – zögern nicht, Verantwortung zu tragen. Wie König Salomon sind sie pragmatische Entscheidungsträger, die über strittige Themen sorgfältig beratschlagen und stolz auf ihre Fähigkeit sind, einen nüchternen, unparteiischen, vernünftigen Standpunkt einzunehmen. Von allen bewundert, führen sie die Familie und erwarten, daß man ihnen, ohne Fragen zu stellen, gehorcht. Sie überlegen sich alles genau und neigen nicht zu flüchtigen, impulsiven Schritten. Im allgemeinen sind sie sehr fair und pragmatisch.

Manager lenken nicht nur gern ihre Geschwister, sondern auch ihre Mitarbeiter, ihre Untergebenen, Ehepartner, Freunde, Verwandten und Bekannten, die vielleicht nicht fähig sind, selbst richtige Entscheidungen zu treffen.

Lawrence ist der Prototyp eines Managers. Als er hörte, daß ein älterer Nachbar Probleme mit der Sozialversicherung hat, nahm Lawrence dies in die Hand. Als der Besitzer seiner Autowerkstatt neue Partner aufnehmen wollte, arbeitete er die Verträge aus. Als der Mann seiner Schwester starb, verwaltete er ihre Finanzen und sagte ihr genau, wieviel sie zum Leben brauchen konnte und wie sie es auszugeben hatte. Er nimmt sich Zeit für diese Unterfangen und achtet darauf, daß alle Details geklärt sind. Er wird jedoch schnell ungeduldig, wenn seine Ratschläge nicht korrekt befolgt werden, und er läßt auch keine gegensätzliche Meinung gelten.

Anders als die Fürsorglichen, deren Zeit nicht als sehr wertvoll betrachtet wird und von denen man erwartet, daß sie die Bedürfnisse der anderen vor ihre eigenen stellen, sind Manager sehr beschäftigte Leute, die ihre Zeit für kostbar halten und deshalb für jedes Problem nur soviel Zeit opfern wie unbedingt nötig. Sie sind jedoch trotzdem gut über alles informiert, und die knappe Zeit, die sie den Familienangelegenheiten widmen, wird von den anderen fast immer sehr geschätzt.

Manager am äußeren Ende des Spektrums haben etwas gemeinsam: Sie sind unfähig, emotionale Nähe zu anderen zu entwickeln. Oft sehr bewundert, jedoch schwierig zu lieben, fühlen sie sich zwar gebraucht und wichtig, aber zu einer echten Intimität kommt es selten. Aus diesem Grund haben sie im Falle eines Mißerfolges niemanden, bei dem sie ohne Hemmungen um Beistand nachsuchen können. Und selbst wenn ihnen Hilfe angeboten wird, können sie diese nicht akzeptieren, weil sie sich keine Blöße geben wollen.

Alles unter Kontrolle zu haben, das ist es, was sie sich am meisten wünschen, gefolgt von dem Gefühl, wichtig und respektiert zu sein. Im Extremfall sind sie leicht reizbar, gekränkt und verärgert. Ihre Haltung strahlt Überlegenheit aus, was den anderen oft das Gefühl gibt, unzulängliche Kinder zu sein. Durch ihre offensichtliche Stärke und ihr sicheres Auftreten ziehen sie die Hilflosen und Schwachen an. Dies führt dazu, daß sie sich schnell überlastet und mißbraucht fühlen, und dann beklagen sie sich, daß sich niemand Sorgen ihretwegen macht.

In der Therapie gibt Scott zu, sich ausgenutzt zu fühlen. »Ich bin für alles und jeden verantwortlich. Niemand in der Familie tut auch nur das geringste, ohne mich zu konsultieren. Ich durfte niemals ein sorgenfreies und glückliches Kind sein. Von mir wird erwartet, daß ich vernünftig und aufmerksam bin, und ich darf auch keine Fehler machen. Meine kleine Schwester erzählt heute noch, daß meine Entscheidung, sie auf das College unserer Heimatstadt und nicht auf eine weiter entfernte Schule zu schicken, ihr Leben ruiniert hat. Nun geht es um die Pläne für den Ruhestand meiner Eltern und den Grunderwerb meines Bruders. Was ist, wenn ich eine falsche Entscheidung treffe? Man wird es mir ewig vorwerfen.«

Durch ihre bevormundende Art, mit der sie alles in die Hand nahmen, sind Manager oft sehr erfolgreich im Beruf, haben aber manchmal Schwierigkeiten im Umgang mit ihren Mitarbeitern. Die »Einmischung« der anderen in ihre sorgsam durchdachten Pläne ist für sie eine Quelle der Frustration. Deshalb eignen sie sich auch mehr zum Chef als zum Untergebenen.

Jays Eltern hatten in Oregon ein Haushaltwarengeschäft, in dem sich alle Familienaktivitäten abspielten. Die Kinder halfen nach der Schule, der Vater kümmerte sich um die Kunden, die Mutter bediente das Telefon und machte die Bestellungen, Jane war an der Kasse, Tante Evelyn besorgte die Buchhaltung, Ed, der Jüngste, hatte Putzdienst, während Jay, der älteste der drei Geschwister, am Ladentisch stand und alles überblickte. Mutter und Vater beobachteten mit Freude, wie Jay alles im Griff hatte.

Jay widmete sein ganzes Leben dem Geschäft, und als die Eltern nach Florida zogen, übernahm er es. Ed und Jane verließen ihn bald, um eine eigene Berufslaufbahn einzuschlagen. Jay heiratete eine fleißige Frau, die von klein auf an Kritik und harte Arbeit gewöhnt war. Es dauerte nicht lange, und die beiden ließen mit ihren Kindern das Muster seiner Jugend wieder auferstehen – das Leben der gesamten Familie drehte sich um den Laden.

Jay traf alle Entscheidungen. Er sagte, wer wohin ging, wer was anzog, wer was bekam und wann etwas stattfand. Er regelte jedoch nicht nur alles, was seine Familie betraf, sondern auch die Angelegenheiten seiner angeheirateten Familie. Er unterstützte seine Eltern in Florida, verwaltete den Besitz seiner verwitweten Tante, vermittelte seinem Bruder und seiner Schwester, als es nötig war, einen Job, und er nahm einen Partner ins Geschäft, der sich ihm unterordnete.

Jay hatte es geschafft. Er herrschte über alle, für die er sich verantwortlich fühlte. Doch dann wandte sich das Blatt. Seine Frau mußte wegen Gebärmutterhalskrebs viele Male ins

Krankenhaus, seine Kinder enttäuschten ihn, sein Partner ließ sich pensionieren, Ed und Jane zogen fort. Jay entschied sich, das Geschäft ohne seine Familie weiterzuführen und stellte Personal ein. Schließlich ließ er sich von seiner treuen, aber kränkelnden Ehefrau scheiden und heiratete eine jüngere Frau.

Doch seine neue Frau verließ ihn bald und nahm einen Teil seines Kapitals mit. Im Laden lief es nicht, weil seine Angestellten seine tyrannische Art nicht akzeptierten, seine Kinder sprachen nicht mehr mit ihm, er litt unter Herzbeschwerden, und seine Schulden wurden immer größer. Heute arbeitet er als Handelsvertreter und kann nicht verstehen, warum seine so erfolgreiche und vertraute Rolle als Manager schiefgehen konnte. Jay hat gerade eine Therapie begonnen, und ganz allmählich wird ihm klar, welche Rolle er bei seinem eigenen Unglück gespielt hat und daß er sein Verhalten ändern muß.

Die Familienhelden

Hier handelt es sich um das Wunderkind, den Star, die Primadonna. Oft ist es das älteste Kind, das von Anfang an die Erwartungen übertrifft, später meist erfolgreich ist und vom Rest der Familie bewundert wird. Selbst wenn dieses Wunderkind scheitert, neigt die Familie dazu, seinen Mißerfolg zu beschönigen und die Leistungen der anderen herunterzuspielen, um seinen Ruhm nicht zu schmälern.

Die von ihren Geschwistern verehrten, wenn auch nicht immer geliebten Familienhelden, sind dazu auserkoren, die Ambitionen und Wünsche der Eltern zu befriedigen. Ihre Rolle ist es, zu brillieren und die anderen mit Stolz zu erfüllen. Das ist der Grund, warum ihre Bedürfnisse in der Familie an erster Stelle stehen und ihnen besonders viel Aufmerksamkeit und eine spezielle Behandlung zuteil wird.

Seit er in die zweite Klasse gekommen war, machte sich Dan sein Frühstück selbst und ging allein zur Schule. Die Mutter fuhr seinen Bruder Bruce, Star des Schwimmteams und der Familie, jeden Morgen um fünf Uhr in das ungefähr eine halbe Fahrstunde entfernte Schwimmbad zum Training. Dort wartete sie auf ihn, um ihn dann um acht Uhr in der Schule abzuliefern. Wie die meisten Geschwister von Familienhelden nahm Dan den Sonderstatus von Bruce klaglos hin, denn natürlich erkannte er ganz klar, daß sein Bruder etwas Besonderes war. Trotzdem litt seine Selbstachtung darunter, nur an zweiter Stelle zu stehen.

Durch den Druck, der auf ihnen lastet, und die Bevorzugung, die sie erwarten, sind Familienhelden meist sehr ehrgeizig, wetteifernd, zielbewußt und stark. Sie lassen sich von den Problemen anderer selten ablenken und konzentrieren sich einzig und allein auf ihre Ziele.
Menschen, die die Rolle der Familienhelden spielen, neigen dazu, narzißtisch zu sein. Sie sehen sich durch die Augen der anderen und sonnen sich in ihrem eigenen Spiegelbild. Dies bedeutet, daß ihre Auffassung von sich selbst immer in Bewegung ist. Pauline drückte es so aus: »Wenn ich in der Schule nicht die beste Note bekam, war ich ein Nichts. Wenn ich sie bekam, war ich die Größte.«

Vivian liebt es, der Star zu sein, wo immer sie sich befindet. »Ich weiß, ich lebe für die Anerkennung und den Beifall. Das ist es, was mich antreibt. Wettbewerb liegt mir im Blut. Ich kann es nicht verstehen, wie sich jemand damit zufriedengeben kann, mittelmäßig zu sein. Ich tue alles, um mich selbst zu übertreffen. Für mich ist das das wahre Leben.« Es besteht kein Zweifel, daß Vivian als Eiskunstläuferin der Spitzenklasse ganz nach oben will. »Ich möchte die

Nummer eins werden. Warum sollte ich mich mit weniger zufriedengeben?«

Es ist nicht so, daß Primadonnen kein Gefühl für andere Menschen haben, sie denken nur nicht viel über sie nach, und das macht Helden oft zu einsamen Menschen. Ähnlich wie Managern, fällt es ihnen häufig schwer, anderen wirklich nahezukommen. Ihre Beziehungen sind oft oberflächlich, weil es ihnen vor allen Dingen wichtig ist, daß ihren Bedürfnissen entsprochen wird.

Bei Geschwistern sind Familienhelden meistens diejenigen, die bei Familienkrisen dreitausend Kilometer weit weg sind und es ihren Brüdern und Schwestern überlassen, damit fertig zu werden. Sie sind auch diejenigen, die, wenn es unbedingt nötig ist, für einen oder zwei Tage herfliegen. Alle anderen sind entzückt: Seht her, sie hat sich trotz ihres vollen Terminkalenders Zeit für die Familie genommen.

Bernice erinnert sich: »Ich wollte für Mutter dasein. Ich wollte bei ihr sein, als sie krank war, aber ich lernte für Prüfungen und konnte nicht weg. Außerdem wußte ich, daß sich meine Schwester um alles kümmern würde, und das hat sie auch getan. Kate ist eine wunderbare Schwester. Sie hat sich in den letzten Jahren um Mutter und Vater angenommen und ist sehr gut zu ihnen. Aber sie steht auch nicht unter dem gleichen Druck wie ich. Sie ist verheiratet, hat Kinder und lebt in der Nachbarschaft meiner Eltern, außerdem braucht sie ihren Lebensunterhalt nicht selbst zu verdienen. Alle wissen, daß ich sehr viel zu tun habe. Trotzdem komme ich nach Hause, sooft ich kann.«

Angetrieben durch ihren Ehrgeiz, wollen Helden etwas leisten, und oft haben sie dabei Erfolg. Andererseits sind sie verletzlich und unsicher und voller Angst zu versagen. Deshalb kommen sie nicht gut mit Rückschlägen zurecht und neigen zu Depressionen und Ängsten. Ihr Bedürfnis nach Erfolg läßt sie zu »Workaholics« werden, die manchmal unnötige Risiken eingehen.

Stars neigen dazu, sich Partner zu suchen, die ihnen ergeben sind. Diese sind auf sie und ihre Dienste angewiesen, setzen sie aber oft herab und versuchen, sie im Hintergrund zu halten. Hat dann das gefügige Wesen, das die Helden geheiratet haben, irgendwann genug von dieser Behandlung und verläßt sie, sind sie entsetzt. Helden, die zurückgewiesen werden, gehen im allgemeinen durch eine kurze, aber schmerzhafte Phase des Verlustes, bevor sie sofort einen Ersatz suchen und ihr gewohntes Leben fortsetzen.

Das unauffällige Geschwister
(oder das fünfte Rad am Wagen)

Unauffällige Geschwister sind Einzelgänger, still und in sich gekehrt, nicht erkennbar in der Menge, Menschen, die schon sehr früh gelernt haben, keine Unruhe zu stiften. Meist handelt es sich bei ihnen um mittlere Kinder oder um die letzten in einer großen Geschwisterschar, die sich praktisch selbst großgezogen haben. Sie können aber auch das Geschwister sein, das neben einem Star aufgewachsen ist. Sie haben das Gefühl, nicht beachtet zu werden und im Familienleben keine Stimme zu haben. Ihre Eltern, die ihren älteren oder jüngeren Geschwistern vielleicht mehr Aufmerksamkeit widmen, erwarten von ihnen, daß sie ruhig sind und kein Aufsehen erregen. Das gibt ihnen das Gefühl, unwichtig zu sein. Als Erwachsene versuchen sie gewöhnlich, ruhig und möglichst unbemerkt durchs Leben zu gehen.

»Ich hatte immer das Gefühl, unsichtbar zu sein«, erzählt Ginger. »Ich wurde nur beachtet, wenn ich wirklich ungezogen war, und dann waren alle erstaunt, weil das so gar nicht zu mir paßte. Meine zwei Schwestern schienen dieses Problem nicht zu kennen. Ich erinnere mich, daß ich einmal morgens, als ich mich für die Schule fertigmachte, absichtlich einen weißen und einen schwarzen Strumpf anzog, um zu sehen, was passierte. Zu Hause merkte niemand etwas, es fiel erst in der Schule auf. Bevor ich meinen Mann kennenlernte, hatte ich das Gefühl, nicht wirklich zu existieren, aber er hat mir endlich das Gefühl gegeben, für jemanden wichtig zu sein.«

Was immer unauffällige Kinder tun, es wird nur wenig beachtet. Man überträgt ihnen nicht viel Verantwortung, und auf ihnen lasten nur wenige Erwartungen. Wenn sie die Familie verlassen haben und weit weggezogen sind, denkt man nur noch selten an sie. Als ein Freund aus Kindertagen sich bei einem Mann nach seiner Familie erkundigte, antwortete dieser: »Oh, mein Bruder Bobby, er lebt in Wisconsin. Ich habe ihn seit zwanzig Jahren nicht mehr gesehen. Zu Weihnachten sende ich ihm immer eine Karte, aber zu seiner Hochzeit sind wir nicht hingefahren.«

Tiffany war der Star der Familie, ihre Schwester Diane das unauffällige Kind. Und wie die meisten, die sich mit dieser Rolle abgefunden haben, ist Diane tüchtig, kompetent und zurückhaltend. Diane berichtet: »Ich stand immer im Schatten von Tiffany. Natürlich war ich eifersüchtig auf sie, weil sie alle Aufmerksamkeit auf sich zog. Aber um ehrlich zu sein, ich mag es nicht, unter Druck zu stehen, ich fühlte mich im Rampenlicht nicht wohl. Mein Chef sagt, ich wäre seine beste Kraft, und er versteht nicht, warum ich nie um eine Gehaltserhöhung oder eine Beförderung bitte.« Später gibt sie zu: »Ich mag es, diejenige zu sein, von der die anderen nichts Großartiges erwarten. Vielleicht kommt es daher, daß ich daran gewöhnt bin und mich so wohler fühle.«

Menschen, denen die Rolle des unauffälligen Geschwisters zugeteilt wurde, sind im allgemeinen tüchtige Arbeitnehmer, die ihre Arbeit effizient und gut ausführen und langsam, aber sicher ihr Ziel erreichen.
Für diese Geschwister ist es nicht allzu schwierig, Partner zu finden, weil sie relativ anspruchslos sind. Ihr freundliches, bescheidenes und verträgliches Wesen macht sie zu guten Partnern von Stars, die nicht gerne das Rampenlicht mit anderen teilen.

Diane heiratete einen Mann, der ihrer Schwester Tiffany ähnlich ist. »In Gesellschaft habe ich mich immer unwohl gefühlt – ich wußte nie, was ich mit den Leuten reden sollte. Mike ist so charmant und lebhaft, daß sich alle zu ihm hingezogen fühlen. Um akzeptiert zu werden, brauche ich dann nicht viel mehr zu tun, als ihn reden zu lassen. Wenn wir zusammen irgendwo hingehen, bin ich nicht nervös; er erleichtert mir das Gesellschaftsleben.«

Die meisten unauffälligen Geschwister schließen leicht Freundschaften, die lange halten, weil sie nett und anspruchslos sind, selten kritisieren und nicht imponieren wollen. Doch in vielen Fällen gehen die anderen nicht genügend auf ihre Bedürfnisse ein, weshalb sie den Zufälligkeiten des Lebens ausgeliefert sind. Haben sie, wie Diana, Glück und ihre Eigenschaften werden entdeckt und geschätzt, geht es ihnen gut, wenn nicht, leben sie vielleicht unbemerkt und ungeschätzt. Schlimmer noch, durch ihre geringe Selbstachtung werden sie gern von den anderen ausgenutzt, mißbraucht oder verlassen.

Die Rebellen

Diese Familienmitglieder lieben es, ein heilloses Durcheinander in den Familien anzustellen, um dadurch die Aufmerksamkeit auf sich zu ziehen. Als Rebellen – wobei sie oft charmant, schillernd und faszinierend sein können – ist es ihre Rolle, von anderen Familienproblemen abzulenken. Rebellen schaffen sich ihre eigenen Regeln und versuchen ständig, bis an die Grenzen zu gehen. Sie bringen neues Gedankengut und neue Verhaltensformen in die Familie.

Jack ist fünfundzwanzig Jahre alt. Er gibt ohne weiteres zu, daß es seine Rolle in der Familie ist, sich nicht an die Regeln zu halten. Er ist der Zweitjüngste. Sein jüngerer Bruder war das verhätschelte Kind der Familie, sein älterer Bruder und der Älteste der Geschwister der Held, eine ältere Schwester hatte die Rolle der Fürsorglichen inne, und die nächstältere Schwester war die Managerin. Er kennt alle ihre Rollen ganz genau und meint: »Wenn ich noch einmal von vorne beginnen könnte, würde ich alles wieder genauso machen.«

Jack lehnte sich gegen seinen Vater auf, einen in der orthodoxen Gemeinde hochangesehenen Rabbi, der unbarmherzig über die Familie herrschte. Seine Mutter sagte ihm, daß er ihr Lieblingskind wäre. Wahrscheinlich deshalb, so vermutet er, weil er als einziger in der Familie den Mut hatte, dem Vater zu widersprechen. »Es nahm ihm immer den Wind aus den Segeln, wenn ich meuterte und er nicht gegen mich ankam. Am meisten geschockt hat es ihn, als ich nach der High-School auszog und Leibwächter eines Stars wurde. Ich liebte es, ihm wilde Geschichten über dessen Eskapaden zu erzählen, weil er immer so herrlich entsetzt war.«

Während seiner Zeit als Leibwächter war Jack sowohl alkohol- als auch drogenabhängig. Nach dem plötzlichen Tod der Mutter kam er wieder nach Hause und wurde Moslem, was einer totalen Abkehr von seiner orthodoxen jüdischen Erziehung gleichkam.

Er hat sein Bedürfnis zu rebellieren immer noch nicht in den Griff bekommen, obwohl er hart an sich arbeitet. Er neigt weiterhin zu extremen Handlungen, von denen die meisten sich gegen ihn selbst richten und ihren Ursprung in seiner Abneigung gegen den Vater haben. Heute arbeitet er auf dem Bau, während seine Brüder und Schwestern alle als Angestellte in Firmen arbeiten. Er verdient gut, ist aber ein zwanghafter Verschwender, der Schulden hat, die er nicht mehr überblicken kann. Außerdem versucht er, Menschen zu seiner Religion zu bekehren.

Es gibt jedoch auch Rebellen, die lediglich »kleine Teufel« sind. Sie mißachten die konventionellen Regeln und tun, was ihnen gefällt, wobei die anderen ihnen fasziniert zuschauen. Sie genießen die Aufmerksamkeit, die ihnen zuteil wird, tun alles, um andere zu unterhalten, und lieben es, Streiche zu spielen. Auch wenn ihr Verhalten manchmal wirklich schrecklich ist, amüsiert es die anderen gewöhnlich. Sie überraschen immer wieder mit Neuem, erregen großes Aufsehen, sind aber nur selten selbstzerstörerisch.

Als Jüngster von drei Geschwistern hatte Bill das Gefühl, sich nur Geltung verschaffen zu können, wenn er den Witzbold spielte, den gerissenen kleinen Kerl, der aus Spaß die

Spielzeuge seines Bruders kaputtmachte und seine Schwester aus der Fassung brachte.

»Ich pflegte meine Schwester zu quälen, indem ich sie provozierte, mich zu schlagen, um sie dann zu verpetzen. Ich erinnere mich noch, wie ich im Alter von fünf Jahren vor dem Haus stand. Ich hatte gerade die hohe Kunst des Spuckens entdeckt und zielte auf meine Schwester. Eine ihrer Freundinnen sagte: ›Wenn das mein Bruder wäre, würde ich ihm eine kleben.‹ Prompt langte mir meine Schwester eine, und ich fing an zu heulen, woraufhin sie es mit der Angst zu tun bekam und mich zu besänftigen suchte, indem sie mir versprach: ›Ich kaufe dir Bonbons, wenn du Mutter nichts sagst.‹ Ich nahm die Bonbons, aber kaum war ich im Haus, erzählte ich es Mutter. Ich fühlte mich schlecht, aber es war mir wichtiger, mir von ihr nichts gefallen zu lassen.«

Am äußeren Ende des Spektrums wird Rebellen die Rolle des Familienunruhestifters zugewiesen. Durch ihr negatives Verhalten wird ihnen übermäßig viel Aufmerksamkeit zuteil. Manchmal sind sie auch die Sündenböcke, denen man die Schuld für allen Kummer in der Familie zuschiebt. Die Eltern pflegen in einem solchen Fall zu sagen: »Wie gut ginge es uns, wenn dieses Kind nicht wäre!« und die Brüder und Schwestern zeigen mit dem Finger auf das Geschwister und sagen: »Sieh mal, was er/sie gemacht hat!« Klassische Sündenböcke können bei ihren Verfehlungen nicht mit Großzügigkeit rechnen. Alles, was sie tun, ist verwerflich. Die Belohnung, die sie aus ihrem Verhalten ziehen, ist ein Gefühl der Macht, denn sie sehen, welche Verwirrung sie auslösen und wieviel Aufmerksamkeit sie auf sich ziehen können; außerdem empfinden sie es als Vorteil, ohne den Druck hoher Erwartungen leben zu dürfen.

Obwohl ihre offensichtliche Sorglosigkeit nicht diesen Eindruck vermittelt, sind die am äußeren Rande des Spektrums angesiedelten Rebellen/Unruhestifter keine glücklichen Menschen. Sie spielen ihre Rolle zwar mit Bravour und benehmen sich so, als ob sie für die Gefühle der anderen nur Verachtung übrig hätten, doch in Wahrheit fühlen sie sich abgelehnt, völlig unzulänglich und verantwortlich für den Schmerz, den sie anderen zufügen.

Die Mehrzahl der Familienrebellen findet man jedoch irgendwo in der Mitte des Spektrums. Um Aufmerksamkeit auf sich zu ziehen, produzieren sie sich zu Hause, in der Schule und später im Beruf und in der Ehe. Sie hören nicht auf den Rat ihrer mehr zum Establishment gehörenden Geschwister und reagieren empfindlich auf diese »falsche Art« von Druck durch ihresgleichen. Oft vereinen sie den Rest der Familie in dem gemeinsamen Bedauern über ihre Eskapaden. Die Rebellen sind stolz darauf, zu ihren eigenen Bedingungen zu konkurrieren. Ihre Geschwister wiederum profitieren, indem sie im Vergleich mit ihnen gut abschneiden. Im geheimen beneiden sie die Rebellen jedoch um ihre Fähigkeit, »sich alles leisten zu können«. Rebellen aller Art werden nicht mit derselben Elle gemessen wie andere Menschen und können sich deshalb tatsächlich ein Verhalten erlauben, das man sonst nicht akzeptieren würde. Aus diesem Grund haben sie mehr Freiheiten, Dinge auszuprobieren, radikale Ideen zu verfolgen und neue Perspektiven aufzuzeigen.

Rebellen, besonders jene, die zur Rolle des Sündenbocks tendieren, haben Schwierigkeiten mit Beziehungen, weil sie äußerst empfindlich auf Zurückweisung reagieren und nach einem Mißerfolg sich nur langsam wieder stabilisieren. Weil sie annehmen, daß sie die Bösen in einer Beziehung sind, finden sie oft Partner, die ihnen helfen, dieser

Annahme gerecht zu werden; diese begünstigen ihr schlechtes Benehmen, um sie später deshalb zu tadeln. Die Rebellen wiederum weisen ihren Partnern die Rolle des Anklägers zu, und es macht ihnen Spaß, sie durch ihr schlechtes Verhalten zu provozieren. Partner von Rebellen sollten dem Bedürfnis nach Bestätigung und Liebe ihres Partners bestimmt, aber einfühlsam begegnen.

Die verhätschelten Kinder der Familie

Die verhätschelten Kinder, gewöhnlich die jüngsten oder einzigen Kinder in der Familie, sind die kuscheligen Teddybären, die Babys, die Maskottchen der Familie, die alle streicheln und beschützen wollen. Ihre Aufgabe ist es, mit ihrem Charme und Humor Spannungen aufzulösen. Sie tun viel, um im Mittelpunkt zu stehen, und neigen dazu, an ihrem eigenen Wert zu zweifeln, wenn nicht alle sie beachten und lieben. Weil sie so an Hilfe gewöhnt sind, geraten sie noch als Erwachsene in Aufregung, wenn man sie bittet, etwas ganz allein zu erledigen.
Sie können sehr fordernd sein. Andererseits sind sie dankbar für alles, was man für sie tut, und zeigen dies auch sehr offen. Man kann sogar sagen, daß Schmeicheleien ihnen Tür und Tor öffnen. Ihre Gesellschaft ist angenehm, weil sie ein warmherziges und gewinnendes Wesen haben und ihrer Umgebung das Gefühl geben, wichtig, nützlich, überlegen und großmütig zu sein. Fürsorgliche Geschwister, die glauben, nur zu existieren, wenn sie sich um jemanden kümmern können, finden in den verhätschelten Kindern, um die man sich sorgen und die man beschützen muß, quasi perfekte Partner.

Jesse ist heute fünfundvierzig Jahre alt. Erst vor drei Jahren gab er die Gewohnheit auf, vor jeder Situation, die ihm

Selbständigkeit abgefordert hätte, Kokain zu nehmen. Bis zu diesem Zeitpunkt hielten ihn Kokain, seine Eltern, seine fürsorgliche Frau und andere über Wasser. Seine Eltern waren bei seiner Geburt in der kleinen Stadt in Oklahoma schon älter. Sie waren so arm gewesen, daß sie ihren ersten Sohn, der dreizehn Jahre älter als Jesse ist, den Großeltern geben mußten. Jesse kam dann zu einem besseren Zeitpunkt auf die Welt. Sie konnten ihr Land an eine große Firma verpachten, und von da an ging es mit der Familie aufwärts. Jesses Mutter, die Gewissensbisse hatte, weil sie sich nicht um ihren ältesten Sohn kümmern konnte, umhätschelte und umsorgte ein Leben lang ihren Jüngsten.

Jesse erwartete überall, wo er hinkam, auf die gleiche Weise behandelt zu werden. Er nahm Arbeitsstellen an, die er wegen unentschuldigten Fehlens schnell wieder verlor. Seine Eltern kamen ihm immer zu Hilfe, sie schickten Geld und Tickets für den Heimflug. Das Verhaltensmuster wiederholte sich in seiner Ehe. Jesse heiratete eine Frau, ein Einzelkind, die seine Unzuverlässigkeit ebenfalls unterstützte und ihn sogar noch bemitleidete, weil er an seinem Arbeitsplatz so »mißbraucht« wurde.

Erst als es zu einschneidenden Veränderungen in seinem Umfeld kam, wurde Jesse klar, daß er sein Verhalten ändern mußte. Seine Eltern starben, seine Frau drohte ihm mit der Scheidung, und seine Gesundheit ließ zu wünschen übrig. Jesse blieb keine andere Wahl, als sich selbst um sich zu kümmern. In seiner Panik schloß er sich einer Therapiegruppe für Suchtabhängige an. Er scheint viel an sich gearbeitet zu haben, aber gleichzeitig hat er es auch geschafft, daß sich Mitglieder der Gruppe fürsorglich seiner annehmen. Wie wir alle kann Jesse nicht völlig aus seiner Haut heraus: Er wird immer in seine gewohnte Haltung der Hilflosigkeit verfallen und andere als seine Retter sehen.

Andere Menschen dazuzubringen, sich um ihn zu kümmern, ist die Rolle, die er am besten kennt. Doch seit er sich seines Verhaltens bewußt ist, arbeitet er daran, eine positivere Verhaltensform für seine Abhängigkeitsstruktur aufzubauen.

Menschen, die die Rolle des verhätschelten Kindes spielen, wollen gefallen. Sie sind höflich, aufmerksam und verständnisvoll. Sie bemühen sich, den anderen ein gutes Gefühl zu geben, indem sie sie um Rat, Hilfe oder Instruktionen bitten, aber sie bezahlen einen hohen Preis für ihre Abhängigkeit. Weil sie sich ständig gestreßt fühlen, sich der Ursache davon jedoch nicht bewußt sind, sind sie oft reizbar, nervös und hyperaktiv. Sie leiden häufig unter Minderwertigkeitskomplexen und fühlen sich Rivalen gegenüber unterlegen und unfähig. Gehätschelte Kinder nehmen es den anderen manchmal auch übel, daß man ihnen nicht zutraut, sich selbst um sich zu kümmern.

Das besondere Geschwister

Geschwister, die so stark körperlich oder geistig behindert sind, daß sie alle Aufmerksamkeit der Familie beanspruchen, können eine erhebliche Macht über ihre Brüder und Schwestern ausüben. Wenn sich alles um ihre Bedürfnisse dreht, können diese unglücklichen Kinder zu Tyrannen werden, eine Situation, die sie einschränkt und gleichzeitig ihren Brüdern und Schwestern das Gefühl gibt, vernachlässigt zu werden.

Richard war so ein Kind. Eine zerebrale Lähmung behinderte ihn schwer; er konnte nicht einmal seine Nahrung selbst zu sich nehmen, und die Laute, die er von sich gab, verstanden nur seine Mutter und die ältere Schwester.

Trotzdem dominierte er die Familie, und man konnte mit Fug und Recht behaupten, daß er das mächtigste Geschwister im Hause war. Seine Schwester und sein Bruder, beide hochintelligent, wurden nur gelobt, wenn sie sich um ihn kümmerten. Ihre guten Noten in der Schule wurden zwar erwartet, aber ansonsten ignoriert.

Obwohl Richard im Alter von neunundzwanzig Jahren starb, leiden seine Geschwister noch heute unter der Unfähigkeit, ohne Gewissensbisse Spaß zu haben. Wie konnten sie sich freuen, wenn Richard sein Leben in diesem nicht funktionierenden Körper verbringen mußte?

Besondere Geschwister bestimmen und verstärken die Rollen der anderen: Fürsorgliche erweitern ihre Fähigkeiten, indem sie sich um dieses Geschwister kümmern; die Familienclowns benutzen ihren Humor dazu, die Spannung im Hause zu mildern; Helden strengen sich an, um den Eltern einen Ausgleich für die Defizite des Geschwisters zu bieten.

Besondere Geschwister machen nie etwas falsch. Aufgrund ihrer Behinderung sind die Erwartungen der Familie an sie minimal, und ihre kleinsten Fortschritte werden als große Siege gefeiert. Selbst wenn sie manipulierend und wetteifernd sind – und viele besondere Geschwister sind durch die Macht, die ihnen ihre Krankheit verleiht, äußerst manipulierend –, werden sie toleriert und akzeptiert, weil die anderen das Gefühl haben, nicht gegen sie vorgehen zu dürfen. In diesem Fall ist die Geburtenreihenfolge ohne Belang wie auch die Geschwisterrivalität. Wenn Sie eine zurückgebliebene Schwester haben, spielt es keine Rolle, ob sie die älteste oder die jüngste ist, sie können nicht mit ihr konkurrieren, weil es nicht möglich ist, gegen sie zu gewinnen.

So wie es nicht erlaubt ist, ein schwerbehindertes Geschwister zu besiegen oder mit ihm zu konkurrieren, darf man ihm auch nichts übelnehmen. Schließlich gehört man selbst zu den vom Schicksal Bevorzugten. Wie kann man auf Johnny, der an den Rollstuhl gefesselt ist, böse sein, nur weil man ihn jeden Nachmittag spazierenfahren muß?

Als Carl, neun Jahre alt, sich bei seiner Mutter beklagte, weil sie ihm nicht erlaubte, seinen Freund bei ihm übernachten zu lassen, meinte seine Mutter vorwurfsvoll: »Wie kannst du nur so reden? Sarah muß ständig auf alles verzichten!« Sarah, acht Jahre älter als er, war mit einem schweren Herzfehler auf die Welt gekommen und konnte das Haus nicht verlassen. Carl durfte nicht nur keinen Spaß haben, es war ihm auch nicht erlaubt, sich zu beklagen.

Stan hatte mit ähnlichen Problemen zu kämpfen. Er stand immer im Schatten seines Bruders, der als Kleinkind schwere Verbrennungen erlitten hatte und sich jahrelang wiederherstellenden Operationen unterziehen mußte. Obwohl er ein außergewöhnlich begabter Junge war, wurde Stan wenig beachtet. Schlimmer noch – man erwartete von ihm Verständnis dafür, daß es für seine Mutter wichtigere Dinge gab. Heute noch hat Stan das Gefühl, unbedeutend zu sein. Er kommt sich seinem Bruder gegenüber unterlegen vor, der ein erfolgreicher Wirtschaftsprüfer, Ehemann und Familienvater geworden ist, während Stan immer noch nach seinem Platz im Leben sucht.

Sehr oft begreifen besondere Geschwister, in was für eine schwierige Position ihre Probleme die Familie bringen. Obgleich sie es bedauern mögen, neigen sie dazu, ihre Macht über die Geschwister zu ihrem eigenen Vorteil zu nutzen.

Dies ist unter Umständen der einzige Weg, um wenigstens zeitweise ein wenig Überlegenheit zu verspüren. Es fällt schwer, ein besonderes Geschwister wegen seiner Taktiken zu beschuldigen, weil man nicht leugnen kann, daß es den anderen gegenüber benachteiligt ist.

In unserem Wartezimmer hatte Betsy keine Schwierigkeiten, ihren Rollstuhl so um die Möbel herumzusteuern, daß sie im Kühlautomat ein Glas Wasser holen konnte. Doch als sie zu ihrem ersten Gespräch gerufen wurde, rammte sie in ihrer Aufregung den Empfangsschalter und die Türen, bis helfende Hände eingriffen. Ohne es zu diesem Zeitpunkt zu realisieren, hatte sie es auf das Mitleid der anderen abgesehen, weil sie gelernt hatte, daß Hilflosigkeit Vorteile bringen kann.

Betsy, inzwischen siebenundzwanzig Jahre alt, litt an einer fortschreitenden Krankheit des peripheren Nervensystems und unter schweren Depressionen. Als sie sich bei uns einer Therapie unterzog, erzählte sie von ihrem jüngsten Bruder Jay, der gerade ein Stipendium für eine weitentfernte Universität bekommen hatte. Ihre wahren Gefühle dem Bruder gegenüber wollte sie nicht offenlegen. Als sie sich im Laufe der Therapie wohler zu fühlen begann, stellte sich heraus, daß diese Gefühle sehr ambivalent waren.

»Er überlegt sich, ob er das Stipendium annehmen soll oder nicht, denn es würde bedeuten, daß er mich zurücklassen muß. Er ist ein toller Bruder. Er kümmert sich um mich und verbringt viel Zeit mit mir. Aber Jay ist gesund und ich nicht. Er kann ein gutes Leben führen und ich nicht. Ich hasse ihn, weil er alle Möglichkeiten hat. Und nun verläßt er mich vielleicht, und das halte ich nicht aus.«

Betsy rang um Fassung. Jay und die Eltern durch ihre Hilflosigkeit zu beherrschen war ihre Art, sich mächtig zu fühlen, obwohl sie es haßte, ihre Hilflosigkeit als Mittel zum
Zweck einzusetzen. Glücklicherweise sah sie schließlich
ein, daß sie ihr Leben selbst in die Hand nehmen und Jay
von seinen Fesseln befreien mußte. Sie lernte Computer zu
programmieren und lebt inzwischen, betreut von einer
Helferin, in ihrer eigenen Wohnung.

Eine Neuorientierung

Wenn Sie bedenken, daß Sie und jedes Ihrer Geschwister
die Dinge aus einer ganz persönlichen Perspektive sehen,
die nicht unbedingt die genaue Wirklichkeit widerspiegeln
muß, wird es Sie weniger überraschen, bei dem Versuch, Fa-
milienverhaltensweisen zu verändern, auf starken Widerstand zu stoßen. Ihre Geschwister blockieren weder aus
Boshaftigkeit, noch möchten sie Sie unglücklich machen.
Sie, wie die meisten Menschen, wollen nur, daß die Dinge
so bleiben, wie sie sind. Damit sind sie vertraut, und dabei
fühlen sie sich wohl – und Ihnen geht es ebenso.
Doch wenn die Rollen, die Sie sich in der Kindheit ange-
wöhnt und im Erwachsenenalter beibehalten haben, zu einer Last werden und sich auf Sie negativ auswirken, ist es an
der Zeit, Veränderungen vorzunehmen, und zwar unabhängig davon, ob Sie die Unterstützung der restlichen Familie haben oder nicht. Allein die Erkenntnis, daß Sie sich
nie weit von Ihrer traditionellen Rolle entfernen werden –
besonders in Momenten der Unsicherheit, ob zu Hause, im
Büro oder bei einem Rendezvous –, kann den Beginn einer
Veränderung markieren. Sich einer Sache bewußt sein ist
der erste Schritt, die Dinge anders zu sehen. Sie können

nicht in die Haut eines anderen schlüpfen und sollten es auch nicht, aber sie können damit beginnen, sich selbst neu zu definieren und allmählich Ihre Rolle auf eine für Sie positive Ebene zu bringen.

Doch zuerst müssen Sie erkennen, daß Sie aufgrund Ihrer Zuordnungen und Ihrer vertrauten Rolle eine ganz persönliche Art entwickelt haben, wahrgenommene Bedrohungen Ihrer territorialen Rechte und Ihrer Selbstachtung zu bekämpfen. Diese Techniken des Selbstschutzes, die ursprünglich dazu dienten, die Attacken Ihrer Geschwister auf Ihr wenig selbstsicheres Ich abzuwehren, sind die Waffen, die Sie als erstes zücken, wenn Sie darum ringen, die Kontrolle zu behalten.

7 Psychologische Kriegsführung – Die Taktiken der Geschwister

Trotz seiner inzwischen zweiundfünfzig Jahre kann Joe immer noch nicht mit seiner Schwester am Telefon sprechen, ohne in Aufruhr zu geraten. »Nach spätestens zwei Minuten habe ich das Gefühl, mich mit ihr anlegen zu müssen. Auf die eine oder andere Art läßt sie durchblicken, daß ich nicht genug für Mutter tue. Ich besuche sie nie, telefoniere nie, bin nie bereit, etwas für sie zu erledigen. Meine Schwester hat das Gefühl, alles selbst machen zu müssen. Das ist einfach lächerlich! Ich mache für meine Mutter, was ich kann, ich liebe sie. Ich sende ihr jeden Monat Geld, ich rufe mindestens einmal in der Woche an, und ich besuche sie, wann immer es mir möglich ist. Ich bin ein sehr beschäftigter Mann, habe eine Familie, ein Unternehmen und wohne zweihundert Meilen weit weg. Meine Schwester hat auch eine Familie und ist auch berufstätig, aber sie wohnt in der Nähe. Außerdem liebt sie es, sich um andere zu kümmern. Das war schon immer so und wird auch immer so sein. Warum kann sie mich nicht in Ruhe lassen?«

Seine ältere Schwester, die die Rolle der Fürsorglichen innehat, will Joe wieder einmal Schuldgefühle einreden. Sie weiß, daß ihn das wütend macht. Und er wiederum weiß, daß sie sich ärgert, wenn er das, was sie für wichtig hält, einfach beiseite wischt. »Wenn ich sage: ›Schwester, jetzt reicht's, ich will nichts mehr darüber hören‹, wird sie wütend. Obwohl ich weiß, daß Marian im Notfall immer für mich dasein wird, verkehre ich nur mit ihr, wenn es unbedingt nötig ist. Ich überlasse es meiner Frau, den familiären Pflichten nachzukommen.«

Joe führt seit seiner Kindheit einen psychologischen Krieg mit seiner Schwester. Die ältere Marian hat immer die Verantwortung getragen. Sie kümmerte sich um Joe, verlangte aber von ihm, daß er sich an ihre Regeln hielt. Ihre Taktik – obgleich sie ihn immer geliebt hat und sich wahrscheinlich ihres Verhaltens gar nicht bewußt ist – zielte darauf ab, ihm Schuldgefühle zu vermitteln, wenn er sich nicht entsprechend benahm. Sie macht dies auch heute noch, wenn sie ihm das Gefühl gibt, nicht genug für die Mutter zu tun.

Seine Waffe gegen ihre Attacken ist Verweigerung. Wenn sie damit beginnt, ihm Schuldgefühle zu vermitteln, bricht er das Gespräch ab. Er weigert sich, mit ihr über dieses Thema – oder überhaupt ein Thema – zu diskutieren. Joe spielte die Rolle des Familienstars und hat, wenn auch nicht bewußt, immer geglaubt, daß seine Aufmerksamkeit, seine Worte, seine Geschenke von der Familie als ein Segen des Himmels betrachtet werden. Deshalb hält er mit diesen Gaben zurück, wenn Marian ihn zu erziehen versucht, und sie leidet dann unter dem Entzug seines Wohlwollens. In der Folge sieht sie sich noch mehr genötigt, ihn zu kontrollieren und an seine Pflichten zu erinnern – woraufhin er sich noch mehr zurückzieht.

Eine Taktik, die nicht zu dem gewünschten Ergebnis führt, sollte man ändern. Doch Marian tut es nicht – weil sie es nicht kann. Sie ist so daran gewöhnt, auf diese Weise mit ihrem jüngeren Bruder umzugehen, daß sich ihre »automatische Steuerungsanlage« einschaltet, sobald sie nur seine Stimme hört. Im Unterbewußtsein fürchtet sie ständig, von ihm verlassen zu werden. Sie versucht ihn zurückzuhalten, indem sie auf die Methode zurückgreift, die sie so gut beherrscht. Wenn sie fortfährt, ihm Schuldgefühle einzujagen, dann, so weiß sie aus der Vergangenheit, wird er am Ende dem Druck nicht mehr widerstehen können.

Marians Taktik gibt ihr ein Gefühl der Überlegenheit. Indem sie von Joe verlangt, sich »korrekt« zu verhalten, was zum Beispiel beinhaltet, die Mutter an ihrem Geburtstag zu besuchen, spielt sie weiterhin ihre traditionelle Rolle, die Rolle der guten Schwester, der guten Tochter, der Fürsorglichen, des Familienmitglieds, das der Mutter die Wünsche von den Augen abliest und darauf achtet, daß auch der Bruder das Seinige tut.

Und wie verhält es sich mit Joe? Wenn seine Schwester ihn beschuldigt, nicht ihren Erwartungen zu entsprechen, hat er zuerst das Gefühl, ein schlechter Sohn und eine unzulängliche Person zu sein, doch dann bekommt er die Situation in den Griff, indem er wegläuft und sich weigert, zuzuhören, und sie dazu bringt, ihm hinterherzulaufen. Und er weiß, daß sie ihm hinterherlaufen wird, was ihn freut, denn im Grunde seines Herzens möchte er ein unverzichtbares, wichtiges Mitglied der Familie sein. Und so drehen sich die beiden im Kreis. Joe: »Wir mögen uns und sind beides anständige Menschen. Das schlimme ist, daß wir – egal, was wir tun – früher oder später Streit bekommen und immer mit einem unguten Gefühl auseinandergehen. Anscheinend können wir aus diesem Teufelskreis nicht ausbrechen.«

Sich selbst schützen lernen

Für das Seelenheil ist es wichtig – zumindest bis zu einem bestimmten Grad und in gewisser Hinsicht –, ein gutes Gefühl von sich selbst zu haben, sich bei irgend etwas hervorzutun, eine Person zu sein, die wertvoll ist und Beachtung verdient. Wie alle Menschen müssen Sie spüren, daß Sie eine gewisse Macht auf Ihr Umfeld ausüben. Mit anderen Worten: Sie wollen in Ihren Beziehungen zu anderen nicht der Unterlegene sein, Sie wollen sich nicht unzulänglich, unerwünscht, wertlos, nicht akzeptiert oder minderwertig fühlen.

Deshalb entwickeln Sie von Geburt an einen eigenen Schutzmechanismus – Ihre Methode, die Mächte um Sie herum zu kontrollieren und sich den anderen ebenbürtig, wenn nicht gar überlegen zu fühlen. Zuerst instinktiv, später durch unbewußte Interaktion mit Ihren Eltern, Geschwistern und Personen, die in Ihrem Leben eine Rolle spielen, verfeinern, verändern und üben sie diese Methode, bis Sie schließlich eine Form gefunden haben, sich Ihrer Umwelt zu präsentieren, die identifizierbar, einmalig und erstaunlich kalkulierbar ist. Ihr Schutzmechanismus verfügt über eine Barriere, die Ihnen als Schutzschild gegen jene dient, die mehr über Sie wissen wollen, als Sie preiszugeben bereit sind, sowie über Sonden und Projektile, die Sie einsetzen, um unbekanntes Territorium zu erforschen und um wahrgenommene Bedrohungen, die sich gegen ihre Selbstachtung richten, abzuwenden.

Diese Taktiken dienen Ihrem Bedürfnis nach Sicherheit und Akzeptanz, sie helfen Ihnen, Ihr Image aufrechtzuerhalten und Ihre Stellung zu schützen. Außerdem geben sie Ihnen ein Gefühl der Überlegenheit und der Kontrolle über Ihr Leben und schützen Sie gegen Erwartungen, denen Sie sich nicht gewachsen fühlen. Ihr Einsatz bedeutet jedoch leider auch oft, daß Sie andere schlecht aussehen lassen, um selbst gut dazustehen.

Auf der Hut sein

Wir alle sind Meister der psychologischen Kriegsführung, und entwickelt haben wir unsere Methoden im Kontakt mit unseren Geschwistern. Wir haben sie bis zur Perfektion verbessert und sind jederzeit in der Lage, sie einzusetzen. Letzten Endes sind sie so sehr zu einem Teil unserer selbst geworden, daß wir uns ihrer meist sogar unwissentlich bedienen.

Das heißt nun aber nicht, daß wir uns ständig im Krieg befinden. Wir können mit unseren Geschwistern oder anderen Menschen viel Spaß haben, uns gut verstehen und sicher fühlen. Erst wenn unsere Stellung bedroht wird, wenn wir das Gefühl haben, ungerecht behandelt zu werden, wenn die Gefahr besteht, der Unterlegene zu sein, wenn wir uns unzulänglich und minderwertig fühlen, beginnen wir mit unseren Manövern und fahren unsere Geschütze auf.

Ein direkter Hinweis auf die Rivalität zwischen zwei Menschen ist die Kampfbereitschaft. Fühlt man sich verwundbar, überrumpelt oder beunruhigt, dann geht man in Kampfstellung. Bewußt oder unbewußt hat man das Gefühl, sich gegen einen Angriff oder eine Offenlegung seiner Unzulänglichkeiten oder Unsicherheiten zur Wehr setzen zu müssen. Was man damit aber eigentlich verteidigen will, sind die im verborgenen liegenden Zweifel an sich selbst.

Bei den Mechanismen, die wir erfinden, um uns selbst zu schützen, handelt es sich um etwas vollkommen Normales, Nützliches und in den meisten Fällen auch Hilfreiches. Es sind Fähigkeiten, die es uns ermöglichen, das Leben zu meistern. Niemand könnte ohne sie zurechtkommen, denn wir alle haben unsere wunden Punkte, die wir nicht offenlegen oder ausbeuten lassen wollen, und wir alle wünschen, unser Leben im Griff zu haben.

Die Taktiken, die Sie gewohnheitsmäßig anwenden, wenn Sie in Abwehrstellung gehen, bilden ein Verhaltensmuster, das Ihren persönlichen Stempel trägt. Sie bedienen sich ein Leben lang derselben Taktiken, möglicherweise mit einigen schöpferischen Varianten, abhängig von den Umständen.

So könnte es zum Beispiel sein, daß Sie das Gefühl haben, ein Schwindler oder eine Schwindlerin zu sein, eine Person, die ihren gegenwärtigen Status einem Zufall verdankt. Sie sind nicht Vizepräsident/in geworden aufgrund Ihrer Intelligenz oder Begabung, sondern aufgrund Ihrer Hartnäckigkeit und/oder glücklicher Umstände. Sie fürchten nun insgeheim, daß dies entdeckt werden könnte. Weil andere nicht herausfinden sollen, daß Sie nicht so fähig sind und keine Anerkennung für Ihre Errungenschaften verdienen, schützen Sie sich vor Angriffen auf Ihre Person, indem Sie bei den ersten Anzeichen von Zweifel an Ihrer Intelligenz oder Begabung Ihre Abwehrwaffen einsetzen.

Geschwister locken Sie in die Falle

Ihre Geschwister können Sie im allgemeinen am schnellsten dazu bringen, Ihre Taktiken einzusetzen. Denn wer kennt Ihre gut gehüteten Geheimnisse besser als sie? Und in der Tat sind sie Experten im Berühren Ihrer wunden Punkte. Vielleicht rufen sie nicht zurück, obwohl Sie darum gebeten haben. Vielleicht sagen sie in kritischem Ton: »Komm, reg dich nicht künstlich auf«, wenn Sie als »die Emotionale« in der Familie gelten. Vielleicht beginnt Ihr Bruder mitten in Ihrem Bericht über die gräßliche Fahrt zum Flughafen über etwas anderes zu reden, und Sie haben mal wieder das Gefühl, von ihm nicht ernstgenommen zu werden, so wie damals, als Sie Kinder waren.

Manchmal ist es nur ein Blick oder ein Augenrollen oder ein herablassendes Schulterklopfen, wenn Sie etwas sagen, das Ihnen wichtig erscheint. Manchmal ist es das Angebot von Hilfe, die Sie nicht wollen oder brauchen, für die Sie sich aber dankbar zeigen müssen. Oft ist es ein Schweigen, das Ihnen das Gefühl gibt, ignoriert oder herabgesetzt zu werden. Auch durch ein zweifelhaftes Kompliment oder einen emotionalen Ausbruch können Sie sich in die Enge getrieben fühlen.

Ein wunder Punkt von Arthur ist seine Angst vor gesellschaftlicher Unsicherheit und Ablehnung. Er hatte immer das Gefühl, langsamer und weniger fähig zu sein als seine vier bzw. fünf Jahre älteren Brüder, Larry und Saul, die beide äußerst intelligent, wortgewandt und selbstbewußt waren. Als Kind lief Arthur den beiden nach und war bereit, alles zu tun, um sich die Gunst und Gesellschaft seiner Brüder zu erhalten. Heute, im Alter von siebenunddreißig Jahren, hat er immer noch das Gefühl, daß die Beziehungen zu seinen Mitmenschen von den Diensten, die er ständig anbietet, abhängig sind.

Als begeisterter Segler hat er sich kürzlich entschlossen, einem Segelclub beizutreten. Als er aufgenommen wurde, rief er freudestrahlend seinen Bruder Larry an, um ihm die Neuigkeit mitzuteilen. »Aber«, regte sich Larry auf, »warum bist du in diesen Club eingetreten? Die nehmen doch jeden. Du mußt dem Island-Boat-Club beitreten, das ist der einzige, der zählt. Ach, da fällt mir gerade ein, ich kenne dort den Präsidenten. Ich rufe ihn an und empfehle dich.«

In eine paar Sätzen hat es Larry mal wieder geschafft, Arthur zu demoralisieren. Arthurs Eintritt in den Club wurde in einen dummen Fehler umgewandelt, und Larry hat seine Überlegenheit dadurch bewiesen, daß er einen wichtigeren Club und wichtigere Leute kennt. Er hat, wie es seine Art ist, seinen jüngeren Bruder zum unmündigen Kind gemacht, um Arthur in einer unterlegenen Position zu halten und sich selbst gleichzeitig größer erscheinen zu lassen. Warum? Vielleicht fühlte er sich bedroht durch das ungewöhnlich selbständige Handeln seines Bruders und dessen Eindringen in den von ihm beanspruchten Bereich.

Arthur hat früh im Leben erkannt, daß seine Möglichkeiten dadurch, daß er in eine bestimmte Ecke gestellt wurde, begrenzt waren. Seine zwei älteren, mächtigeren Brüder verwiesen ihn, zusammen mit dem Hund, in die Rolle des »Familienkuscheltiers«, das ihre Hilfe zum Überleben braucht. Deshalb tolerierte er die Erniedrigungen und Herabsetzungen und versuchte, dankbar für ihre »Hilfe« zu sein. Wie Sie sehen werden, ist Arthurs eigener Schutzmechanismus die »Taktik des lieben Kindes«.

Nehmen Sie es nicht persönlich

Da unsere Manöver einem doppelten Zweck dienen, sollte man sie nicht im Sinne von gut oder böse sehen, sondern eher, wie sie uns nützen. Zum einen besteht der Zweck darin, unser empfindliches Selbstgefühl zu schützen, zum anderen, Kontrolle über Außenstehende auszuüben und ihre Macht über uns zu begrenzen. Dies wird erreicht, indem wir uns größer oder sie kleiner machen, auch wenn dies nur in unseren Gedanken geschieht.

Weil Familienbeziehungen immer einer Dynamik unterliegen, endet der Krieg zwischen Geschwistern nie in einem absoluten Sieg oder einer totalen Niederlage. Ein Sieg ist normalerweise nur von kurzer Dauer und der daraus gezogene Gewinn vergänglich. Niemand wird seine Verteidigungswaffen und seine das eigene Ich stärkenden Tricks je ablegen. Wir können uns zwar neue aneignen oder lernen, die alten seltener und weniger verletzend einzusetzen, aber wir brauchen sie, um mit den Problemen des Lebens fertig zu werden. Sie sind ein fester Teil unserer Persönlichkeit.

Folglich sind wir alle erstaunlich kalkulierbar, und dies ist wiederum ein Grund, warum Geschwister sich im Umgang miteinander wohl, wenn auch nicht immer glücklich, fühlen. Obwohl wir uns dessen oft nicht bewußt sind, kennen wir unseren eigenen Stil und den unserer Geschwister, und wir wissen genau, was wir zu erwarten haben und wie weit wir gehen dürfen.

Joes Schwester Marian, zum Beispiel, die wir am Anfang dieses Kapitels kennengelernt haben, wird sich überall ihrer »Beschuldigungs-Techniken« bedienen. Wenn sie das Gefühl hat, abgelehnt, ungerecht behandelt und nicht geschätzt zu werden, wenn sie überlastet oder unsicher ist, wird sie versuchen, den anderen das Gefühl zu geben, ihren Verpflichtungen nicht nachzukommen. Joe erwartet dieses Verhalten und wäre überrascht und verwirrt, wenn sie ihre Taktik ändern würde. Er seinerseits, hat sein »Sich-Abwenden« perfektioniert und wird immer dazu neigen, durch Verweigerung die Oberhand zu gewinnen. Marian erwartet dieses Verhalten. Selbst seine Angestellten haben sich an seinen steinernen Gesichtsausdruck gewöhnt, wenn sie ihre Grenzen überschreiten, und seine Frau ärgert sich zwar, ist aber nicht überrascht, wenn er sich beleidigt zurückzieht.

Und was ist Ihr Stil?

Nachfolgend beschreiben wir einige der bekanntesten Schutzmechanismen. Sie werden sicherlich diejenigen erkennen, die Sie und Ihre Geschwister einsetzen – vertraute Verhaltensmuster, die vorhersehbare Reaktionen hervorrufen. Obwohl Sie sich ab und zu vielleicht mehrerer Techniken bedienen, gibt es sicherlich eine, mit der Sie sich vorzugsweise verteidigen.

Da diese Techniken immer durch Gefühle der Verwundbarkeit ausgelöst werden, zielen sie direkt auf Ihre Hauptproblempunkte, wo Sie sich am leichtesten bedroht fühlen, da diese sehr wichtig für Ihr Selbstbild sind und oft Minderwertigkeitsgefühle verbergen. Doch manchmal, statt so zu funktionieren, wie Sie es sich wünschen, erzeugen diese Techniken negative Reaktionen, was ein großes Hindernis auf dem Weg zu Ihren Zielen darstellt.

Wenn Sie Ihre üblichen Taktiken erkannt haben (falls Sie Schwierigkeiten haben, fragen Sie Ihren Bruder oder Ihre Schwester!), liegt es an Ihnen, festzustellen, ob diese in Ihren Beziehungen zu anderen Menschen hinderlich oder förderlich sind und ob Sie daran gerne etwas ändern möchten. Sie werden sicherlich auch das typische Verteidigungsverhalten Ihrer Geschwister entdecken und die Art, wie diese es Ihnen gegenüber einsetzen. Wenn Sie sich mit den Problemen befassen, die Sie im Umgang mit Ihren Geschwistern haben, und bei dieser Gelegenheit diese und sich selbst besser kennenlernen, werden Sie vielleicht erfreut feststellen, daß Sie, was Ihre Geschwister anbetrifft, nicht mehr so verletzlich sind und mehr Flexibilität zeigen können. Aus diesem Grund sind Sie auch nicht mehr so sehr auf diese immer gleichen alten Taktiken angewiesen.

Die Strategie der Beschuldigung

Wird diese Strategie bei Ihnen angewandt, läßt ihre Wirkung nicht auf sich warten, denn Sie, wie alle anderen auch, möchten sich selbst als guten Menschen sehen und mißbilligen es, wenn jemand Sie glauben machen will, es nicht zu sein. Wenn Ihr Bruder oder Ihre Schwester diese Technik benützen, sagt er oder sie, daß das, was Sie tun, nicht ausreichend ist. Wenn *Sie* diese Technik benützen, machen Sie Ihre Geschwister schlechter, als diese wunderbare, hart arbeitende, aufopfernde Person ist – nämlich Sie selbst.

Marian hat es in dieser Technik zur Meisterschaft gebracht, und es trifft ihren Bruder Joe jedesmal, wenn sie davon Gebrauch macht. Die Sorge um die Mutter ist für Marian bedrückend, andererseits ist sie jedoch unfähig, aus ihrer Rolle der Fürsorglichen herauszuschlüpfen. Sie verteidigt diese Rolle, indem sie auf Joes Defiziten herumreitet, wenn dieser versucht, hilfreich zu sein. Gleichzeitig fühlt sie sich ihm überlegen, weil nur sie weiß, was die Mutter wirklich braucht. Obwohl sie unter der Last der Sorge leidet, fühlt sie sich tüchtiger und kompetenter als ihr Bruder, der großartige Held. Sie zwingt ihn, seine Aufgaben zu erfüllen, und ordnet ihn sich dadurch unter.

Wenn er sich ihrer Kontrolle verweigert und, anstatt zu reagieren, davonläuft, steht er schlecht da, weil es den Anschein hat, daß er seine Mutter im Stich läßt. All dies wird erreicht durch den klugen Einsatz von Schuldzuweisung.

Der Trick mit der Verweigerung

Eine der wirksamsten Waffen gegen eine Person, die unsere Position bedroht, ist, sich ihr zu verweigern oder sie zu ignorieren. Man tut dann so, als ob man sie nicht hört oder als ob sie nicht wichtig genug ist, um ihr unsere Aufmerksamkeit zu schenken.

Manchmal bedienen sich mittlere und jüngste Geschwister dieser Technik, weil sie es nicht wagen, sich offen zu wehren; häufiger wird sie jedoch von ältesten Geschwistern angewandt, deren Groll über die Entthronung durch ein jüngeres Geschwister ins spätere Leben mitgenommen wird. Sie kann sich in dem typischen Kindheitsszenario zeigen, bei dem das jüngere Geschwister mit den älteren mitläuft, von diesen jedoch ignoriert oder gar davongejagt wird und am Spiel nicht teilnehmen darf. Die Botschaft der älteren Geschwister lautet: »Du gehörst hier nicht her. Hau endlich ab!«

Sich entziehen oder verweigern basiert gewöhnlich auf der Hackordnung, bei der dominierende Geschwister diese Technik gegen das schwächere einsetzen, das mehr auf die Zuneigung der Familie angewiesen ist. Aber sie ist auch wirkungsvoll, wenn sie von einem Geschwister angewandt wird, das die Einschüchterung durch einen mächtigeren Bruder oder eine mächtigere Schwester nicht zu nahe an sich herankommen lassen will. Dadurch wird die Einschüchterung und die Person, die sich ihrer bedient, abgewertet.

Die Botschaft lautet hier: »Tu, was du willst, spiel dich ruhig auf. Mich läßt das völlig kalt.«

Joe läßt seine Schwester Marian die tägliche Arbeit für die Mutter erledigen, was ihm die Freiheit gibt, sein Leben als Star fortzuführen. Wenn sie seine Rolle bedroht, indem sie auf seine Unzulänglichkeiten hinweist, wehrt er sie ab, indem er sich ihr entzieht, ihre Wichtigkeit herunterspielt und standhaft auf seinem Sockel verharrt. Dies gibt ihm das Gefühl, der Überlegene zu sein und sie zu beherrschen.

Sich entziehen oder verweigern kann auch dazu eingesetzt

werden, Sie aus einem Territorium, auf das Sie Anspruch erheben, herauszuhalten oder Sie dazu zu bringen, sich so zu verhalten, wie Sie »sollten«. Es kann auf subtile Weise erfolgen, wie zum Beispiel den Geburtstag vergessen oder es einfach nicht schaffen, zu Ihrer Geburtstagsparty zu kommen. Vielleicht zeigt es sich auch darin, daß man Sie nie anruft, so daß Sie zum Telefon greifen müssen, um den Kontakt nicht zu verlieren. Oder vielleicht bekommen Sie auf die Ankündigung Ihres Besuches zur Antwort: »Es tut mir wirklich leid, aber ich habe keine Zeit. Ich habe so viele wichtige Verabredungen.«

Die beiden sehr viel älteren Schwestern von Gwen spielten die Rolle der Ersatzmutter und vergötterten ihre kleine Schwester. Doch als sie im Alter von neunzehn Jahren ohne ihre Zustimmung heiratete, taten sie so, als ob sie jegliches Interesse an ihr verloren hätten. Sie war zu selbständig geworden, und sie hatte das gesellschaftliche Ansehen der Familie durch die Heirat mit einem unpassenden Mann in Gefahr gebracht. Verletzt und verärgert distanzierten sie sich jahrelang, sprachen kaum mit ihr und luden sie nur zu den wichtigsten Familienfesten ein. Wenn Gwen sie einlud, fanden sie immer irgendwelche Entschuldigungen, nicht zu kommen.

Gwen hatte einen zwölf Jahre älteren Mann geheiratet, der es aus eigener Kraft zu Wohlstand gebracht hatte. Die Schwestern mißbilligten seine Scheidung und seinen protzigen Lebensstil. Sie ließen durchblicken, daß ihnen sein Mangel an Kultur und Geschmack peinlich war. »Doch als ich mich von Roy scheiden ließ, scharten sie sich um mich und waren mir eine große Unterstützung«, erzählte Gwen. »Ich glaube, sie haben ihn von Anfang an richtig eingeschätzt, und es hat nicht lange gedauert, bis ich die Fehler, die sie an ihm entdeckten, ebenfalls sah und mich wunderte, warum ich so dumm gewesen bin.«

Durch Gwens Heirat haben die Schwestern die Kontrolle über sie verloren. Ihre hilflose kleine Schwester hatte einen neuen Beschützer gefunden, einen älteren, reichen Ehemann. Deshalb reagierten sie so, wie sie schon in früheren Jahren reagiert haben: Sie entzogen sich und haben am Ende gewonnen. Als Gwen sich von ihrem Ehemann trennte, kehrte sie in den Schoß der Familie zurück und schlüpfte wieder in die Rolle des verhätschelten Kindes, das Hilfe brauchte.

Das liebe Kind – eine Taktik

Das Kind in der Familie, das sich am wenigsten geliebt vorkommt, glaubt, besonders lieb sein zu müssen, um toleriert und nicht ausgegrenzt zu werden.

Obwohl Marvin der Jüngste in der Familie ist, bekleidet er die Rolle des Fürsorglichen sowie auch die des »lieben Kindes«. Er hat sich immer um seine Eltern und seine erst kürzlich verstorbene Großmutter gekümmert. Seine zwei Schwestern und sein Bruder sind längst aus dem Elternhaus ausgezogen; sie haben geheiratet und sich anderswo niedergelassen. Nur Marvin, mit inzwischen achtunddreißig Jahren, hat sein Leben sozusagen »auf Eis gelegt«. Er, ein gutaussehender, intelligenter und erfolgreich in einer großen Firma tätiger Mann, lebt bei den Eltern, wo er sich um alles kümmert, vom Rasenmähen und Einkaufen bis zu den Reparaturarbeiten.

Marvin fürchtet sich am meisten vor Ablehnung und Mißbilligung. Seiner überaus ängstlichen Natur zum Trotz, hat er sich nun aber doch endlich dazu durchgerungen, in eine eigene Wohnung zu ziehen. Er macht sich jedoch große Sorgen, daß sein Entschluß in der Familie mißbilligt wird. Schließlich sind sie es gewöhnt, daß er da ist und alles erledigt. Für ihn ist »nicht lieb sein« gleichbedeutend mit böse sein. Sein Bruder und seine Schwestern sehen dies – aber nur in seinem Fall – ebenso.

Als er zögernd erzählte, auf Wohnungssuche zu sein, gab es eine Reihe besorgter Telefonate zwischen seinen Geschwistern, und an einem Sonntag nachmittag kamen sie demonstrativ zu den Eltern auf Besuch.

Sein wichtigstes Geschwister, der ihm im Alter am nächsten stehende Bruder, meinte: »Klar, du solltest ausziehen, aber dies ist nicht der richtige Moment. Warte doch noch, bis es Vater wieder bessergeht und Mutter den Tod von Großmutter nicht mehr so schwernimmt.« Um Marvin noch mehr zu verwirren, bat seine Schwester eine gemeinsame Freundin, Marvin zu sagen, wie schlecht sein Vater aussieht. Nach diesem Besuch war sich Marvin noch unsicherer, ob er seinem Leben eine neue Richtung geben sollte.

»Lieb sein« hat noch eine andere Seite. Wird es von einem Geschwister als Taktik angewandt, bedeutet es damit den potentiellen Kritikern: »Sieh mal, wie lieb ich bin und wie böse du bist, weil du nur an dich denkst.« oder »Mach dir wegen mir keine Sorgen. Ich bleibe zu Hause und kümmere mich um Mutter und Vater. Geh du nur und amüsiere dich.« Dieses Verhalten gab Marvin das Gefühl, seinen Geschwistern überlegen zu sein. Er ließ sein wichtigstes Geschwister – den Bruder – spüren, daß er im Vergleich zu ihm berechnend und materialistisch ist. Er war der Heilige und sein Bruder der Sünder. Und nicht nur das, Marvin nahm die Bedürfnisse seiner Eltern als Vorwand, sich nicht dem Risiko eines selbständigen Lebens stellen zu müssen. Solange er dieses Spiel spielte, brauchte er die Verantwortung für sich selbst nicht zu übernehmen. Er lernte diese Technik schon sehr früh. Als Kind blieb er zu Hause bei Mutter, um ihr beim Backen zu helfen, statt mit den anderen Kindern in den Park zu gehen. Wenn seine Geschwister zum Spielen nach draußen gingen, ließ er sie spüren, daß er es besser fände, wenn sie Mutter helfen würden.

Arthur, der Mann, der in den falschen Segelclub eintrat, glaubte insgeheim ebenfalls, besser zu sein als seine beiden älteren Brüder, weil er immer für sie da war, wenn sie Hilfe brauchten. Er spielte die beiden Brüder gegeneinander aus, indem er, wenn ihn einer um Hilfe bat, sagte, daß er keine Zeit habe, weil er für den anderen etwas erledigen müßte. Das brachte den um Hilfe nachsuchenden Bruder aus der Fassung und in Konkurrenzkampf mit dem anderen. Je mehr die Brüder seine Dienste in Anspruch nahmen, um so überlegener fühlte er sich und um so weniger brauchte er an seine schlechte Ehe und seine eher glanzlose Karriere zu denken.

Das unmündige Kind – eine andere Taktik

Das Ziel dieser Taktik, die meist vom älteren zweier Geschwister angewandt wird, ist es, einen Bruder oder eine Schwester wie ein unmündiges Kind zu behandeln, nach dem Motto: »Komm, ich helf dir, du schaffst es doch nicht allein.«

Nehmen wir als Beispiel zwei Brüder, die gemeinsam ein Möbelgeschäft betreiben. Frank, der ältere, liebt es, jeden Tag Bemerkungen zu machen wie: »Ich kümmere mich um die Kunden. Ich weiß, wie man mit ihnen sprechen muß. Du konntest noch nie gut mit Menschen umgehen. Du bleibst am besten im Büro und erledigst den Schreibkram.«

Mit wenigen Worten hat er seinen Bruder klein und sich größer gemacht. Gleichzeitig spielt er die Rolle des Gutmütigen, der sich seines kleinen Bruders annimmt.

Den Rivalen zum unmündigen Kind abstempeln, das ist eine wirkungsvolle Technik, die dem anderen das Gefühl gibt, dumm und unfähig zu sein. Gegen dieses hinterhältige Manöver kann man sich nur wehren, indem man darauf besteht, sich um sich selbst kümmern zu können. Wird man immer wieder damit konfrontiert, besteht jedoch die Gefahr, daß man mit der Zeit glaubt, nicht auf eigenen Füßen stehen zu können.

Larry, der die Freude seines Bruders Arthur über seine Aufnahme in den Segelclub zunichte machte, hat sich dieser Technik bedient, um Arthur das Gefühl zu geben, er könne sein Leben nicht ohne seine Hilfe organisieren. Arthur hat Angst, Larry zu verärgern, deshalb toleriert er es, von ihm gedemütigt zu werden, und spielt weiterhin den Dankbaren.

Das Mea-culpa-Manöver

Das ist eine von mehreren ähnlichen Taktiken, deren Ziel es ist, die Situation zu kontrollieren, indem ein Geschwister das andere dazu bringt, es zu bedauern. Diese Strategie verläuft folgendermaßen: »Du hast recht, ich hätte das nicht tun sollen. Was ist nur los mit mir. Ich bin so dumm. Wie konnte ich nur so etwas Blödes machen.«

Kommt Ihnen dies bekannt vor? Es ist das übliche Manöver einer Person, die glaubt, mit praktisch allem durchzukommen, solange sie zugibt, untauglich zu sein. Gewöhnlich reagiert man auf diese Art der Verteidigung mit Nachsicht, gemischt mit Unmut. Wie kann man jemandem böse sein, dem es leid tut, einem Ärger bereitet zu haben?

Da ist Billy. Er hat mit Gleichaltrigen ein Rennen den Berg hinunter veranstaltet und dabei das Fahrrad seines Bruders kaputtgemacht. »O, George, es tut mir ja so leid. Sieh mal, was ich angestellt habe. Immer wieder mache ich so einen Blödsinn. Ich werde arbeiten und mit dem Geld, das ich bis Weihnachten verdient habe, dir genau das gleiche Fahrrad kaufen.«

Was kann man da noch sagen? Schließlich ist der Bruder doch ein guter Kerl, wenn es ihm so nahegeht, einen Fehler gemacht zu haben. Wahrscheinlich antworten Sie ihm wie folgt: »Mach dir keine Sorgen. Ich brauche eigentlich gar kein Fahrrad, so selten wie ich es benutze. Vergessen wir es. Du hast es ja nicht absichtlich gemacht.«
Ihr Bruder zeigt ein passiv-aggressives Verhaltensmuster, das darauf abzielt, Ihnen das Gefühl zu geben, herzlos und grausam zu sein, wenn sie jetzt zu schimpfen oder zu strafen beginnen. Es macht Sie hilflos, sich nicht rächen zu können, ohne als Unmensch zu gelten. Noch schlimmer, Sie sind gezwungen, die Folgen mit einem vergebungsvollen Lächeln oder irgendeiner nichtssagenden Phrase zu akzeptieren.

Burton hatte so einen Bruder. Er hieß Sam und war drei Jahre jünger als er. »Ich hatte einen neuen Anzug. Sam schaffte es, aus Versehen Pampelmusensaft daraufzuspritzen, als er Mutter das Tablett mit dem Frühstück ans Bett bringen wollte. Ich hatte drei Monate lang an einem Modell für den Naturkundeunterricht gearbeitet. Sam stürzte darüber, als er den Hund jagte, der hinter der Katze her war. Als Trauzeuge an meiner Hochzeit schaffte er es irgendwie, während er in der Küche half, die Trauringe zusammen mit dem Müll in den Müllschlucker zu befördern.

Ich wußte, daß es ihm immer äußerst unangenehm war, und ich wußte auch, daß er nichts dafür konnte. Eigentlich wollte er nur nett sein, und ich stand dem immer hilflos gegenüber. Gleichzeitig war ich aber auch verärgert. Ich fühlte mich ihm haushoch überlegen, weil mir solche Dinge nicht passierten, und ich kam mir wie ein Heiliger vor, weil ich das Unglück, das er ständig über mich brachte, tolerieren konnte. Trotzdem fragte ich mich, warum ihm dies immer nur bei meinen Sachen und nie bei seinen passierte.« Sam richtete seinerseits Vorwürfe an Burt. Auch er fühlte sich ihm überlegen und glaubte, die bessere Person als sein Bruder zu sein.

»Bert ist immer alles leichtgefallen, und ich mußte mir immer alles hart erarbeiten. Er ist klug, ausgeglichen, gut organisiert, und das Glück steht auf seiner Seite. Auf mich trifft dies alles nicht zu. Bert ist ein toller Kerl, verstehen Sie mich nicht falsch, aber er hat nicht viel Verständnis für die Defizite der anderen. Ich erinnere mich noch an einen Vorfall, als wir beide Teenager waren. Ich habe aus Versehen den Schalter des Garagentores betätigt, woraufhin es mitten auf das Dach seines alten Autos krachte. Er beschuldigte mich, eifersüchtig auf ihn zu sein, weil er ein Auto hatte. Ich sagte ihm, daß ich so etwas nie absichtlich machen würde und daß es mir sehr leid tue. Er redete dann nicht mehr darüber, aber er gab mir immer das Gefühl, ein Trottel zu sein. Ich könnte mich anderen gegenüber nie so verhalten.«

Das *mea-culpa*-Manöver dient dazu, den Gegner zu entwaffnen und die stärkere Macht – in diesem Fall die von Sam als überlegen empfundenen Eigenschaften von Bert – zu neutralisieren. Es erspart demjenigen, der das Manöver anwendet, einen direkten Schlagabtausch und läßt ihn trotzdem die Schlacht gewinnen. Es gibt ihm Macht über das Geschwister, ohne Angst vor Vergeltung haben zu müssen, und dient gleichzeitig als Ventil für Minderwertigkeitsgefühle und Neid.

Es ist möglicherweise die Art von Selbstschutz, mit der fertig zu werden Geschwister am meisten Mühe haben. Perfekt ausgeführt, läßt dieses Manöver wenig Gelegenheit für Gegenreaktionen außer der direkten Konfrontation und Zurückweisung.

Die Flucht in die Krankheit

Bei diesem Syndrom werden ebenfalls passiv-aggressive Techniken angewandt. Geschwister, für die diese Methode eine bevorzugte Art der Lebensbewältigung ist, sind gewöhnlich ängstliche Menschen. Ihr Leben ist voller Anforderungen, denen sie – wie sie glauben – nicht entsprechen können. Mit dem Dramatisieren ihrer Krankheiten wollen sie kundtun, daß man sie für ihr Verhalten nicht verantwortlich machen kann. »Wie kann ich zu deinem Fest kommen, wo ich mich doch so schlecht fühle?« »Erwartest du wirklich von mir, daß ich den ganzen Weg bis in die Stadt fahre, um Vater packen zu helfen, wo ich es doch kaum schaffe, meinen eigenen Haushalt zu versorgen?«

Sie leiden an Krankheiten wie Migräne, Asthma, Magengeschwüren, Herzrhythmusstörungen, Rückenschmerzen und Schlimmerem. Die Symptome sind echt, und unabhängig davon, ob deren Ursachen real oder eingebildet sind, sind sie Zeichen für einen belasteten Organismus. In ihrem Inneren sind diese Menschen Perfektionisten, die ihre Unzulänglichkeit oder ihr Bedürfnis nach Hilfe nicht ohne weiteres eingestehen können. Ihre Krankheit ist ein Mittel, um Mitgefühl und Beistand zu bekommen, ohne darum bitten zu müssen. Es braucht Scharfblick und Verständnis, um ihre inneren Konflikte zu erkennen, die ihre Wurzeln immer in der Angst vor Versagen haben. Ihre Krankheiten entbinden sie davon, Dinge in Angriff zu nehmen und ein Scheitern zu riskieren. Gleichzeitig glauben sie, sich nicht für die Inanspruchnahme anderer entschuldigen zu müssen, denn schließlich sind sie ja krank.

Geschwister, deren Hypochondrie sie davon befreit, Verantwortung zu übernehmen, sind sehr schwer zur Rede zu stellen. Die anderen können sich zwar wegen ihrer vergleichsweisen Stärke überlegen fühlen, doch weil alle Verantwortung auf ihnen lastet, kann dies zu enormen Frustrationen führen. Und es ist schwierig, einen kranken Bruder oder eine kranke Schwester seinen Groll spüren zu lassen.

Mary erzählt: »In meiner Kindheit erhielt meine Schwester die ganze Aufmerksamkeit. Sie litt an dem sogenannten ›Tourette-Syndrom‹, das sie zucken, Grimassen schneiden und seltsame, furchterregende Laute ausstoßen ließ. Mir war das immer äußerst peinlich. Sie war fünf Jahre alt, als ich auf die Welt kam, und ich habe sie nie anders erlebt.

Die Ärzte konnten ihr nicht helfen, sie empfahlen lediglich, jede Belastung von ihr fernzuhalten. Es wurde schlimmer, sobald sie sich gestreßt fühlte und es Spannungen im Haus gab. Dann fing Sally an zu zucken und Dinge zu rufen wie ›Scheiße‹ oder ›Zum Teufel mit dir‹. Ich bin also nicht gerade unter idealen Bedingungen großgeworden. Die Hoffnungen, die normalerweise auf Sally geruht hätten, wurden auf mich übertragen. Die elterliche Erwartungshaltung mir gegenüber war enorm.«

Mary war eine gute Schülerin, aber der Druck, erfolgreich zu sein, lastete schwer auf ihr. »Mein Vater sagte, wenn ich eine Eins minus nach Hause brachte, ob dies die beste Note in der Klasse wäre. Er gab mir immer das Gefühl, noch mehr tun zu können.«

Eines Tages machte Mary die Erfahrung, daß auch sie Aufmerksamkeit auf sich ziehen konnte. »Im Alter von ungefähr sechs Jahren rannte ich einen Berg hinunter, als plötzlich meine Knie nachgaben und ich kopfüber hinfiel. Meine Mutter schrie nach meinem Vater und kam herbeigeeilt. Als ich ihnen erklärte, daß ich meinen Fuß nicht belasten kann, brachten sie mich sofort ins Krankenhaus. Die Ärzte konnten jedoch nichts feststellen. Meine Eltern machten sich Sorgen, bis ich nach ungefähr drei Tagen wieder normal laufen konnte. Zum ersten Mal hatte ich das Gefühl, daß sich meine Eltern mehr um mich kümmerten als um Sally.«

Von da an begann Mary ihre Mißgeschicke auf ihre »Nerven« zu schieben. Sie klagte über Kopfweh und Magenschmerzen, wann immer sie Probleme hatte, und brachte die Familie, samt Sally, dazu, sich ihrer anzunehmen. »Wenn meine Magenschmerzen schlimm wurden, mußte Sally mir das Abendessen ans Bett bringen und meine Haushaltspflichten übernehmen. Endlich begriff ich, warum sie ›Scheiße‹ und ›Zum Teufel mit dir‹ hervorstieß.«

Ganz allmählich beginnt Mary zu verstehen, daß sie mit ihrer Taktik Mitgefühl für ihre Probleme finden und die Erwartungen der Eltern verringern wollte. Von einer Kranken kann man schließlich nicht allzuviel erwarten.

Das Baby spielen

Diese Taktik wird hauptsächlich von jüngsten Geschwistern eingesetzt. Sie wird entwickelt, sobald Geschwister merken, daß andere sie beschützen, wenn sie sich wie Babys verhalten. Als hilflose, wehrlose Wesen können sie nicht selbst für sich sorgen; die anderen müssen sich ihrer annehmen, damit sie aufhören zu jammern, zu weinen, zu schmollen, mit den Füßen zu stampfen und ein Theater zu veranstalten. Geschwister, die diese Taktik anwenden, beherrschen die Szene, und die anderen fühlen sich schlecht, wenn Sie sich zu verteidigen suchen. Große Babys werden für ihr Verhalten belohnt: durch ständige Aufmerksamkeit, Fürsorge – und Macht. Ihre Geschwister – und andere, die ihnen in die Falle gegangen sind – können sich nicht von ihnen distanzieren, ohne Mißfallen in der Familie zu erregen.

Erwachsene, die die Baby-Taktik anwenden, beherrschen die anderen, indem sie drohen, durchzudrehen, wenn sie das Gewünschte nicht erhalten. Babys können nicht loslassen, sie brauchen immer jemanden, der sich um sie kümmert. Lassen Sie sie im Stich, werden Sie bestraft, indem sie noch mehr in Schwierigkeiten geraten – und wer ist schuld daran? Sie!

Joe erzählt: »Meine Schwester Jane hat ein sehr kindliches Wesen. Man muß sich jedes Wort überlegen, das man zu ihr sagt. Meine Frau meint, sie müsse immer hinter Jane zurückstehen, weil wir alle Angst hätten, sie zu verärgern. Sie ist so leicht gekränkt; und dann läuft sie weg und schmollt. Sie neigt zu Depressionen, und seit kurzem trinkt sie auch zu viel. Wann immer sie Schwierigkeiten hat, helfe ich ihr. Dabei ist sie möglicherweise die Klügste von uns allen, aber sie scheint mit sich selbst nicht klarzukommen.«

Innerhalb der Familie ist die Baby-Taktik meist sehr erfolgreich. Ganz anders sieht es außerhalb der Familie aus. Jemand, dessen Fähigkeiten sich darauf beschränken, um Hilfe zu rufen, wird in der Welt nicht bestehen können. Er oder sie wird zu einer hilflosen und mutlosen Person, die sich sehr wichtig vorkommen mag, wenn andere sich um sie versammeln, um sie zu »retten«, andererseits aber »am Boden zerstört ist«, wenn sie es nicht tun.

Die Pose der Bedauernswerten

Den Märtyrer spielen ist eine weitere Variation zum Thema »die anderen beherrschen«. Das Ziel dieses Verhaltens ist es, Mitleid zu erwecken, und diese Taktik ist eng verwandt mit derjenigen des »Babys«.

Fast immer ist Sarah nach dem wöchentlichen Telefongespräch mit ihrer jüngeren Schwester Natalie ein wenig verärgert. Sie hat sich ihre endlosen Klagen angehört und sich zurückgehalten, Natalie irgend etwas Positives aus ihrem Leben zu erzählen.

»Ich kann Natalie nicht sagen, daß mir die Party letzte Woche Spaß gemacht hat, daß ich meinen Mann liebe, daß mir meine Kinder keine Sorgen machen. Ich habe Gewissensbisse, weil es mir nicht so schlecht geht wie ihr. Ich ertappe mich sogar dabei, irgendwelche Probleme zu erfinden, damit bei mir nicht alles nach heiler Welt klingt. Sie ist inzwischen das dritte Mal geschieden. Wenn sie einen Mann kennenlernt, scheint am Anfang immer alles großartig zu sein, bis es sich ins Gegenteil umkehrt. Auch ihre Kinder besuchen sie nicht allzuoft. Sie sagt mir immer, wie glücklich ich sei. Sie tut mir wirklich leid, aber sie gibt mir das Gefühl, als ob ich schadenfroh wäre und als ob es mir nicht gutgehen dürfte, weil sie leidet.«

Natalie ist eine Meisterin in der Pose der Bedauernswerten. Sie spielt die Unterlegene, die sich aufzubauen sucht, indem sie das Geschwister, das ihrer Meinung nach erfolgreicher und angesehener ist, zu neutralisieren versucht. Gleichzeitig schützt sie ihr Selbstwertgefühl, indem sie den Erfolg der Schwester auf einen glücklichen Zufall zurückführt und nicht auf harte Arbeit oder eine positive Einstellung, Hartnäckigkeit, Mut und die Fähigkeit, Gelegenheiten zu nutzen. Sie sagt sich, daß sie nichts für ihr Unglück kann, daß sie einfach nicht unter einem guten Stern geboren wurde. Und sie hat mit ihrer Taktik Erfolg: Sarah hat das Gefühl, die Gunst des Schicksals sei auf ihrer Seite und sie müsse ihrer Schwester etwas davon abgeben.

Mit der Taktik »Bedauere mich« konfrontiert zu werden gleicht einem Kampf, bei dem Ihnen die Hände auf den Rücken gebunden sind. Sie müssen klein beigeben, denn die andere Person fühlt sich mißbraucht. Sie leiden an der Schuld der Überlebenden. Sie fühlen sich paralysiert, weil Sie glauben, nicht erfolgreich sein zu dürfen, wenn Ihr Geschwister es nicht ist. Gleichzeitig zögern Sie, Ihre Qualitäten voll zur Geltung zu bringen, weil Ihnen die Dinge in den Schoß gefallen sind, die der anderen Person verwehrt blieben. Diese Taktik unterscheidet sich von den vorhergehenden darin, daß Sie dazu gebracht werden sollen, Ihre eigene Position zu sabotieren, weil Sie im Vergleich mit Ihrem bedauernswerten Geschwister nicht zu gut dastehen wollen.
Wie bei der Taktik des Beschuldigens werden auch hier Ihre Schuldgefühle angesprochen, jedoch auf eine andere Art. Diese Schuldzuweisungen sind angefüllt mit »Du solltest und du hättest nicht« und löst Gewissensbisse aus, weil Sie etwas tun oder nicht tun sollten: »Du solltest mehr Zeit mit Mutter verbringen.« »Du hättest bei mir sein sollen, als ich so krank war.« »Du hättest nicht so mit ihr sprechen sollen.« Bei der Taktik »Bedauere mich« hingegen sollen Sie sich Gewissensbisse machen wegen etwas, das Sie besitzen, von materiellen Gütern bis hin zu Glück, von Talenten bis hin zu Eigenschaften. Die Taktik der zu Bedauernden ist

subtiler und schwieriger zu identifizieren und zu bekämpfen.

Angelas Schwester Marjorie bezeichnet sich nicht nur als »das häßliche Entlein« der Familie, sie hat auch sonst kein Betätigungsfeld gefunden, auf dem sie erfolgreich ist. Marjorie beklagt sich bei der Schwester: »Du warst hübsch und hattest viele Verehrer. Das Glück ist immer auf deiner Seite, während alles, was ich mache, mißlingt.«
Angela, eine begabte Schauspielerin, hat während einer Therapie die erstaunliche Entdeckung gemacht: Daß sie sich bei ihrer Karriere selbst Steine in den Weg legt, um ihrer Schwester gegenüber nicht so klar überlegen zu sein. So hat sie, kurz vor einem Durchbruch in ihrer Bühnenkarriere, letztes Jahr zweimal Entschuldigungen gefunden, um vielversprechende Rollen abzulehnen. Ohne sich dessen bewußt zu sein, fürchtete sie, Marjorie, der gerade wieder einmal gekündigt worden war, könnte nicht damit fertig werden. Und so hat sie sich ihr ganzes Leben lang verhalten. Immer wenn Angela Erfolg winkt, ereilt Marjorie irgendein Unglück, und Angela läßt sich ihre Chance entgehen.

Wieso wird Angela zu einem Opfer der Taktik »Bedauere mich«? Nicht allein, weil ihr Marjorie leid tut, sondern auch, weil sie für ihr Verhalten mit etwas belohnt wird. Sie fühlt sich geschmeichelt, wichtig, gut und erfolgreich im Vergleich zu ihrer Schwester. Doch während Marjorie sie zu ihrer Karriere, ihren Verehrern und ihrem Lebensstil beglückwünscht, setzt sie sie gleichzeitig herab, indem sie alle ihre Errungenschaften einem glücklichen Geschick zuschreibt. Sie erhöht und schmälert gleichzeitig Angelas Selbstbewußtsein. Weil Angela Marjories Behauptung, alles

196

wäre nur ein glückliches Geschick, Glauben schenkt, wird sie unsicher, was ihre eigenen Fähigkeiten anbelangt, und wirft sich selber Steine in den Weg. Dies vermittelt ihr ein gewisses Selbstwertgefühl, weil sie ihre unglückliche Schwester nicht vollständig aus dem Rennen geworfen hat. Sie hat dann zwar keinen Erfolg, kann sich aber mit dem Gedanken trösten, ein guter Mensch zu sein.

Und Marjorie wird natürlich weiterhin diese Taktik einsetzen, weil es sie wie eine gute Schwester aussehen läßt. Trotz ihres schwierigen Lebens kann sie über ihr eigenes Unglück hinwegsehen und das Glück ihrer Schwester preisen. Sie mißgönnt es ihr nicht.

Die Einschüchterungstaktik

Die Einschüchterungstaktik – das genaue Gegenteil von »Bedauere mich« – wird von einem Geschwister angewandt, um ein anderes, und sicherlich auch jeden, der seinen Herrschaftsanspruch bedroht, zu schikanieren. Dieser einfachen und sehr wirkungsvollen Technik bedient sich gewöhnlich das größere, schlauere, ältere Geschwister. Es kann den Bruder oder die Schwester so einschüchtern, daß sie seine Wünsche erfüllen. Oft ist es eine Macht, die dem Kind von den Eltern verliehen wird: »Mutter hat gesagt, ich soll aufpassen, daß du dich richtig verhältst. Wenn du nicht machst, was ich sage, setzt es Schläge.«

Brian, einer unserer Patienten, wurde ständig von seinem nächstälteren Bruder Richard, einem begabten Pianisten, tyrannisiert. Als sie noch Kinder waren, schlichen er und die anderen Geschwister immer auf Zehenspitzen umher, wenn Richard übte, aus Angst, seine Konzentration zu stören und einen Wutanfall heraufzubeschwören, was unweigerlich zu einer Bestrafung durch die Mutter geführt hätte.

Ärgerte sich Richard aus irgendeinem Grund über Brian, beklagte er sich bei der Mutter, daß Brian ihn wieder störe. Obwohl Richard kein berühmter Konzertpianist, sondern Musiklehrer an einer High-School wurde, schüchtert er seinen Bruder immer noch dadurch ein, daß er der Mutter alles erzählt, was ihn an Brian aufregt.

Ein anderes Beispiel der Einschüchterung liefert unsere Patientin Mary, deren Schwester sie an den Füßen angebunden von einem Baum herabhängen ließ. Nachdem sie sich befreit hatte, wagte sie nicht, ihrer Mutter davon zu erzählen, weil ihre Schwester gedroht hatte, ihr sonst noch etwas Schlimmeres anzutun.

Und von Melinda stammt folgende bittere Geschichte:

Die zwanzigjährige Melinda fürchtet sich noch immer vor ihrem Bruder Danny, der schon sehr früh entdeckt hatte, daß das Drangsalieren von Schwächeren nicht nur erfolgreich war, sondern ihm auch ein Gefühl der Wichtigkeit und Macht vermittelte. Als Melinda so ungefähr zehn und Danny dreizehn Jahre alt war, schenkte der Vater seiner geliebten Tochter als Belohnung für gute Schulnoten einen Silberdollar. Danny, der wie gewöhnlich kein Lob und auch keinen Silberdollar für seine Noten erhielt, neidete ihr das Geschenk.

»An diesem Abend, als Mutter und Vater nicht da waren, fing er an, in einem gleichmäßigen Rhythmus an meine Tür zu klopfen. Er sprach kein Wort, aber er hörte nicht auf, ganz egal, was ich sagte. Er klopfte und klopfte, und als ich wissen wollte, was er von mir will, antwortete er nicht. Ich wußte, daß er wahnsinnig eifersüchtig wegen dieses Silberdollars war. Er hatte diesen Blick – als ob er mich umbringen wollte. Nach einer halben Stunde kapitulierte ich. Ich gab ihm den Dollar. Er nahm ihn und ging zurück in sein Zimmer. Ich habe das nie vergessen und er auch nicht. Ich hatte eine irrsinnige Angst, aber ich konnte es meinen Eltern nicht erzählen, denn sie hätten mich ausgelacht. Auch heute noch fängt er an zu klopfen, auf einen Tisch oder an eine Wand, wenn er etwas von mir will. Ich gebe es ihm dann, weil ich Angst vor ihm habe, auch wenn er lächelt, als ob alles nur ein Scherz wäre.«

Einschüchterung ist eine höchst wirkungsvolle Taktik, die durch die schiere Macht, die man über einen anderen ausübt, funktioniert. Sie ist verantwortlich für viele Fälle von Geschwistermißbrauch – körperlicher, sexueller oder seelischer Art. Um sich von ihr zu befreien, muß das Geschwister, das darunter leidet, entweder so stark werden, daß es sich selbst behaupten kann, oder eine große Distanz zu dem anderen Geschwister herstellen. Diese Taktik gibt dem Geschwister ein Gefühl der Macht auf dem einen Gebiet als Ausgleich für seine Ohnmacht auf einem anderen. Danny fühlte sich herabgesetzt und ungeliebt, als der Vater, wie schon sooft, die Schwester, seinen Liebling und seine Prinzessin, bevorzugte. Durch seinen Sieg über sie hat er sein Ich gestärkt – zumindest für den Moment.

Verpetzen ist eine weniger bösartige, jedoch ebenfalls wirkungsvolle Form der Einschüchterung. Brians Bruder Richard, der Pianist, wußte sich dieser Form geschickt zu bedienen. Als Mittel der Manipulation ist Verpetzen ein Machtspiel, eine Möglichkeit, selbst gut dazustehen, indem man den anderen schlechtmacht. Erwachsene, die sich dieser Methode bedienen, betrachten ihr Verhalten nicht als Verpetzen, doch irgendwie schaffen sie es, andere über die Fehlschläge und Unzulänglichkeiten ihres Opfers zu informieren, damit sie im Vergleich zu ihm gut aussehen.

Die paranoiden Intriganten

Die Person, die sich dieser Taktik bedient, hat die Fähigkeit perfektioniert, anderen – angefangen bei der Familie – die Schuld für ihre Fehlschläge zuzuschieben. Sie behauptet hartnäckig ihren Standpunkt, zweifelt nie, übernimmt nie die Verantwortung für einen Mißerfolg und schiebt beharrlich die Schuld den anderen zu.

Sind Sie der auserwählte Bösewicht, werden Sie auch dann noch wegen eines Fehlverhaltens beschuldigt, wenn alle anderen längst wissen, daß Sie nicht der Missetäter sind. Das Geschwister, das diese Technik anwendet, glaubt, dem Vorgefallenen eine andere Wendung geben zu können, wenn es nur hartnäckig an seinen Beschuldigungen festhält. Dies ist das Gegenteil von *mea culpa* und hat, wenn auch in einer intensiveren Variante, Ähnlichkeit mit der Einschüchterung durch Verpetzen.

Harry hat seinem Bruder Rob bei jeder Gelegenheit die Schuld in die Schuhe geschoben. Heute ist er dabei, sich Klarheit über seine Gefühle und seine Manipulationen zu verschaffen. Dabei erkennt er allmählich, daß er dieses Verhalten als eine Waffe benutzt hat, und zwar nicht nur gegen seinen jüngeren Bruder, sondern auch gegen seine Frau, seine Kinder, seine Untergebenen bei der Arbeit, gegen die Kellner im Restaurant und die Verkäufer im Geschäft: Immer liegt die Schuld bei den anderen.

Harry ist das älteste von fünf Kindern. Rob kam nach ihm und dann die drei Schwestern. Während die Mädchen ihre Kämpfe unter sich ausfochten, sahen sich Harry und Rob gegenseitig als wichtigstes Geschwister. Rob, der der mütterlichen Seite der Familie nachschlug, war der brave Junge, Mutters kleiner Liebling. Den Hauptteil der für die Jungens reservierten Zärtlichkeiten bekam er ab. Harry war das Ebenbild seines Vaters, eines massigen Mannes mit breiten Schultern und stechenden blauen Augen. Er war ein gerissener und skrupelloser Politiker, der einem die eine Hand reichen und mit der anderen ein Messer in den Rücken stechen konnte. Harry bewunderte ihn rückhaltlos.

Besessen davon, ebenfalls in einem guten Licht zu erscheinen, nutzte Harry Robs *mea-culpa*-Haltung zu seinem Vorteil aus. Er erinnert sich noch an einen Tag, als er acht und Rob vier Jahre alt war. Er hatte den Hund in die Luft geworfen, und als dieser auf die Treppe fiel, brach er sich ein Bein. »Mein erster Gedanke war, wo ist Rob? Ich fand ihn oben, brachte ihn dazu, am Treppenabsatz zu spielen, dann stellte ich ihm ein Bein, so daß er auf den Hund fiel. ›Sieh mal, was du angerichtet hast?‹ schrie ich, ›du hast Rags weh getan!‹ Klar, das war ein schmutziger Streich, den ich ihm da spielte, aber ich fühlte mich nicht schuldig. Wenn er so dumm war, darauf reinzufallen und die Schuld auf sich zu nehmen, war mir das nur recht. Er war ein scheinheiliger Schwächling, und Mutter glaubte, er wäre wundervoll.«

Paranoide Verschwörer gehen logisch und schnell vor; sie sind immer bereit, zuzuschlagen und ihr Opfer – und auch alle anderen in Hörweite befindlichen Personen – auf seine Unzulänglichkeiten hinzuweisen. Nach dem Zwischenfall mit dem Hund ließ Harry selten eine Gelegenheit aus, um auf Robs Fahrlässigkeit und Verantwortungslosigkeit aufmerksam zu machen. Harry arbeitete daran, Rob ein bestimmtes Image zu verpassen, und er gab noch für viele Dinge seinem Bruder die Schuld. Rob wiederum, geübt in der *mea-culpa*-Technik, schaffte es jedesmal, die Beschuldigung zu seinem Vorteil umzudrehen.

Die Drohung mit dem psychischen Zusammenbruch

Diese Taktik wird häufig von älteren Geschwistern angewandt, die einen jüngeren Bruder oder eine jüngere
Schwester davon abhalten wollen, sie zu überrunden. Sie
drohen, am Rande eines Nervenzusammenbruchs zu stehen und nicht mehr aus noch ein zu wissen. Beim gering-
sten Anlaß sind sie zutiefst demoralisiert und unglücklich.
Ein Geschwister, das sich als schwach und hilflos ausgibt,
sich angeblich nicht selbst um seine Belange kümmern
kann und dadurch den anderen auf Gedeih und Verderb
ausgeliefert ist, hat sehr viel Macht in seiner Hand.

Wenn Sie Ihre Schwester mitten in der Nacht anruft, um
Ihnen zu sagen, daß sie glaubt, Krebs zu haben, oder daß
sie daran denkt, sich das Leben zu nehmen, können Sie sicher sein, daß dies eine Reaktion auf Ihre Erfolge, Errungenschaften oder Freuden ist. Wenn die übliche Antwort
Ihres Bruders auf die Mitteilung eines erfreulichen Ereignisses in Ihrem Leben lautet, er finde dies ja großartig, aber
sein Leben wäre so entsetzlich, daß er glaube, verrückt zu
werden, benutzt er seine Labilität, um Sie zu paralysieren.
Sie wollen doch nicht der Grund für seinen psychischen
Zusammenbruch sein?

Diese Technik wird oft geschürt von Eltern, die Sätze sagen
wie: »Deine Schwester ist so hochsensibel, rege sie möglichst nicht auf. Du weißt doch, wie sie reagiert. Sag ihr
nicht, was für gute Noten du in deinem Test bekommen
hast.« Sie haben dann das Gefühl, ein schlechter Mensch
zu sein, wenn Sie Ihren eigenen Erfolg genießen.

Mary Jane rief eines Abends ihre Schwester an, um ihr zu
sagen, daß sie in sechs Wochen heiraten werde. »Das freut
mich für dich«, antwortete Bobby. »Ich finde es wirklich
toll, daß bei dir alles so gut läuft, und ich hoffe, du wirst

glücklich.« Doch dann begann sie zu weinen und schluchzte ins Telefon: »Weißt du, Jim und ich haben gerade große Probleme, und ich kann unmöglich zu deiner Hochzeit kommen, es sei denn, du schiebst sie noch etwas hinaus. Letzte Woche habe ich sogar versucht, mir das Leben zu nehmen. Ich weiß wirklich nicht mehr weiter.«

Oft subtil, aber immer äußerst effektvoll, dient diese Taktik dazu, Sie davon abzuhalten, Ihr Geschwister zu überrunden oder überhaupt zu konkurrieren. Sie unterscheidet sich vom »Flucht in die Krankheit«-Syndrom dadurch, daß man es fast ausschließlich mit psychischen Problemen, gewöhnlich Depressionen, zu tun hat. Eine ernsthafte Depression, in deren Verlauf in verzweifelten Momenten sogar die Möglichkeit eines Selbstmords erwähnt werden kann, ist ein todsicheres Mittel, die Oberhand über ein nichtsahnendes Geschwister zu gewinnen, das Angst hat, ein Unglück herbeizuführen.

Welche Auswirkungen diese Taktik haben kann, zeigt die Geschichte einer Patientin, die viele Jahre dagegen angekämpft hat.

Wenn Darcy ihre ältere Schwester Jenny anruft, um sie zu fragen, wie es ihr geht, bekommt sie zur Antwort: »Wie es mir geht? Das interessiert dich doch nicht wirklich, oder?« Die Falle schließt sich, wenn Darcy beteuert: »Natürlich interessiert mich das, sonst würde ich doch nicht fragen. Schließlich bin ich deine Schwester!« Das ist für Jenny das Signal, all ihre momentanen Probleme aufzuzählen.

Jenny wurde in eine strenggläubige, griechisch-orthodoxe Familie hineingeboren, die, als sie sechs Jahre alt war, in die Vereinigten Staaten auswanderte. Sechs Monate später kam Darcy auf die Welt. Jenny war verwirrt und verängstigt durch die neue Umgebung, sie litt unter den Sprachproblemen und dem plötzlichen Auftauchen von Darcy. Man erwartete von ihr, eine kleine Mutter für dieses Baby zu sein, das alle Liebe zu bekommen schien, während sie sich auf den Platz des Dienstmädchens verbannt fühlte.

Darcy ihrerseits glaubt, daß sie wahrscheinlich der Tropfen war, der bei ihrer Schwester das Faß zum Überlaufen brachte. Sie erinnert sich, daß die Mutter einmal berichtete, die Lehrerin hätte sie darauf hingewiesen, daß Jenny sehr eifersüchtig auf ihre kleine Schwester wäre, und sie erinnert sich auch an diese traurige Geschichte, eine der ersten, die Jenny auf englisch schrieb:

»Es war einmal eine Prinzessin, die vom König nicht geliebt wurde. Der böse König schenkte sie einer Gruppe von Zigeunern und log der Königin vor, die Prinzessin wäre mit dem Feind des Königs davongelaufen.« In der Geschichte wurde weiter erzählt, daß die jüngere Schwester vom König und der Königin heiß geliebt wurde, das gesamte Vermögen erbte, einen angesehenen Prinzen heiratete und seitdem glücklich ist.

Dies war der Beginn einer Geschwisterrivalität, die ein Leben lang anhielt. Darcy war erfolgreich, und Jenny hatte eine Erklärung für alle ihre Fehlschläge. Eines Tages, als Jenny zwölf Jahre alt war, konnte sie die Gegenwart der von allen geliebten Darcy nicht mehr ertragen. Sie bedrohte sie mit einem Küchenmesser. Alle waren entsetzt, und der Vater gab ihr eine Tracht Prügel, und von da an gab es regelmäßig Schläge für Jenny, die damit fortfuhr, ihren Vater zu provozieren, in dem verzweifelten Bemühen, Aufmerksamkeit zu erlangen.

»Es war mir immer peinlich und unangenehm, daß Jenny das Gefühl hatte, alles würde sich um mich drehen. Und tatsächlich wurde ich bevorzugt, besonders von meinem

Vater.« Heute sagt Darcy: »Er hat sie für jede Kleinigkeit bestraft. Sie tut mir leid. Unsere Eltern haben wirklich alles
falsch gemacht.«

Eines Tages, kurz nach ihrem achtzehnten Geburtstag,
nahm Jenny eine Überdosis von Vaters Schlaftabletten. Alle
fühlten sich schuldig, der Vater wegen seiner Gewalttätig-
keit, die Mutter, weil sie diese nie verhindert hatte, und
Darcy, weil sie immer der Liebling gewesen war.

Nun wurde Jenny für Darcy eine Last. Die jüngere Schwester mußte sich ihre Klagen anhören und ihr zu Hilfe eilen,
wann immer sie drohte, sich umzubringen. Jenny pflegte
zu sagen: »Du weißt nicht, wie es ist, so deprimiert zu sein,
daß man an nichts anderes denken kann, als sich die Puls-
adern aufzuschneiden. Das ist kein Leben, ich wollte, ich
wäre du.« Eines Tages, als ihre Schwester Vorbereitungen
traf, um mit Freunden an den Strand zu fahren, unternahm Jenny erneut einen Selbstmordversuch. Sie hinter-
ließ einen Zettel, auf dem sie mitteilte, daß es für Darcy besser wäre, wenn sie nicht mehr leben würde.

»Von da an war ich auf der Hut«, sagte Darcy, die inzwischen verheiratet und Mutter von drei kleinen Kindern ist.
»Ich habe nie etwas unternommen, ohne dabei daran zu
denken, wie dies auf Jenny wirkt. Neuigkeiten bringe ich
ihr sehr vorsichtig bei. Zuerst bestärke ich sie, sage ihr, wie
toll sie ist, und zittere immer vor ihrer Reaktion. Über mir
schwebt ständig dieses Damoklesschwert.«

Die Masche mit dem Täuschungsmanöver

Gewöhnlich bedienen sich ältere Geschwister dieser Methode. Sie konkurrieren im geheimen und ändern ständig
die Regeln. Das spielt sich wie folgt ab: Sie legen großen
Wert auf ein bestimmtes Ziel – einen gutaussehenden
Mann zu heiraten, freiberuflich in einem akademischen

Beruf zu arbeiten, ein guter Sportler zu sein, eine bestimmte Prüfung abzulegen, ein Geschäft zu eröffnen –, solange sie auf diesem Gebiet erfolgreich sind und das Ziel sich innerhalb ihrer Reichweite befindet. Doch sobald sie das Gefühl haben, ein Geschwister könnte ihnen auf diesem Gebiet den Rang ablaufen, wenden sie sich ohne Vorankündigung einem anderen Ziel zu, das ihnen vorher nie als erstrebenswert erschienen war.

Wird diese Taktik Ihnen gegenüber ständig angewandt, bedeutet dies, daß man es Ihnen nicht gönnt, glücklich mit dem Erreichten zu sein. Nehmen wir einmal an, Ihnen wäre es gelungen, in eine renommierte juristische Fakultät aufgenommen zu werden oder ein eigenes Geschäft als Grundstücksmakler/in zu eröffnen. Ihre Schwester, für die freiberuflich in einem akademischen Beruf tätig zu sein oder ein eigenes Geschäft zu haben, einst der alleinige Weg zu Glück und Freiheit schien, hat nun plötzlich ihre Meinung geändert. Von heute auf morgen hat sie sich entschieden, daß nur Künstler einen wirklichen Beitrag für die Gesellschaft leisten und eine Ausbildung als Bildhauerin begonnen.

Mary ging nur mit großen, gutaussehenden Jungens aus, die der High-School-Footballmannschaft angehörten. Sie überzeugte ihre jüngere Schwester Elizabeth, daß das Aussehen bei einem Mann das wichtigste ist. Elizabeth glaubte, im Wettbewerb mit ihrer Schwester die Oberhand gewonnen zu haben, als sie einen gutaussehenden Automechaniker heiratete, mit dem sie, auf dem Rücksitz seines Motorrades, durch die Gegend fuhr und Angelurlaub am See machte. Mary änderte, ohne darüber zu sprechen, die Regeln. Sie präsentierte überraschend als Heiratskandidaten einen kleingewachsenen, unscheinbaren, tüchtigen, gut verdienenden Arzt, der einen Jaguar fuhr und Urlaub in Italien bevorzugte. Elizabeth wundert sich noch heute, warum sie so wenig und ihre Schwester so viel besitzt. Sie war dermaßen auf den Wettbewerb mit ihrer Schwester fixiert, daß sie sich nicht Zeit genommen hat, herauszufinden, was sie glücklich machen würde.

Die Taktik des Bestärkens

Dies ist eine weitverbreitete Taktik, die Geschwister benutzen, um einen Bruder oder eine Schwester zu bestärken, sich einer Schwäche – Alkoholsucht, übermäßiges Essen, zwanghaftes Geldausgeben, Ängste, Promiskuität – hinzugeben, während sie ihr Leben gut im Griff zu haben scheinen. Ermutigt, in seinem negativen Verhalten fortzufahren, geht es dem Geschwister immer schlechter, bis es sich häufig selbst zerstört hat. Da es in unserer Gesellschaft als eine freundliche Geste gewertet wird, den anderen zu unterstützen, neigt der Bestärkende dazu, sich ehrbar und gut zu fühlen – jemand, der versucht zu helfen. Außerdem kann er in aller Unschuld als Zuschauer am Spielfeldrand stehen und das schreckliche Schicksal seines Bruders oder seiner Schwester beklagen.

Sally bediente sich ihrer Fertigkeit im Bestärken, um Macht über ihre jüngere Schwester Robin zu erhalten, die sie bei ihrer Geburt vom Thron der Familienprinzessin stieß. In Sallys Augen besaß Robin alles, was sie gerne gehabt hätte – gutes Aussehen, Intelligenz, Kompetenz und die Liebe der Eltern.

Es gab nur eine Methode, mit ihrem Groll über diese Ungerechtigkeit zurechtzukommen: Sie bestärkte Robin in ihren narzißtischen Neigungen. Es gab ihr ein enormes Gefühl der Macht, als sie ihre Schwester, zum Entsetzen der

Mutter, dazu brachte, ihr taillenlanges Haar abzuschneiden und ihren winzigen Höcker an der Nase wegoperieren zu lassen, was eine weitere Serie von Nasenoperationen nach sich zog.

»Ich verstehe nicht, warum sie solchen Wert auf ihr Aussehen legt, statt sich um die wirklich wichtigen Dinge im Leben zu kümmern«, sagte Sally leicht überheblich. Erst im Laufe ihrer Therapie wurde ihr allmählich bewußt, daß sie Robins Schwäche ausgenutzt hat, um besser dazustehen als ihre Erzrivalin.

Auch Michael spielte das bestärkende Geschwister, das die Selbstzerstörung seines Bruders gefördert hat.

Michael hat seinen jüngeren Bruder in der High-School mit Alkohol bekanntgemacht, als die Eltern an einem Wochenende verreist waren. Später kam dann noch Marihuana dazu. Als Jeff begann, Kokain zu nehmen und in Geldschwierigkeiten geriet, trat Michael als der gute Bruder in Erscheinung, der ihn bedrängte, mit den Drogen aufzuhören, ihm aber gleichzeitig Geld lieh. Obwohl er es nie zugegeben hat, auch nicht sich selbst gegenüber, wußte er, daß Jeff damit seine Drogen bezahlen würde. Den Eltern hat er nie von Jeffs Problemen erzählt.

Es war Michael, der die Kaution für seine Freilassung stellte, als er wegen Trunkenheit am Steuer festgenommen wurde. Es war Michael, der nach einem Saufgelage für ihn einsprang. Es war Michael, der für Jeff log, als dieser bereits verheiratet war, indem er seiner Frau sagte, er habe die Nacht bei ihm verbracht, während er in Wirklichkeit seiner Drogensucht nachgegangen war.

Bevor Jeff sich wegen Drogenmißbrauchs behandeln ließ, glaubte er, in Michael den besten aller Brüder zu haben. Doch dann erkannte er sehr rasch, daß sein großer Bruder ihn in seinem selbstzerstörerischen Verhalten bestärkt hatte. »Zuerst habe ich geglaubt, daß er mein Retter ist, ohne den ich nicht leben kann. Doch dann bemerkte ich, daß er meine Behandlung zu sabotieren suchte, als er mir vorschlug, ihn in einer Bar zu treffen, weil mir dies doch sicherlich mehr Spaß machen würde, als zu meiner Verabredung bei den Anonymen Alkoholikern zu gehen. Schließlich wurde mir auch klar, daß Michael, wenn es ihm wirklich ernst mit seiner Hilfe gewesen wäre, meine Eltern ins Vertrauen hätte ziehen müssen. Ich wäre dann schon früher in Therapie gegangen, statt so viele Jahre meines Lebens zu vergeuden.«

Und Michael, nachdem auch er sich einer Therapie unterzogen hatte, war sehr erstaunt, herauszufinden, daß er das Leben seines Bruders mit seinen guten Absichten ruiniert hat. Er konnte sich nicht erklären, wieso er so zerstörerisch gewesen war, ohne sich dessen überhaupt bewußt zu sein.

Die Taktik des Leugnens

Es ist schwierig, gegen Geschwister vorzugehen, die sich der Taktik des Leugnens bedienen, da man Verfechter dieses heimlichen Manövers nur selten davon überzeugen kann, daß ihre Wahrnehmung der Dinge nicht unbedingt der Wirklichkeit entspricht. Diese Menschen bestehen darauf, offensichtliche Tatsachen zu leugnen, weil sie das Bedürfnis haben, die Dinge so zu sehen, wie sie sie sehen möchten. Diese Taktik bezweckt vor allen Dingen, alles so zu belassen, wie es ist. Leugnen bedeutet Seelenfrieden und ist daher sehr schwer zu bekämpfen.

Doris ist drei Jahre älter als ihre Schwester Carrie. Sie war die Familienheldin, eine ausgezeichnete Schülerin, die mit viel Gespür den hohen Erwartungen des Vaters entsprach.

Carrie: »Ich fühlte mich meiner Schwester immer hoff-
nungslos unterlegen. Sie konnte meinen Vater mit Geschichten über ihre Erfolge in der Schule und beim Ballett-
unterricht in Entzücken versetzen, und gewöhnlich spielte
sich dies beim sonntäglichen Mittagessen ab. Er hörte ihr
wie gebannt zu und ermutigte sie, noch besser zu werden.
Sie war der Star und ich das Baby, das von der Mutter über-
allhin begleitet wurde.«

Doch in ihrem Neid wollte Carrie die eigentliche Wahrheit
über ihre Schwester nicht wahrhaben. Erst in der Therapie
erkannte sie, daß diese sonntäglichen Essen für Doris
nichts Schönes gewesen sind. Sie stocherte auf ihrem Teller
herum, aß nur ein paar Bissen und verschwand dann in ihr
Zimmer, um dort stundenlang den Boden mit Aerobic-
Übungen erzittern zu lassen. Carrie schrieb Doris' Mager-
keit ihrem Wunsch zu, eine Ballerina zu werden, und das
exzessive Training ihrem Drang, für ihre Aufführungen in
Topform zu sein. Selbst nachdem Doris im Alter von sieb-
zehn Jahren ins Krankenhaus kam, um wegen Magersucht
behandelt zu werden, war sich Carrie mit ihrem Vater darin
einig, daß es sich lediglich um eine Erschöpfung handelte.
Leugnen war Carries Mittel, sich vor den tyrannischen Anforderungen ihres Vaters zu schützen. Sie wußte, daß sie
diesem Perfektionisten nie genügen konnte, und solange
er sich auf Doris konzentrieren würde, war sie in Sicherheit.

Die Taktik der quälend Zwanghaften

Hierbei handelt es sich um das offensichtlichste Manöver,
dessen sich ein Geschwister bedient, um über das andere
zu herrschen. Die Wirkung dieser Taktik besteht in dem
Auslösen von Frustration. Wenn Sie versuchen, Kontrolle
über Ihr Geschwister zu erhalten, durchkreuzt es dieses
Vorhaben, indem es Sie ständig mit seinen nicht enden wol-

lenden Angelegenheiten quält, Ihren Rat grundsätzlich in den Wind schlägt und ein kompliziertes Labyrinth von Ritualen errichtet, gegen das Sie nicht ankommen können. Die Verfechter dieser Technik können zu den typisch wohlmeinenden Diktatoren werden, die Sie beherrschen, sobald Sie ihr Verhalten als zumutbar akzeptiert haben. Geschwister, die sich dieser Taktik bedienen, sind erstaunlich hartnäckig. Man kann sie nicht dazu bewegen, etwas zu tun, das sie nicht tun wollen. Sie sind Meister im Machtkampf und können es mit jedermann aufnehmen, indem sie einfach ihre Rituale solche Ausmaße annehmen lassen, daß niemand dagegen ankommt.

Seit ihre jüngere Schwester Tanya auf der Welt ist, machte Alexis wegen allem viele Umstände. Tanya wurde als die Unkomplizierte in der Familie angesehen, die sich über die perfektionistischen Rituale ihrer Schwester amüsierte. In Wahrheit fand Tanya diese jedoch nicht lustig. Sie fühlte sich dadurch eingeschränkt und herabgesetzt, aber es war ihr unmöglich, sich dagegen zu wehren. In der Therapie sagte Tanya: »Es ist ein Witz, aber wir mußten alle geduldig warten, bis Alexis endlich soweit war, das Haus zu verlassen. Niemand konnte sie dazu bewegen zu gehen, bevor sie fertig war.«
Tanya erinnert sich noch an den Abend, als sie zur Geburtstagsparty ihrer besten Freundin eingeladen war. »Mutter sagte, ich müßte Alexis mitnehmen, weil diese sich weigerte, bei dem Babysitter zu bleiben, der angeblich nach Zwiebeln stank. Plötzlich konnte Alexis den Geruch von Zwiebeln nicht ertragen! Dabei konnte sie so vieles nicht ertragen. Es war unfair, daß ich sie zu der Party mitnehmen mußte, aber Mutter bat mich so inständig, weil sie Angst vor Alexis' Panikattacken hatte. Also gab ich nach.

Es stellte sich als großer Fehler heraus. Sie mußte ihr Kleid ungefähr zehnmal bügeln, bis es so war, wie sie es wollte. Dann kamen ihre Haare dran; erst nach der dritten Wäsche saßen sie richtig. Als sie endlich fertig war, hatten wir schon eine Stunde Verspätung. Auf meine Klagen hin meinte Mutter, ich wüßte doch, wie Alexis wäre, und ich müßte eben Geduld haben. Schließlich kamen wir an, doch da war ein Hund vor dem Haus, der erst eingefangen und angebunden werden mußte, bevor sie hineingehen konnte. Sie hatte ihren großen Auftritt, ich lief hinterher, mein Kleid war vom Hund beschmutzt, meine Freundin Janet war wütend, weil ich zu spät kam, meine Schwester mitgebracht und mein Geschenk vergessen hatte.

Als ich mich später bei Mutter beklagte, sagte sie zu mir: Freunde kommen und gehen, eine Schwester hat man für immer. Niemand hat es je ausgesprochen, aber wir alle wußten, daß Alexis uns beherrschte.«

Alexis ist das Beispiel für eine klassisch Zwanghafte, die die Aufmerksamkeit aller erhält, indem sie diese in ihre Rituale verwickelt. Ihr Verhalten wird immer extremer, je mehr sie das Bedürfnis hat, die anderen zu beherrschen. Da mit ihrem Verhalten gerechnet wird, stellen die anderen ihre Wünsche zurück, um sie versöhnlich zu stimmen. Tanya zum Beispiel hatte bereits gelernt, daß es zu mehr Ärger führte, wenn sie Alexis nicht nachgab. Die stärkste Waffe der Zwanghaften ist ihr Starrsinn, ihre Herrschsucht und ihre strikte Weigerung, etwas zu tun, was sie nicht tun wollen. Obwohl sie sich der Motivation ihres Verhaltens nicht bewußt sind, da ihr eigenes Labyrinth der Gedanken sie gefangenhält, wissen sie irgendwie aber doch, daß sie gewonnen haben, weil die anderen gezwungen sind, ihren Wünschen zu entsprechen.

Das Problem mit den Narzißten

Ihre eigene Wichtigkeit umgibt Narzißten wie eine Mauer, die Sie – falls Sie das zweifelhafte Vergnügen haben, ein Geschwister dieser Art zu haben – durchdringen müssen, um mit ihm zu interagieren. Narzißten vermitteln Ihnen für eine gewisse Zeit das Gefühl, wichtig zu sein, weil Sie sich in Gesellschaft einer solch großartigen Person befinden. Doch wenn Sie sich entfernen, geblendet und voll des Neides wegen der Faszination, die von Narzißten ausgeht, fühlen Sie sich im Vergleich unbedeutend und sind enttäuscht, weil eigentlich kein wirkliches Interesse an Ihrer Person vorhanden ist.

Narzißten, verliebt in ihr eigenes Spiegelbild, ziehen Sie an sich und wehren Sie gleichzeitig ab, weil sie die Bürde der Intimität nicht ertragen können und befürchten, in einer Beziehung verantwortlich gemacht zu werden. Abwechslungsweise ihr bester Freund und ihr gleichgültigster Begleiter, brauchen sie Sie nur, wenn Sie ihnen von Nutzen sind.

Gerald bewunderte seine ältere Schwester Melissa von klein auf. Er tat, was sie wollte. Sie war die geborene Schauspielerin und unterhielt die Familie mit ihren Liedern, Spielen und dramatischen Geschichten. Gerald, ein schüchternes Kind, lag ihr zu Füßen, denn er glaubte, durch die Verbindung zu einer solch tollen Person an Format zu gewinnen. Gerald: »Melissa konnte mir auf eine magische Art das Gefühl vermitteln, wichtig für sie zu sein. Doch irgendwann erkannte ich, daß sie nur an sich selbst interessiert war. Schließlich war ich ernüchtert, enttäuscht und fühlte mich benutzt.«

Eine Woche vor seinem Jurastaatsexamen trennte sich Melissa von ihrem derzeitigen Verehrer, der eine stattliche Anzahl von Vorgängern hatte. »Sie rief mich zu jeder Tages- und Nachtzeit an, weinte und erzählte mir immer und immer wieder sämtliche Details dieser Trennung. Ich flehte sie an, mich auf meine Prüfung lernen zu lassen, woraufhin sie mich wütend anschrie: ›Wie kann dir eine dumme Prüfung so wichtig sein, wo es mir doch so schlechtgeht!‹ Ich fiel bei dieser Prüfung durch. Wie schon sooft in meinem Leben habe ich wegen ihr das, was mir wichtig war, vernachlässigt – nur um nicht in Ungnade zu fallen.«

Die hysterischen Schaumschläger

Diese Taktik ist darauf angelegt, aus etwas Gewöhnlichem ein großes Drama zu machen, um die Aufmerksamkeit auf sich zu ziehen und die anderen an den Rand zu drücken. Schaumschläger beherrschen die Kunst des Übertreibens, Unterhaltens und der Aufregung in Vollendung und machen alles, was sie tun, zu einer Show. So oberflächlich und leicht zu durchschauen diese Taktik auch sein mag, sie ist für den Bruder oder die Schwester, die sich ihrer bedient, ein todsicheres Mittel, um im Konkurrenzkampf der Geschwister zu dominieren. Da Schaumschläger im allgemeinen das Gefühl haben, im Wettbewerb wenig Pluspunkte zu machen, fallen sie von einem Aufmerksamkeit erregenden Manöver ins andere.

Zachary erzählt: »Von einer Sekunde zur anderen kann meine Schwester eine ganz normale Situation in ein dramatisches Geschehen umwandeln, indem sie alles, was sie tut, riesige Dimensionen annehmen läßt. Zum Beispiel hatte sie eine Katze. Viele Leute haben Katzen, aber ihre Katze tyrannisierte den ganzen Haushalt. Wenn sie über ein Wochenende verreist, sind zwei Wochen vorher und zwei Wochen nachher ihre Koffer und ihre Kleider über das ganze

Haus verstreut, und alle haben sich Gedanken zu machen, was sie anziehen soll. Nach Abschluß der High-School veranstaltete ich eine Party. Sie hat sich nicht mehr an den Termin erinnert und an dem gleichen Abend eine Gruppe ihrer Freunde nach Hause gebracht. Die Leute vermischten sich, und schließlich war es nicht mehr meine Party. Als ich in der Schule bei einem Theaterstück mitspielte, fiel sie während der Vorstellung in Ohnmacht. Plötzlich stand sie im Mittelpunkt, und die Aufführung wurde abgebrochen.

Irgendwie kam meine Schwester ständig vor mir, obwohl ich der Ältere bin. Alle Welt kannte sie. ›Ah, du bist der Bruder von Amy!‹, hieß es. Sie fiel immer auf – durch ihre Kleidung und ihr Benehmen. Sie redete laut und ihr erstes Auto hatte ein Loch im Auspuff, so daß man es schon von weitem hören konnte. Alles, was sie tat, war dramatisch und stellte mich in den Schatten.«

Die Strategie des Zwietrachtsäens

Die Strategie ist eine Schutzmaßnahme, die in der Hand von Experten raffiniert und wirkungsvoll eingesetzt werden kann. Sie besteht hauptsächlich in der Fähigkeit, jede potentiell bedrohliche Verbindung »zu spalten und kaputtzumachen«, indem der eine gegen den anderen ausgespielt wird. Verfechter dieser Taktik versuchen, Zwietracht zwischen zwei Geschwistern zu säen (oder manchmal auch zwischen einem Geschwister und einem Elternteil) und selbst gut dazustehen. Falls ein Bruder oder eine Schwester diese Taktik bei Ihnen anwendet, können Sie sicher sein, daß diese sich in der Familie zurückgesetzt fühlen und nun auf eine sehr böse, aber wirkungsvolle Weise an Bedeutung zu gewinnen suchen.

Suzanne war ein wirkliches As darin, Zwietracht zu säen, da sie schon sehr früh erkannt hatte, daß sie als einziges Mädchen und jüngstes Kind von drei Geschwistern ihre zwei älteren Brüder entzweien mußte, um nicht die Unterlegene zu sein. Sie mußte sich zwischen sie drängen, da die beiden gemeinsam ein unschlagbares Team bildeten.

Ihr Plan war einfach: Die Jungens mußten gegeneinander aufgehetzt werden, damit jeder das Gefühl bekam, dem anderen nicht vertrauen zu können. Wenn sie außer Haus waren, schlich sie sich ins Zimmer von Chuck, nahm eines seiner Lieblingsspielzeuge und legte es in Johnnys Zimmer. Oder sie nahm Johnnys Spielzeug und brachte es in Chucks Zimmer. Dann wartete sie darauf, bis die beiden heimkamen und sich anschrien: »Du hast mein Modellflugzeug genommen!« »Nein, habe ich nicht!« »Du Lügner!« »Sag das noch einmal, und ich hau dir eine runter!« Der eskalierende Streit war Musik in den Ohren des kleinen Mädchens mit der Unschuldsmiene.

Welches sind
unsere Verteidigungstaktiken

Sie und Ihre Geschwister haben die Entwicklung der Verteidigungsarten der anderen direkt beeinflußt. Bediente sich zum Beispiel eines von ihnen der Strategie mit der Beschuldigung, ist es äußerst unwahrscheinlich, daß Sie oder ein weiteres Geschwister diese ebenfalls anwandten. Wie Joe, der mit Verweigerung reagierte, haben Sie wahrscheinlich eine ineinandergreifende Taktik gewählt, in der Absicht, den Schaden zu begrenzen. Es ist wie beim Schachspiel: Wenn einer einen Zug macht, antwortet der andere mit einem Gegenzug. Wenn wir Kinder sind, ist das Manöver offensichtlich, doch mit den Jahren werden unsere Handlungen raffinierter und sind nicht mehr so leicht zu erkennen. Wir entwickeln eine Fassade, hinter der wir unsere Taktiken sowie unsere Motive verstecken.

Obwohl wir alle dazu neigen, uns einiger Manöver zu bedienen, wenn wir uns den täglichen Angriffen auf unsere Selbstachtung ausgesetzt sehen, hat jeder von uns eine bestimmte Taktik, auf die er bevorzugt zurückgreift. Welches ist Ihre? Und welche benutzt gewöhnlich Ihr Bruder oder Ihre Schwester, um die anderen, Sie eingeschlossen, in Schach zu halten? Es könnte sein, daß Ihr Bruder vorzugsweise auf Einschüchterung zurückgreift, wenn er sein Territorium bedroht fühlt, während Ihre Schwester die Schuld anderen zuschiebt, wenn sie sich unzulänglich vorkommt. Vielleicht spielt Ihre kleine Schwester das Baby, das beschützt werden muß, während Sie, wenn Sie sich angegriffen fühlen, dazu tendieren, den Trick mit der Verweigerung anzuwenden.

Wir alle benutzen die gleichen Manöver immer wieder, weil wir sie gut gelernt und im allgemeinen damit Erfolg zu haben scheinen. Und selbst wenn wir nur selten erfolgreich sind, fühlen wir uns bei diesen Manövern sicher und hoffen, daß sie irgendwann greifen werden. Auch wenn Sie sich den von Ihnen gewöhnlich eingesetzten Kampfstil nicht offen eingestehen wollen, in Ihrem Inneren wissen Sie, um was es sich handelt. Und Sie wissen ebenfalls um die bevorzugte Verteidigungstaktik Ihres Geschwisters, und Sie beide wissen genau, wie weit Sie beim anderen gehen dürfen. Das ist einer der Gründe, warum Geschwister selten ihre Beziehung völlig abbrechen, selbst wenn sie sehr verärgert sind. Sie wissen, daß Ihre Schwester, die einen Komplex wegen ihrer Intelligenz hat, bei jeder Anspielung auf ihre geistigen Fähigkeiten eine Abwehrhaltung einnimmt und daß Ihr Bruder Sie herabsetzt, wenn Sie ihn herumzukommandieren beginnen. Hier gibt es keine Vermutungen, alles ist Routine und auf seine Art ungefährlich und vertraut.

Beurteilen Sie Ihr »Standardvorgehen« und das Ihrer Geschwister nicht nur im Hinblick auf seine negativen Auswirkungen. Natürlich liebt es niemand, dem Verlangen eines anderen, zu herrschen, ausgesetzt zu sein, aber denken Sie daran, daß die Taktiken, die Sie und Ihre Geschwister benutzen, sich vor langer Zeit in den prägenden Jahren herausgebildet haben. Damals haben sie lediglich auf ihre Umgebung reagiert, und jeder hat verzweifelt versucht, sein schwaches, sich entwickelndes Ich zu schützen. Zudem waren ihre Möglichkeiten begrenzt durch die Vorbilder, ihre eigene kindliche Vorstellungskraft und ihren damaligen Grad der Reife.

Sie sollten sich klarmachen, daß Ihre Geschwister ihre Strategien nicht in der Absicht anwenden, Ihnen weh zu tun, sondern um sich selbst zu schützen. Sie auf die unterlegene Position zu verweisen ist nur ein Nebenprodukt in ihrem Bemühen, sich wichtig zu fühlen und die Situation zu beherrschen, obwohl sie sich in Wirklichkeit schwach und unzulänglich fühlen. Deshalb nehmen Sie es nicht persönlich, wenn Sie das Opfer eines schmerzhaften Manövers sind. Versuchen Sie lieber, herauszufinden, warum Ihr Bruder oder Ihre Schwester sich gezwungen fühlen, in diesem Moment diese Taktik anzuwenden. Je destruktiver sie ist, um so sicherer können Sie sein, daß er oder sie das Gefühl hat, Ihnen gehe es besser als ihm oder ihr. Das Ziel ist nicht, Sie kleiner, sondern ihn oder sie größer zu machen. Sie stehen einfach nur im Weg!

Wenn Sie das Gefühl haben, mit den Taktiken, die Sie im Umgang mit Ihren Geschwistern anwenden, in einer Sack-

gasse zu stecken, kann Ihnen unsere therapeutische Erfahrung vielleicht weiterhelfen. In der Therapie zeigen wir unseren Patienten neue Wege, wie sie mit alten Problemen
fertig werden können, und wir ermutigen sie, diese Wege
auszuprobieren. Wenn es sich um Verhaltensweisen handelt, bei denen Veränderungen zweifelsfrei möglich sind,
kann das Einschlagen neuer Wege zwar langwierig und
schwierig, aber machbar sein. Dies gibt jedem die Möglichkeit, aus den eingefahrenen Geleisen auszubrechen und
ein Verhaltensmuster zu finden, das für alle besser ist.

8 Im Berufsleben –
Geschwister am Arbeitsplatz

Janie, vierunddreißig Jahre alt, ist die Schwester eines sechs Jahre älteren Bruders, der immer alles bestimmte, Aufgaben delegierte und über alles sein Urteil abgab. In ihrer Kindheit kümmerte er sich um sie, da die Eltern den ganzen Tag im Geschäft der Familie arbeiteten. Die meisten Hausregeln wurden von Harold aufgestellt, und er kontrollierte, ob sie eingehalten wurden. Harold, der nette und liebende Bruder, spielte die Rolle des gütigen Diktators. Seine Schwester vergötterte ihn, was jedoch nicht ausschloß, daß sie sich öfter auch über ihn ärgerte.

Heute arbeitet Janie in einer Finanzierungsgesellschaft an der Wall Street. Dort hat sie sich einen älteren Mann zu ihrem Mentor erwählt. Obwohl äußerst intelligent und sehr gut bezahlt, kann man sie als seine »rechte Hand« bezeichnen, als seine sogenannte bessere Sekretärin. Sie behält diese Position bei, trotz ihrer außergewöhnlichen Fähigkeiten, weil sie Angst hat, sich selbst einen Weg suchen und Verantwortung übernehmen zu müssen. Ihr Mentor ist es als älteres Geschwister gewöhnt, eine jüngere Schwester zu haben, die sich um die Details kümmert und von ihm erwartet, daß er die Führung übernimmt.

Wo immer Ihr Weg Sie hinführt – Ihr Arbeitsplatz macht dabei keine Ausnahme –, Sie finden Ihre Geschwister und den Rest Ihrer Familie wieder. Da sie die Masken anderer

Menschen tragen, werden Sie sie vielleicht nicht sogleich erkennen, aber sie sind da, und Sie verkehren mit ihnen auf die Weise, wie Sie es zu Hause gelernt haben; Sie bedienen sich der Verhaltensmuster und Verteidigungsmethoden, die Sie in der Kindheit perfektioniert haben, gleichgültig, ob diese in Ihrer neuen Umgebung passend sind oder nicht.

Tatsächlich ist es so, daß Sie Ihre Persönlichkeit nicht am Eingang des Büros oder der Fabrik zurücklassen, und Sie werden auch nicht wie durch ein Wunder immun gegen den starken Einfluß, den Ihre Geschwister – und natürlich auch Ihre Eltern – auf Ihr Verhalten anderer Menschen gegenüber haben. Oft führt die Mitnahme dieser Kindheitsmuster zu Konflikten am Arbeitsplatz, die sich negativ auf Ihr Vorwärtskommen auswirken. Dessenungeachtet verhalten Sie sich weiterhin auf die für Sie typische Art, weil Sie es so gewöhnt sind. Es vermittelt Ihnen ein Gefühl der Sicherheit und des Wohlbefindens, wenn Sie sich die Welt, die Sie am besten kennen, wieder aufbauen, selbst wenn dies Zündstoff enthält.

Die Familie neu erschaffen

Ihr erstes Bestreben an einem neuen Arbeitsplatz ist es, sich Ihre Familie neu zu erschaffen, indem Sie unbewußt den Sie umgebenden Menschen vertraute Züge und Rollen zuteilen. Auch wenn in Wirklichkeit keine Parallelen existieren und die Mitwirkenden wenig Ähnlichkeit mit Ihren Familienmitgliedern aufweisen, verfügen Sie über die erstaunliche Fähigkeit, sie so zu sehen, als ob sie diese Personen wären. Unbewußt sind Sie auf der Suche nach Ähnlichkeiten – und Sie finden auch welche. Das heißt, selbst wenn ein Bruder oder eine Schwester nicht wirklich gegenwärtig ist, kann es sein, daß Sie ihn oder sie während Ihrer Arbeitswoche jeden Morgen um neun Uhr treffen, denn die Neuerschaffung Ihrer Familie am Arbeitsplatz gibt Ihnen das Gefühl, zu Hause zu sein.

Sie werden herausfinden, daß Sie sich bei einer Person unbewußt so verhalten, als ob Sie es mit Ihrer jüngeren Schwester, dem Schmusekätzchen, bei einer anderen mit Ihrem jüngeren Bruder, dem verhinderten Künstler, bei einer dritten mit Ihrem angeberischen älteren Bruder und bei einer vierten mit einer Mischung aus Ihrer Mutter und Ihrer rechthaberischen Schwester zu tun hätten. Einer Ihrer Vorgesetzten erinnert Sie an Ihren gütigen Vater, der in Ihnen ein Gefühl der Wärme und Zuversicht auslöst, wenn er Ihre Arbeit lobt, während Sie in einer anderen Vorgesetzten Ihre manipulierende ältere Schwester sehen, die bei Ihnen den unangenehmen Verdacht weckt, von versteckten Motiven angetrieben zu sein.

Haben Sie zum Beispiel in Ihrer Kindheit mit Ihrer jüngeren Schwester um die Vorherrschaft konkurriert, werden Sie sicherlich Ihre Schwester bei Ihrer Arbeit wiederfinden. Sie wird dasein, vielleicht hinter der Maske des ehrgeizigen jungen Mannes im Büro nebenan oder der einer Sekretärin des Chefs, die, wie Sie glauben, nur auf eine Gelegenheit wartet, Sie zu überflügeln. Sie schaffen sich Ihre neue Welt nach dem Muster Ihrer Familie, auch wenn die Mitspieler sich nicht auf dieselbe Weise verhalten. Sie tun dies, weil Sie nach langen Jahren der Gewohnheit darauf programmiert sind.

Denken Sie daran, daß Sie, wie alle anderen auch, empfänglich für die Folgen der sich selbstverwirklichenden Prophezeiungen sind – das heißt, wenn Sie glauben, daß sich etwas zutragen wird, verhalten Sie sich so, daß es tatsächlich passiert. Wenn Sie zum Beispiel glauben, daß Ihr Chef Sie nicht mag – vielleicht weil Sie in ihm Ihren autoritären Vater oder Ihren Bruder, Ihren ewigen Gegner, sehen –, verhalten Sie sich ihm gegenüber feindlich oder abwehrend, was ihn wiederum dazu veranlaßt, sich Ihnen gegenüber mißtrauisch zu verhalten. Tatsache ist, daß Sie Ihre eigene Wirklichkeit bestimmen.

Wenn Sie sich Ihre Kollegen anschauen, werden Sie erkennen, daß Sie sie in Ihre Familienmitglieder verwandelt haben und daß Sie sich so verhalten, als ob dies tatsächlich der Fall sei. Gewöhnlich sehen Sie in den Autoritätspersonen Ihre Eltern und in den Mitarbeitern oder Konkurrenten Ihre Geschwister, wobei es entsprechend den Umständen vielerlei Variationen geben kann.

Versuchen Sie herauszufinden, welche Person in diesem Rahmen bei Ihnen am meisten Argwohn und Unsicherheit hervorruft. Wenn es einem Kollegen leichtfällt, Ihre wunden Punkte zu treffen, können Sie sicher sein, daß er Sie an Ihr wichtigstes Geschwister erinnert und Sie die Gefühle, die Sie Ihrem wichtigsten Geschwister entgegenbringen, auf diese Person übertragen. Erst wenn Sie diese Übertragung der Gefühle erkennen, werden Sie allmählich verstehen, woher Ihre Probleme kommen.

Ihre eigene Rolle spielen

Vielleicht haben Sie sich aufgrund Ihrer früheren Erfahrungen zum Ziel gesetzt, ein möglichst ruhiges, friedvolles Leben zu führen, andere für sich sorgen zu lassen oder eine führende Rolle zu übernehmen. Diese Erwartungen übertragen Sie auch auf Ihren Arbeitsplatz in der Hoffnung, daß sie sich erfüllen. Waren Sie zum Beispiel als jüngeres Geschwister das Maskottchen der Familie, das nie erfolgreich mit dem älteren Bruder konkurrieren konnte, dann sind Sie möglicherweise ein passiver Mensch, der immer geführt werden will. Waren Sie ein rebellisches jüngeres Geschwister, dann sind Sie eher daran interessiert, Etabliertes zu kippen und Neues auszuprobieren. Waren Sie die Unscheinbare in der Familie, dann halten Sie sich wahrscheinlich gern im Hintergrund, sitzen jahrelang an Ihrem Schreibtisch, ohne befördert zu werden, erwarten wenig Lob für Ihre Arbeit und sind nicht überrascht, wenn in schlechten Zeiten Ihnen zuerst gekündigt wird.

Doch wenn Sie der Familienstar waren, müssen Sie, um bei der Arbeit glücklich zu sein, auch im Büro die Rolle des Stars spielen. Hal ist dafür ein gutes Beispiel:

Hal, fünf Jahre jünger als seine Schwester, jedoch der älteste von drei Brüdern, war der Held in seiner Familie und der akzeptierte Führer seiner Geschwister. Große Erwartungen ruhten auf ihm. Seine hohe Selbstachtung und sein stabiles Selbstvertrauen wirkten sich auf sein Auftreten aus. Wenn er einen Raum betrat, schien es, als ob er sagen wollte: »Ich übernehme jetzt die Verantwortung.«

Er begann als Lektor bei einem Handelsblatt und stieg dann rasch zum Redakteur auf. Er ließ seine Kollegen – von denen die meisten froh waren oder zumindest nichts dagegen hatten, geführt zu werden – hinter sich und schien auf dem Weg nach ganz oben zu sein. Doch dann traf er auf einen anderen Star, eine Frau, die in ihrer Familie die gleiche Funktion ausübte und die nicht bereit war, ihm Platz zu machen. Aus dem bösen Machtkampf um die Position des Chefredakteurs ging sie als Siegerin hervor. Hal arbeitete sechs Monate als ihr Stellvertreter, danach kündigte er, weil er die Rolle des Zweitbesten nicht ertrug.

Während dieser sechs Monate litt er unter Herzbeschwerden und machte sich ständig Sorgen wegen seiner Gesundheit, obwohl sein Arzt ihm seine gute körperliche Verfassung bestätigt hatte. Nachts wachte er oft schweißgebadet auf, da er geträumt hatte, von einem Löwen verschlungen zu werden. In der Therapie sprach er am Anfang jeder Sitzung von der Sorge um seine Gesundheit. Nachdem wir eine vage Beziehung zwischen seinen »Herzbeschwerden« und seiner Arbeitsplatzsituation hergestellt hatten, erzählte er von einem Besuch der Familie in einem Vergnügungspark. Obwohl der damals achtjährige Hal eine wahnsinnige Angst vor der Achterbahn hatte, bestand seine Schwester auf einer Fahrt. Nachdem es ihm nicht gelungen war, seine Eltern zu einem Verbot zu überreden, indem er auf Achterbahnunfälle hinwies, bestieg er die Bahn, weil er sich schämte, seine Angst zuzugeben.

»Ich ging, aber ich hatte schreckliche Angst. Als Alice dann noch einmal fahren wollte, widersprach ich energisch, und damit war die Sache erledigt. Aber ich haßte sie, weil sie mich wie einen Schwächling aussehen ließ.« Schließlich brachte Hal dieses Beispiel eines Machtverlustes mit den Gefühlen in Verbindung, denen er ausgesetzt war, als seine Macht am Arbeitsplatz durch seine Rivalin geschmälert wurde. Er erkannte, daß Macht sein großes Ziel war und daß er ohne sie den Kontakt zu seinem Ich verlor. Seine Krankheitssymptome verschwanden, aber er wußte, daß er lernen mußte, flexibler zu sein und jemand anderem – vielleicht sogar einer Frau – ab und zu die Führung zu überlassen.

Wenn Sie in Ihrer Familie die Rolle des lieben Kindes innehatten, wenn Sie im Wettkampf mit der älteren, rebellischen Schwester immer erfolglos waren, dann sind Sie diejenige, die sich nie wegen der Überstunden beklagt, die sich anbietet, in der Mittagspause das Geburtstagsgeschenk für den Chef mit der eigenen Kreditkarte zu kaufen. Unterdessen wird einer Kollegin eine Beförderung in Aussicht gestellt. Bei ihr handelt es sich um eine Frau, die sich ins rechte Licht zu rücken versteht und alle lautstark wissen läßt, wie tüchtig sie ist.

Cynthia war das liebe Kind in der Familie. Ihr großer Bruder war aggressiv und auf Konfrontation aus, ein Verhalten, das zu ständigen Auseinandersetzungen mit der alkoholsüchtigen Mutter führte. Cynthia lernte schon früh, daß es besser war, nett zu sein. »Ich habe sehr rasch herausgefunden, daß es keinen Sinn hat, sich durchzusetzen, daß einem dies nur Ärger einbringt. Deshalb wurde aus mir das einfühlsame, hilfsbereite, stille Kind, das sich in andere hineinversetzen konnte und es allen rechtmachen wollte. Doch meine Mutter konnte man nie völlig zufriedenstellen. Ich habe mich nie zur Wehr gesetzt. Ich sagte immer zu allem: ›Klar, ich mache das.‹ Es ist unglaublich, aber mein Bruder Gary, mit seinen heute zweiundvierzig Jahren, beklagt sich immer noch bei jeder Gelegenheit, daß ich verwöhnt worden bin und ständig ungestraft davongekommen wäre. Doch dem war nur so, weil ich mich in alles fügte, hilfsbereit war und keine Unruhe stiftete.«

Cynthia verhält sich auch im Berufsleben keinen Deut anders: Sie ist übertrieben hilfsbereit. Es ist ihr jedoch bewußt geworden, daß sie es mit dieser Art in ihrer Firma nie weit bringen wird, weil sie keine Aufgaben delegieren kann. »Ich bin nicht gut darin, andere zu besonderen Leistungen anzuspornen. Bitten leite ich meistens ein mit: ›Wenn es Ihre Zeit erlaubt‹ oder ›Wenn es Sie nicht um Ihre Kaffeepause bringt‹. Ich selbst habe immer gute Arbeit geleistet, aber meine Zukunftsaussichten waren begrenzt. Heute, als freie Journalistin, ist mein liebenswürdiges Wesen ein Pluspunkt. Es gibt Redakteure, die sehr gern mit mir arbeiten, weil ich bereit bin, alles so oft zu überarbeiten, bis sie absolut zufrieden sind.«

Seinen Charme spielen lassen

Die verhätschelten Kinder der Familie, die Geschwister, deren Aufgabe es war, die Spannungen im Haus mit ihrem Humor und Charme zu mildern, verhalten sich am Arbeitsplatz nicht viel anders. Mit ihrem Witz und ihren aufregenden Ideen bringen sie Schwung ins Büro, doch vor wirklicher Verantwortung schrecken sie im allgemeinen zurück. Die verhätschelten Kinder der Familie sind bekannt dafür, eine starke Abneigung gegen ihre Chefs zu entwickeln, in denen sie unbewußt eine Verkörperung ihrer aggressiveren, dominierenderen und gewöhnlich älteren Geschwister oder auch Eltern sehen.

Martin, ein begabter Ingenieur, wurde seiner Leistungsfähigkeit nie gerecht, weil er stets versuchte, seinen Vorgesetzten ein Bein zu stellen. Seine Kollegen, auf seiner Ebene oder darunter, mochten ihn sehr, denn er war warmherzig, witzig und höflich. Doch seine Karriere stagnierte, weil er ständig die Entscheidungen seiner Vorgesetzten kritisierte und in Frage stellte.

»Wer immer mein Chef war, ich sah in ihm meinen großen Bruder. Ich konnte es nicht erwarten, ihm eins auszuwischen. Ich mußte mich einfach mit ihm anlegen, ihm zeigen, daß ich der Überlegene bin.« Erst als Martin im Laufe einer Therapie zu verstehen begann, daß er an jedem Arbeitsplatz seine Familie neu erschuf, war es ihm möglich, sich vorteilhafter zu verhalten. »Ich mußte einsehen, daß meine Chefs, wenngleich im allgemeinen älter und männlichen Geschlechts, nicht meinen Bruder Burt verkörperten. Sie hatten es nicht darauf abgesehen, mich reinzulegen, und sie waren auch nicht darauf aus, mich in peinliche Situationen zu bringen oder mich bloßzustellen. Alles, was sie von mir wollten, war gute Arbeit für guten Lohn.

Nur wer meine Familie kennt, kann verstehen, warum ich beweisen mußte, daß sie keine Macht über mich hatten. Ich mußte vor Burt, der drei Jahre älter war, ständig auf der Hut sein. Er sah es als seine Aufgabe an, mich herabzusetzen. Ich konnte mich nicht direkt gegen ihn wehren, nicht wirklich mit ihm konkurrieren. Eine Art der Verteidigung, die in unserem Haus akzeptiert wurde, war Humor. Wenn ich alle zum Lachen brachte, konnte ich Burt unter Beschuß nehmen, ohne bestraft zu werden, ansonsten hackte ich fast unbemerkt auf ihm herum. Ich habe diese Gewohnheiten ins Berufsleben übertragen, und es hat sich für mich nicht ausgezahlt.«

Vielleicht macht die Erfahrung von Barbara den Einfluß der Geschwister am Arbeitsplatz noch deutlicher. In die Geschichte sind folgende Personen verwickelt: Barbara, Führungskraft im oberen Management einer großen Firma; ihr Chef Andrew, ein älterer Herr; Jonathan, ein Mitarbeiter, und seine schwangere Frau; Annabel, eine hübsche und charmante junge Mitarbeiterin. Sie alle waren auf dem Weg zu einer Firmenfeier. Zum Transport der Gruppe wurden zwei Autos bestellt, das eine von Barbara, das andere von Annabel.

Es war Zeit zum Aufbruch, doch nur ein Auto hielt am Bordstein an. Barbara glaubte, sich erkundigen zu müssen, wer es bestellt hatte. Zum Glück war es ihr Auto, was ihr das Gefühl gab, kompetenter als Annabel zu sein. Dann glaubte sie, zusammen mit Jonathan und seiner schwangeren Frau einsteigen zu müssen, damit der Chef und Annabel im nächsten Auto Platz nehmen konnten, sobald es da war. Als sie sich später die Situation ins Gedächtnis rief, wurde ihr klar, daß sie automatisch annahm, ihr Chef würde lieber mit Annabel, der jungen hübschen Frau, fahren wollen als mit ihr. So wie die Dinge lagen, wäre es jedoch besser gewesen, wenn sich das junge Paar und Annabel in ein Auto und Barbara und ihr Chef in das andere gesetzt hätten, oder das Paar und der Chef in das erste Auto und sie und Annabel in das zweite. Auf jeden Fall hätte sie den Chef die Entscheidung treffen lassen müssen, und natürlich hätte sie das erste Auto dem Chef anbieten müssen und nicht selbst mit Jonathan und seiner Frau einsteigen sollen.

Doch Jonathan, bewandert in den Firmensitten, bot dem Chef seinen Platz im Auto an. Der Chef lehnte ab, da er ein junges Paar, das ein Kind erwartet, nicht trennen und eine hochschwangere Frau und ihren Ehemann nicht am Straßenrand stehen lassen wollte. Annabel unternahm gar nichts, so daß Barbaras Fehler noch offensichtlicher wurde. Schließlich kam das zweite Auto, und alle hatten einen Platz. Der Chef stieg mit dem Paar in ein Auto ein und Barbara mit Annabel in das andere.

Weshalb nahm Barbara an, daß der Chef gern mit der hübschen jungen Mitarbeiterin im Auto sitzen würde? Barbara konnte ihr eigenes Verhalten und ihre Überlegungen nicht verstehen. Erst als sie gelernt hatte, ihr Verhalten zu analysieren, erkannte sie, daß sie in Annabel ihre jüngere Schwester Alice sah. Alice war immer der Liebling ihres Vaters gewesen, ein niedliches und keckes kleines Mädchen, das die Männer um den Finger wickeln konnte. Barbara empfand sich dagegen als plumpe, linkische Frau ohne Charme. Da sie das Gefühl hatte, mit ihrem Aussehen, ihrer Art oder ihrer Anziehungskraft auf Männer, anderen Frauen keine Konkurrenz machen zu können, konzentrierte sie sich auf ihre Kompetenz, ihr Verantwortungsbewußtsein und ihre Leistungen bei der Arbeit. Sie setzte ganz automatisch voraus, daß ihr Chef die Gesellschaft von Annabel vorzog, genauso wie sie immer das Gefühl gehabt hatte, daß ihr Vater Alice lieber mochte als sie. In diesem Fall erreichte sie damit, daß sich alle unwohl fühlten und sie einen gesellschaftlich unbeholfenen Eindruck machte.

Zum Glück sind die Eigenschaften, die Barbara als Kind Kraft und Stärke gaben, für sie immer noch ausschlaggebend. Ihre Kompetenz bei der Arbeit ist so groß, daß über solche Fehler bei der Beurteilung einer Situation hinweggesehen wird. Doch sie ist dabei, zu lernen, daß sie bei ihrer Karriere weniger Hindernisse überwinden müßte, wenn sie ihre Schwester zu Hause lassen und unbelastet zur Arbeit gehen könnte.

Die altbekannten Verteidigungsmanöver

Auch Sie wenden Ihre eigenen, verinnerlichten Verhaltensmuster – die Methoden der psychologischen Kriegsführung, die Sie als Kind gelernt haben – sowohl am Arbeitsplatz als auch überall sonst an. Vielleicht benutzen Sie sie auf eine konstruktive Weise, vielleicht beeinträchtigen sie aber auch Ihre Fähigkeit, die Situation Ihres Arbeitsplatzes richtig einzuschätzen.

Immer dann, wenn Menschen unter besonders starkem Streß stehen, neigen sie dazu, ihre Maske fallenzulassen und zu den primitiven Verteidigungsmanövern, die ihnen

stets das größte Sicherheitsgefühl gegeben haben, zurück-
zukehren, und zwar unabhängig davon, ob diese Taktiken
der Situation angemessen sind oder nicht. Wenn sich das
liebe Kind unsicher fühlt, kann es noch unterwürfiger werden; der paranoide Intrigant noch gemeiner und hinter-
hältiger; der kreative Rebell noch störender. Der in der
Pose des Bedauernswerten steckende Mensch wird noch
mitleiderregender; der Fürsorgliche noch besorgter und
destruktiv hilfreicher; der sich selbst Beschuldigende noch
passiv-aggressiver und lästiger.

Je nach den Umständen sind manche der Taktiken am Arbeitsplatz effektiv, andere nicht. Nehmen wir einmal an,
daß die erfolgreichste Maßnahme, um Macht über Ihr Geschwister zu erringen, das Untergraben seines Ansehens
bei den Eltern war. Ohne Zweifel werden Sie diese Technik
auch an Ihrem Arbeitsplatz anwenden. Irgendwie schaffen
Sie es, Ihrem Chef einen Wink zu geben, daß Ihre Kollegin
die Arbeit eher lässig nimmt und zu lange Mittagspausen
macht, ob dies nun der Wahrheit entspricht oder nicht. Wir
alle kennen das raffinierte Vorgehen der Unruhestifter am
Arbeitsplatz.

Eines Morgens wurde Mindy, die im Schreibbüro einer
großen Firma arbeitete, zu ihrer Chefin gerufen. Diese
machte ihr Vorhaltungen, weil sie ihr Pensum für die Woche nicht geschafft hatte. Mindy reagierte empört: »Aber
Rita hat viel weniger zu tun als ich. Sie könnte etwas von
meiner Arbeit übernehmen. Übrigens, ist Ihnen noch nie
aufgefallen, wie viele Fehler sie macht? Ich verstehe nicht,
warum Sie mich kritisieren und nicht sie.« Mindy, das verhätschelte Baby der Familie, glaubte, ihre Familie ins Büro
mitgenommen zu haben. Pech für sie, daß sie nicht wirklich da waren.

Falls es Ihr Stil war, Zwietracht zu säen, kann es passieren, daß Sie einen Konflikt zwischen zwei Kollegen entfachen, um dadurch selbst in eine bessere Position zu gelangen. Nicholas, der älteste von drei Brüdern einer Immigrantenfamilie, war das Kind, das den Eltern als Führer diente und ihnen half, sich in der komplizierten neuen Welt zu assimilieren. Es war eine Rolle, die ihm viel Macht verlieh und die er blindwütig verteidigte. Als seine zwei jüngeren Brüder versuchten, mit ihm zu konkurrieren, verwies er sie in ihre Schranken, indem er sie zu seinen Gunsten gegeneinander ausspielte und demjenigen, der sich auf seine Seite schlug, Vorteile versprach.

Auch an seinem Arbeitsplatz hat Nicholas diesen Trick immer und immer wieder angewandt. Stets auf der Hut vor seinen Konkurrenten, ist Nicholas inzwischen zum jüngsten Direktor, den die Bank je hatte, aufgestiegen. Um seine Rivalen nicht hochkommen zu lassen, sucht er sich den schwächsten von ihnen aus, macht ihn zu seiner rechten Hand, und belohnt ihn für seine Hilfe mit Sonderleistungen und Privilegien. Gleichzeitig stachelt er ihn jedoch dazu an, seine Kollegen auf Distanz zu halten.

Wie die Geburtenreihenfolge die Karriere beeinflußt

Die Geburtenreihenfolge ist sicherlich kein hundertprozentig verläßlicher Maßstab für die Berufslaufbahn, die Sie einschlagen werden, aber sie ist einer der wichtigen Faktoren, die bestimmen, wer Sie sind und welchen Weg Sie gehen werden. Die Struktur Ihrer Persönlichkeit hat sich nach dem Platz, den Sie in der Familie eingenommen, und nach dem speziellen Blickwinkel, aus dem Sie die Welt betrachtet haben, entwickelt. Dies kann eine gewisse Erklärung dafür sein, warum zum Beispiel die meisten Führer in dieser Welt Erstgeborene oder Einzelkinder sind, warum mittlere Kinder oft tüchtige Angestellte abgeben und warum jüngste Geschwister dazu neigen, eigene Geschäfte zu gründen oder sich für eine gute Sache zu engagieren.

Ein Blick auf die Geburtenreihenfolge in Ihrer Familie kann Ihnen auch die Gründe verständlich machen, warum Ihre Geschwister eine bestimmte Richtung *innerhalb* ihres speziellen Gebietes eingeschlagen haben. Aufgrund Ihrer persönlichen Charakterzüge und der Rolle, die Sie in der Familie gespielt haben – beides zum Teil bestimmt durch den chronologischen Platz, den Sie in der Familie einnehmen – werden Sie unbewußt einen Bereich ansteuern, der Ihren speziellen Charaktereigenschaften am besten entspricht.

Die typischen Erstgeborenen streben nach einer Führungsposition – Chefarzt, Manager, Präsident, Oberkellner. Mittlere Geschwister sind meist inmitten anderer Menschen am glücklichsten, in einer Position von mittlerer Verantwortung innerhalb einer Organisation – Sachbearbeiter, Angestellter einer großen Firma, Hausarzt in einer kleineren Stadt, Sekretärin, Firmenjurist. Jüngste Geschwister, die im allgemeinen nach Selbständigkeit streben und die es lieben, die Dinge auf den Kopf zu stellen, tendieren dazu, Unternehmer, Forscher, Schriftsteller oder Künstler zu werden oder sich für einen guten Zweck zu engagieren.

Die Ältesten bei der Arbeit

Erstgeborene, die oft Einzelkindern ähneln, fühlen sich im allgemeinen zu Positionen hingezogen, in denen Verantwortung, Zuverlässigkeit, Loyalität und harte Arbeit gefordert werden. Da sie an ihre eigene Überlegenheit glauben, haben sie nichts dagegen, von ganz unten anzufangen und sich nach oben zu arbeiten, denn sie zweifeln nicht daran, daß ihre Fähigkeiten sie irgendwann an Chefpositionen gelangen lassen.

Da Älteste es gewöhnt sind, Verantwortung zu übernehmen, entwickeln sie sich im allgemeinen zu Menschen, die sich in Führungspositionen wohl fühlen und nicht am Establishment rütteln. Sie sind zuverlässig und loyal, ihre Chefs vertrauen ihnen, und Untergebene, die ihre natürlichen Führungsqualitäten anerkennen, respektieren sie. Anders als Einzelkinder haben sie im allgemeinen gelernt, geduldig und tolerant mit denjenigen zu sein, die sich auf der Karriereleiter weiter unten befinden. Andererseits sind sie es aber auch gewöhnt, ernstgenommen zu werden. Da sie eine gewisse Zeit lang auch Einzelkinder gewesen sind, identifizieren sie sich mit der Autorität und sind entscheidungsfreudig. Erstgeborene sind oft besonnene, angesehene, linientreue Arbeitskräfte, die ihre eigenen Bedürfnisse und Wünsche im Austausch für Macht zurückstellen können.

Einzelkinder bei der Arbeit

Einzelkinder, die oft gezwungen wurden, den Friedensstifter bei ihren Eltern zu spielen und Probleme zu lösen, entwickeln Charakterzüge, die in einer Arbeitswelt, in der Verhandlungsgeschick und Führungskraft verlangt werden, von großem Nutzen sind. Da ihnen Autoritätspersonen keine Angst einflößen, kommen sie mit denjenigen, die in der Hierarchie über ihnen stehen, gut aus; andererseits scheinen sie Gleichgestellten gegenüber manchmal arrogant zu sein.

Da sie die außergewöhnlich hohen Erwartungen ihrer Eltern verinnerlicht haben, sind viele Einzelkinder äußerst strebsame, perfektionistische, hart arbeitende, gewissenhafte Angestellte, die sich ohne zu widersprechen große Arbeitslasten aufbürden lassen. Sie sind nicht nur erpicht darauf, sondern fühlen sich sogar geehrt, wenn man sie bittet, Überstunden zu machen, und sie akzeptieren es, viele Aufgaben zu übernehmen, selbst wenn keine Gehaltserhöhung oder Beförderung in Aussicht gestellt wird.

Einzelkinder nehmen erstaunlich wenig Notiz von Kritik, sie hören sie einfach nicht. Andererseits macht sie ihr Bedürfnis, perfekte Arbeit zu leisten und ihre Vorgesetzten zufriedenzustellen, zu äußerst wertvollen Angestellten.

Mittlere Geschwister bei der Arbeit

Typische mittlere Geschwister – besonders diejenigen mit gleichgeschlechtlichen Geschwistern und/oder einer großen Familie – mußten, um zu überleben, sowohl mit ihren älteren als auch mit den jüngeren Geschwistern zurechtkommen. Aus diesem Grund haben sie meist keine Probleme im Umgang mit ihren Kollegen. Da sie ihre Gefühle besser im Griff haben als älteste oder jüngste Geschwister, schätzt man sie bei der Arbeit wegen ihrer Objektivität und Umsichtigkeit. Im allgemeinen sind sie gewissenhafte, sorgsame, ehrliche und verträgliche Mitarbeiter.

Mittlere Geschwister prahlen nicht mit ihren Erfolgen bei der Arbeit und stellen ihre Überlegenheit nicht zur Schau, weil den meisten in der Kindheit nie viel Aufmerksamkeit geschenkt wurde. Da sie auf keinen Fall auffallen wollen, werden sie auch selten als Bedrohung empfunden. Andererseits sind sie aber oft voller Groll, weil sie nicht die Anerkennung bekommen, die sie ihrer Meinung nach verdienen. Manchmal sehnen sie sich nach mehr Bestätigung.

Da sie im allgemeinen ihr Inneres nicht nach außen kehren und auch das Privatleben anderer respektieren, belasten mittlere Geschwister den Arbeitsplatz nicht mit ihren persönlichen Problemen, was sie zu perfekten Teamarbeitern macht. Obwohl sie gewöhnlich nicht sehr entscheidungsfreudig sind und sich selten befähigt fühlen, die Truppe in den Kampf zu führen, verfügen mittlere Geschwister über sehr viel Verhandlungsgeschick, da sie alle Seiten einer Situation sehen können.

Mittlere Geschwister haben schon früh gelernt, für sich selbst zu sorgen. Sie verlassen sich auf sich selbst, ein Charakterzug, der bei der Arbeit sowohl eine Hilfe als auch ein Hindernis sein kann. Hilfreich ist dies, weil mittlere Geschwister stets bereit sind, sich ins Zeug zu legen und keine Arbeit für zu schwierig oder für unter ihrer Würde halten. Hinderlich ist dies in einer Machtposition, weil mittlere Geschwister keine Verantwortung delegieren können, was dazu führt, daß sie alle Arbeit selbst machen.

Jüngste Geschwister bei der Arbeit

Da von jüngsten Kindern gewöhnlich nicht viel erwartet wird, widmen sie oft einen großen Teil ihres Lebens dem Versuch, etwas Bedeutendes zu leisten, um Respekt zu ernten. Oft entscheiden sie sich verhältnismäßig spät für eine Berufslaufbahn, weil sie nicht wissen, was sie eigentlich wollen. Unsicher, was ihre Arbeitsleistung betrifft, neigen sie dazu, auf Kritik besonders empfindlich zu reagieren. Diese Unfähigkeit, Kritik – selbst gutgemeinte – zu ertragen, sowie ihre Aufmüpfigkeit, die es ihnen schwer macht, sich Anordnungen zu fügen, bringt jüngste Geschwister oft dazu, eigene Wege zu gehen.

Durch ihren übermächtigen Wunsch nach Unabhängigkeit und ihren starken Wettbewerbsinstinkt eignen sie sich mehr zum selbständigen Unternehmer als zum Mitarbeiter in einem Team. Sie sind innovativ und kreativ und lieben es, neue Dinge auszuprobieren, und sie können zu Pionieren auf ihrem Gebiet werden. Nicht gebunden an Traditionen wie ihre älteren Geschwister, suchen sie nach der anderen Perspektive und dem anderen Zugang zu Dingen. Dies, zusammen mit ihrer Kreativität, ihrer hochentwickelten Fähigkeit, zuzuhören, ihrem Verlangen, im Rampenlicht zu stehen, und ihrem Vermögen, die Gefühle anderer zu verstehen, läßt viele von ihnen zu erfolgreichen Künstlern werden.

Im Geschäftsleben können dieselben Charakterzüge zu Erfolg oder Mißerfolg führen. Belastet mit einem verinnerlichten Minderwertigkeitskomplex aufgrund ihrer Stellung in der Familie, haben Jüngste so wenig Glauben an sich selbst, daß sie dazu neigen, Menschen, die ihnen helfen wollen, zu mißtrauen. Sie interpretieren die Hilfe als eine Folge ihrer Unzulänglichkeiten. Aber sie mißtrauen auch den Menschen, die ihnen *nicht* helfen, da dies in ihren Augen ein Mangel an Zuwendung ist und sie dazu zwingt, etwas zu tun, das sie tief in ihrem Inneren glauben, nicht tun zu können – nämlich sich um sich selbst zu kümmern. Jüngste brauchen für ihre Selbstachtung stets die Anerkennung und die Akzeptanz anderer, obwohl dieser Charakterzug oft gut maskiert wird und sich in prahlerischem Benehmen oder Großspurigkeit manifestiert.

In der Geschäftswelt sind jüngste Geschwister oft die Angestellten, die sich am unkooperativsten verhalten. Sie verstehen es, Vorgesetzte zu unterminieren und ihre Mitarbeiter vor den Kopf zu stoßen. Andererseits bringen sie mit ihrem Charme und Humor etwas frischen Wind in das Büro.

Ist dies mein Bruder?

Es ist nicht immer von Vorteil, einen Kollegen oder eine Kollegin so zu behandeln, als ob es Ihr Bruder beziehungsweise Ihre Schwester wäre – denn diese Personen sind nun einmal nicht Ihre Geschwister. Selbst wenn dieser Kollege einige ähnliche Charakterzüge mit Ihrem Bruder aufweisen sollte, ist er doch ein anderer, und er wird sich Ihnen gegenüber nicht so verhalten, wie es Ihr Bruder getan hat. Außerdem ist er von seiner Familie vorprogrammiert, und er wird sich getreu dem Schema verhalten, das er in seinem Elternhaus bei seinen Geschwistern und Eltern gelernt hat. Auch er kann nicht so ohne weiteres sein Verhalten ändern, selbst wenn er es wollte.

Patty mußte dies auf schmerzhafte Weise erfahren. Sie war das Baby der Familie gewesen, das niedliche kleine Mädchen. Im Büro begriff sie nicht, wie die Kopiermaschine funktionierte, und war unfähig, ohne ständige Ermahnungen und ohne Unterstützung anderer ein Projekt zu Ende zu bringen. Sie erwartete, daß alle ihr halfen, so wie ihre besorgten Eltern und die zwei älteren Brüder dies immer getan hatten. Doch die Beförderung, auf die sie so sehnlichst wartete, ging an jemand anderen. »Ich war in einer Art Schockzustand«, erinnert sie sich. »Ich glaubte an einen Witz. Mein Bruder Jimmy neckte mich ständig, indem er sagte, ich könnte dies oder jenes nicht bekommen, um es dann in letzter Minute hervorzuholen. Ich habe wohl geglaubt, daß es im Berufsleben auch so sein würde.« Doch dies war ein Ort, an dem es nicht genügte, niedlich und allerliebst zu sein. Ihr Chef brauchte jemanden, der seine Arbeit zuverlässig verrichtete – und bei Patty war dies nicht der Fall.

Rose scheint ihren Chef ebenfalls als eine Verkörperung ihres Bruders gesehen zu haben, und auch sie mußte lernen, daß die Strategie, die zu Hause erfolgreich gewesen war, nicht auf das Büro übertragbar war.

Rose wuchs mit einem narzißtischen jüngeren Bruder auf. Er interessierte sich nicht wirklich für ihre Freuden und Leiden, erwartete aber andererseits, daß sie intensiv an allem, was ihn betraf, Anteil nahm. Es gab nur einen Weg, seine Aufmerksamkeit zu gewinnen: Wenn er keine Notiz von ihr nahm, mußte sie ihm Schuldgefühle einjagen, und wenn ihre Frustration überhandnahm, ihn mit Vorwürfen überschütten.

Eines Tages passierte es bei der Arbeit, daß sie völlig unbeherrscht ihren Chef beschimpfte. Woher diese plötzliche Wut kam, konnte sie sich nicht erklären. Sie war zwei Wochen wegen einer Fehlgeburt und einem darauf folgenden, chirurgischen Eingriff krank geschrieben gewesen. Ihr Chef, den Kopf voll mit anderen Problemen, hatte nicht viele teilnehmende Worte für sie übrig, seine Haltung drückte vielmehr aus: »Aber nun wieder an die Arbeit. Es gibt viel zu tun.«

Er übergab ihr verschiedene Aufgaben, die kurzfristig zu erledigen waren, und nahm keine Rücksicht auf ihre labile psychische und physische Verfassung. Da brach es plötzlich aus ihr heraus – und das, was sie sagte, erstaunte nicht nur ihren Chef, sondern auch sie selbst. Später wurde ihr klar, daß die Zielscheibe ihres Zorns eigentlich ihr Bruder gewesen war. Leider rief ihre Schimpfkanonade eine andere Reaktion wie bei ihrem Bruder hervor – aus dem einfachen Grund, weil dieser Mann ihr Chef und nicht ihr Bruder war. Ihre traurige Geschichte weckte in ihm keine Schuldgefühle, und ihre Wut schüchterte ihn auch nicht ein. Er reagierte auf seine charakteristische Weise – das heißt, mit

Ablehnung statt Versöhnung. Rose mußte sich bald darauf auf die Suche nach einer anderen Stelle machen.

Der Einfluß Ihrer Geschwister bei der Berufswahl

Selbst wenn Ihnen der Einfluß Ihrer Geschwister auf Ihre Berufswahl unerheblich erscheinen mag, kann er doch größer gewesen sein, als sie glauben. Ihre Geburtenreihenfolge, die Sie identifizierenden Bezeichnungen, die Verteidigungstaktiken, die Sie perfektioniert haben, und die Rolle, die Sie in der Familie spielen, sind entscheidende Faktoren bei der Wahl Ihres Berufsweges.

In den meisten Familien entscheiden die Eltern über die grundlegende Struktur der erstrebenswerten und akzeptierten Begabungen und Talente ihrer Kinder, und sie ermuntern sie, stillschweigend oder direkt, sich in eine bestimmte Richtung zu bewegen. Innerhalb dieses Rahmens treffen die Kinder ihre Entscheidungen, indem sie sich Gebiete heraussuchen, die zu ihren individuellen Charaktereigenschaften, Rollen und Interessen passen. Wenn Brüder oder Schwestern bereits einige Gebiete für sich in Beschlag genommen haben, werden die Optionen für die anderen geringer.

Es ist eher selten, daß zwei oder mehrere Kinder einer Familie denselben Beruf wählen. Die Ausnahme bildet ein Geschwister, das fest entschlossen ist, die Überlegenheit über seinen Bruder oder seine Schwester unter Beweis zu stellen, indem es sich für denselben Beruf entscheidet.

Natürlich können auch angeborene Vorzüge und Fähigkeiten des anderen Geschwisters die eigenen Bemühungen zunichte machen.

Lisa wollte unbedingt Model werden. Sie besuchte eine Mannequin-Schule, hielt sich an eine Diät, machte Gymnastik und blätterte ständig in Modezeitschriften. Sie schaffte es jedoch nie, von einer Agentur unter Vertrag genommen zu werden. Ihre sechs Jahre jüngere Schwester Stacy hingegen war eine solch umwerfende Schönheit, daß sie ohne große Mühe ein Top-Model wurde, was ihr den Groll der Schwester bescherte. Erst mit Hilfe einer längeren Psychotherapie konnte Lisa ihren Neid und das Gefühl der Niederlage überwinden. Sie sah sich nach einem für sie geeigneteren Beruf um und entschied sich, Lehrerin für Aerobic zu werden, und heute leitet sie ein gutgehendes Studio.

Gewöhnlich entscheidet sich das älteste Kind in der Familie als erstes für eine Berufslaufbahn und versucht, die spätere Konkurrenz der jüngeren Geschwister abzuwehren. Entschließt sich das erste Kind der Familie, Rechtsanwalt zu werden, weil es wortgewandt ist, einen logischen Verstand besitzt und keine große Begabung für Naturwissenschaft und Mathematik zeigt, werden die jüngeren Geschwister wahrscheinlich auf diesem Gebiet nicht mit ihm konkurrieren, sondern, mit der Unterstützung der Familie, sich möglicherweise für Medizin, das Lehramt oder Ingenieurwissenschaften entscheiden.

In Earls Familie hatte der Arztberuf Tradition. Sein Vater, Großvater und Urgroßvater waren Chirurgen gewesen. Deshalb gab es keinen Zweifel, daß auch er Arzt werden würde. Bereits an seinem ersten Geburtstag erhielt er einen Arztkoffer mit Stethoskop und Blutdruckmeßgerät, und es dauerte nicht lange, bis er seinen Spitznamen »Doc« weg hatte. Der nur zwei Jahre jüngere Don erhielt an seinem ersten Geburtstag einen Teddybären. Was die Familie damit ausdrücken wollte, war klar – Earl sollte Arzt werden, und Don konnte sich für etwas anderes entscheiden.

Nach Beendigung des College schrieb Earl sich an der medizinischen Fakultät ein. Als Don dann auch Interesse am Medizinstudium zeigte und Anstalten machte, sich für den Aufnahmetest anzumelden, führte sein besorgter Bruder ein ernsthaftes Gespräch mit ihm, in dessen Verlauf er ihn vor der Härte dieses Berufes und der Opferbereitschaft, die er erforderte, warnte. Don, so meinte er, wäre zu sehr am gesellschaftlichen Leben und zu wenig am ernsthaften Studieren interessiert. Earl sprach auch mit seinem Vater darüber. Dieser wandte sich genau einen Tag vor dem Test an Don und erklärte, daß sie nicht genügend Geld hätten, um beiden Söhnen ein Medizinstudium zu finanzieren. Da Earl bereits zwei Jahre hinter sich habe, würde die Wahl auf ihn fallen. Don kapierte und trat zurück.

Selbst wenn Sie den gleichen Beruf oder die gleiche Begabung haben wie Ihr Geschwister, werden Sie nicht ganz genau denselben Weg einschlagen. Sie werden sich wahrscheinlich das Gebiet heraussuchen, auf dem Sie sich am wohlsten fühlen, das am besten der Rolle, die Sie in der Familie spielen, entspricht. Während der ältere Bruder Earl, der auf den Arztberuf programmiert wurde, sich höchstwahrscheinlich wie seine Vorgänger in der Familie als Chirurg ausbilden lassen wird, da er Verantwortung übernehmen kann und risikobereit ist, wird Don, falls er gegen den Widerstand der Familie ebenfalls Arzt werden sollte, sicherlich ein anderes Gebiet, wie zum Beispiel Kinderheilkunde oder Psychiatrie, wählen, da ihm dort seine Fähigkeit, gut mit Menschen umgehen zu können, von Vorteil ist und er auf diese Weise nicht direkt mit seinem großen Bruder in Konkurrenz treten muß.

Antonio, der mittlere von drei Brüdern, entschied sich wie sein älterer Bruder Juan für den Beruf des Rechtsanwalts, wobei er jedoch stets darauf achtete, nichts mit Juans Spezialgebiet, dem Konkursrecht, zu tun zu haben. Antonio hatte sich schon immer für die Rechtswissenschaften interessiert, doch weil die Wahl seines Bruders auf diesen Beruf fiel, entschloß er sich, Versicherungsmakler zu werden. Als man ihn während einer Therapie ermunterte, »seinen Neigungen nachzugeben«, begann er im Alter von neunundzwanzig Jahren mit dem Jura-Studium. Allerdings lehnt er es kategorisch ab, Konkursfälle zu übernehmen, weil er nicht direkt mit seinem Bruder Juan konkurrieren möchte. Juan seinerseits wird nicht müde, zu beteuern, wie toll er es findet, daß Antonio ebenfalls Rechtsanwalt geworden ist. Doch in Momenten, in denen er sich bedroht fühlt, behandelt er Antonio als unmündiges Kind, und zwar mit derselben Taktik, die er bei seinem Bruder bereits in der Kindheit erfolgreich angewandt hat. Antonio: »Ganz plötzlich behandelt er mich wie einen Idioten, weicht nicht von meiner Seite, überprüft meine Arbeit und läßt sich auf Schmähreden über Aspekte der Gesetzgebung ein. Er macht mich wütend, und er macht mich unsicher. Mit anderen Worten, sein Verhalten zeigt bei mir die von ihm gewünschte Wirkung!«

Geschwister sind an Erfolg oder Mißerfolg beteiligt

Es mag Ihnen grotesk erscheinen, daß Ihre Geschwister sowie Ihre Eltern nicht nur bestimmen können, wann Sie erfolgreich oder nicht erfolgreich sein dürfen, sondern auch wie erfolgreich Sie sein dürfen. Auch wenn es nicht so ohne weiteres klar ersichtlich ist, kann Ihre Familie Sie davon abhalten, in der von Ihnen gewählten Berufslaufbahn Erfolg zu haben. Sie kann am zeitlichen Ablauf Ihres Erfolgs oder Mißerfolgs manipulieren, indem sie Sie motiviert oder bremst.

June ist eine talentierte, sechsundzwanzigjährige Schauspielerin. Es hat den Anschein, als ob sie dem Erfolg absichtlich aus dem Weg geht. Ihre Schwester Shari, neunundzwanzig Jahre alt, war der Liebling ihrer Mutter, während June weder von der Mutter noch vom Vater bevorzugt wurde. Ihre Mutter wurde mit ihr schwanger, um ihren untreuen Ehemann an sich zu binden; doch das Manöver verfehlte seinen Zweck. Bevor June ein Jahr alt war, verließ der Vater die Familie, woraufhin June prompt jegliche Bedeutung in der Familie verlor. Mit zunehmendem Alter wurde ihr klar, daß sie für die Mutter das Symbol für ihre gescheiterte Ehe war, für den Vater der Grund für seine monatliche Unterhaltszahlung und für die Schwester die Mitkonkurrentin im Kampf um die Zuwendung der Mutter.

Erst im Erwachsenenalter wurde ihr etwas wohlwollende Aufmerksamkeit zuteil, als sich erste Erfolge einstellten. Sie bekam, nachdem sie jahrelang hart an ihrer Schauspielkarriere gearbeitet hatte, eine Rolle in einem Broadway-Musical angeboten. Selbst ihre Mutter war begeistert und sonnte sich bereits in der Berühmtheit ihrer Tochter.

Shari, die von einem Job zum anderen wechselte und nie einen wirklichen Beruf erlernt hatte, fing zur gleichen Zeit an, unter Panikattacken zu leiden. Bereits seit frühester Kindheit, als sie Atembeschwerden hatte, war sie ein Hypochonder. Nun zeigte sie Symptome von Agoraphobie, das heißt, neben Schwitzen, nach Luft schnappen und Herzklopfen fürchtete sie sich jetzt auch noch davor, das Haus zu verlassen. Sie war arbeitsunfähig und ängstigte sich vor dem Alleinsein.

Natürlich wurde alle Aufmerksamkeit, die sich kurzzeitig auf June konzentriert hatte, sofort wieder Shari zuteil. Weder Junes Mutter noch Shari konnten zu der Premiere der Show kommen. Ihre Mutter fing an, es June übelzunehmen, daß sie abends »ihren Spaß hatte«, während sie zu Hause bleiben mußte. Ein Großteil von Junes Gage wurde für die psychiatrische Behandlung ihrer Schwester aufgebraucht. Schließlich war June so gestreßt und voller Angst, noch mehr Ablehnung von ihrer Mutter zu erfahren, daß sie bei der Show kündigte. Shari ging es von da an sehr viel besser. Sie schrieb sich wieder an der Universität ein, während June sich fragte, ob sich ihr je wieder eine Chance als Schauspielerin bieten wird.

Als June sich einer Therapie unterzog, wurde rasch ersichtlich, daß Shari, die sich durch den Erfolg ihrer jüngeren Schwester und eine eventuelle Verlagerung der mütterlichen Bevorzugung bedroht fühlte, sich unbewußt in eine Krankheit geflüchtet hatte. Sie wollte dadurch ihre Schwester besiegen und den Status quo ihrer Kindheit wieder herstellen, als sie die bevorzugte Tochter war. June ist mittlerweile sehr vorsichtig geworden und vermeidet es, besser als Shari zu sein. Es hat viele Monate gedauert, bis sie einsah, daß ihre Familie Einfluß auf ihre Karriere genommen haben könnte.

Die Geschichte von Allen und seinem jüngeren Bruder Pete ist ein weiteres Beispiel dafür, wie Geschwister den Erfolg am Arbeitsplatz beeinflussen können.

Allen hat seinen sechs Jahre jüngeren Bruder Pete praktisch großgezogen. Die alkoholabhängige Mutter und der unfähige Vater waren den Kindern weder physisch noch psychisch eine große Stütze. Doch Allen war immer da, um Pete die Eltern zu ersetzen. Er kaufte ein, kochte und überwachte Petes Schularbeiten, und Pete wiederum war seinem großen Bruder treu ergeben.

Allen trat eine Stelle in einer großen Firma an. Als sein Bruder mit dem Studium fertig war, besorgte er ihm einen Job in derselben Firma. Beide arbeiteten als Systemanalytiker und waren äußerst tüchtig. Eines Tages wurde Pete, der sehr viel Charme und Humor entwickeln konnte, eine Position als Verkaufsdirektor angeboten, was mit einer beträchtlichen Gehaltserhöhung und einem großen Karrieresprung verbunden war. Er machte sich mit viel Elan an die Arbeit, setzte seinen Charme mit Erfolg ein, und bald hörte Allen von allen Seiten, wie fähig sein Bruder wäre.

Doch es dauerte nicht lang, und Pete wurde nervös und depressiv. Sein Chef riet ihm, psychologische Hilfe in Anspruch zu nehmen. In der Therapie sprach Pete davon, daß er alles in seinem Leben – einschließlich seines Jobs – seinem Bruder zu verdanken habe. Weil er die Schuldgefühle, die sein Erfolg in ihm geweckt hatten, nicht mehr ertragen konnte – obwohl Allen ihm sagte, daß sein Erfolg auch ihm zugute kam –, fing er an, sich selbst zu sabotieren. Gleichzeitig haßte er es, sich seinem Bruder verpflichtet zu fühlen. In einer Therapiesitzung sagte er: »Ich weiß, daß er mir half, in dieser unmöglichen Familie zu überleben, und ich liebe ihn. Aber ich bin ihm auch böse, weil er immer so überlegen und aufopferungsvoll ist. Es ist schrecklich, ihm, der mich als einziger geliebt hat, weh tun zu müssen, weil ich in der Firma schneller aufsteige.«

Sowohl June als auch Pete wurde bewußt, daß sie dabei waren, ihre älteren Geschwister zu überflügeln, die eigentlich zuerst das Anrecht auf Erfolg hatten. Daraufhin begannen sie, ihre eigenen Fähigkeiten zu regulieren und sich selbst daran zu hindern, voranzukommen, um die Familienordnung nicht durcheinanderzubringen.

Solch psychische Kräfte ruhen tief in unserem Unbewußten. In der Therapie wehrt man sich im allgemeinen vehement dagegen, sich diese einzugestehen, da es eine Neubewertung unserer Beziehung zu den Eltern und Geschwistern erfordert. Erfahrene Therapeuten erkennen diese Verhaltensmuster sehr rasch. Für Patienten hingegen ist es oft ein langer und schmerzhafter Prozeß, sich ihrer bewußt zu werden, sie zu akzeptieren und dann den Familienprinzipien die Stirn zu bieten. Gewöhnlich sind sie erst dann bereit, etwas zu unternehmen, wenn sie erkennen, wie lohnend die Befreiung von diesen Gefühlen sein kann. Am schnellsten und eindeutigsten zeigt sich dies im Berufsleben. Patienten machen sehr bald die Erfahrung, daß sich ihre Beziehungen zu den Mitmenschen am Arbeitsplatz verbessern, wenn sie sich Klarheit über die Geschwisterdynamik verschaffen.

Es gibt zwei mögliche Gründe, warum sich auf beruflicher Ebene Erfolge so rasch einstellen. Erstens: Eine direkte Geschwisterkonfrontation ist nicht nötig, weil sich vieles nur in Ihrem Kopf abspielt und Menschen betrifft, die sehr viel weniger an Ihrem Verhalten beteiligt sind als Ihre wirklichen Brüder und Schwestern. Zweitens: In unserer Gesellschaft glauben Menschen, daß sie ein unveräußerliches Recht auf Erfolg haben, wenn sie hart arbeiten. Sie nehmen an, daß Geschwister oder Eltern ein Unrecht begehen, wenn sie diesem Erfolg im Weg stehen, und sobald sie glauben, ein Recht auf Erfolg zu haben, läßt dieser gewöhnlich auch nicht auf sich warten.

Wie June und Pete haben viele unserer Patienten herausgefunden, daß ihre beruflichen Ambitionen sie in Konflikt mit dem Status quo in ihren Familien gebracht haben. Obwohl sie wissen, daß ihr Versuch, Veränderungen vorzunehmen, auf Widerstand stoßen wird, hat ihr starker Wunsch, Erfolg zu haben, sie mutiger gemacht.

Geschwisterdynamik im Familienbetrieb

In den Vereinigten Staaten sind viele Unternehmen im Besitz von Familien, wobei es nur wenigen gelingt, diesen Besitz bis in die dritte Generation zu halten. Es kann sein, daß ein Familienbetrieb die Beziehung zwischen den Familienmitgliedern stärkt, viel häufiger treibt er die Familie jedoch auseinander. Bei den meisten Familien kann dies darauf zurückgeführt werden, daß das Geschäft für eine Erweiterung der Familie gehalten wird, das heißt, die Mitglieder bringen ihre Rollen und Rivalitäten in das stark unter Wettbewerbsdruck stehende Geschäftsleben ein. Folglich ist es den meisten Geschwistern unmöglich, auf eine Weise miteinander zu kooperieren, die nötig wäre, um ein erfolgreiches Unternehmen zu führen. Geschwisterrivalitäten, die nie vollständig abgelegt wurden, erwachen zu neuem Leben, wenn Geld und Macht im Spiel sind, und sie werden somit zu Katalysatoren eines Fiaskos.

Die jedem Geschwister in der Kindheit zugeteilte Rolle, die für das Funktionieren der Familie wichtig war, wird gewöhnlich im Geschäftsleben weitergeführt, was sich häufig als nicht gut erweist. Oft wird dem ältesten Sohn – gelegentlich auch der ältesten Tochter – die Führungsrolle zugeteilt, weil er diese Rolle bei den Geschwistern innehatte, obwohl er für diese Position möglicherweise nicht geeignet ist und sie vielleicht auch gar nicht haben will. Die anderen Familienmitglieder mögen diese Regelung nicht für gut halten, trauen sich aber auch nicht, an ihm vorbei nach vorne zu drängen.

Auch Geschwister, die sich nicht für das Geschäft interessieren und sich für andere Arbeiten besser eignen würden, fühlen sich oft durch Familienbande gefesselt. Alles wird noch komplizierter, wenn Tanten, Onkel, Vettern und vor allen Dingen angeheiratete Verwandte hinzukommen.

Es mit den Faksimiles Ihrer Geschwister am Arbeitsplatz zu tun zu haben ist nicht das gleiche, wie mit den Originalen zusammenzuarbeiten. In einem Familienbetrieb haben Sie es mit Ihrem wirklichen Bruder und Ihrer wirklichen Schwester zu tun, Menschen, mit denen Sie immer um Gleichberechtigung und Überlegenheit konkurriert haben. Die Objektivität bleibt auf der Strecke, wenn alte Rivalitäten durchbrechen und Ihre Urteilsfähigkeit trüben. In Ihrem Kopf ist immer noch das Bild des Geschwisters, mit dem Sie aufgewachsen sind – vielleicht des eingeschüchterten jüngeren Bruders, der stets von seinem großen Bruder dominiert wurde, oder des großen Bruders, der immer noch auf der Hut ist, weil er befürchtet, von einem aggressiven, widerspenstigen Geschwister überrundet zu werden.

Ein Familienbetrieb floriert in den meisten Fällen nur dann, wenn die den Familienmitgliedern zugeteilten Rollen stimmen oder, den Realitäten entsprechend, neu definiert wurden; wenn die Erwartungen nicht über dem Niveau liegen, was die einzelnen Personen zu leisten imstande sind; wenn die »Familienloyalität« aufgekündigt wird, so daß die finanzielle Entschädigung fair nach den Leistungen eingeschätzt werden kann, wenn zwischen den Familienmitgliedern die Kommunikation stimmt; oder – was sich im allgemeinen als beste Lösung entpuppt – wenn Führungskräfte von außen eingestellt werden, die neue Ideen bringen und bei Differenzen vermitteln können.

Erkenntnisse führen zu einem neuen Verhalten

Wenn Sie begriffen haben, daß Sie bei der Arbeit dieselbe Person sind wie auch sonst überall – eine Person mit in der Kindheit erworbenen und nie ganz abgelegten Komplexen –, werden Sie erkennen, daß es sich lohnt, Ihre Geschwisterbeziehung einer genaueren Überprüfung zu unterziehen. Es ist Ihnen vielleicht nicht schwergefallen, den Einfluß Ihrer Eltern auf Ihr Verhalten als Erwachsener herauszufinden, aber an Ihre Brüder und Schwestern haben Sie in dieser Hinsicht noch nie gedacht. Dabei sind diese – genauso wie Ihre Eltern – an Ihrem Arbeitsplatz gegenwärtig. Das liegt in der menschlichen Natur, und wenn Sie diese Tatsache akzeptieren, fällt es Ihnen leichter, bestimmte Verhaltensmuster und Mechanismen der Selbstverteidigung zu erkennen, Ihre Kollegen nicht mehr mit Ihren rivalisierenden Geschwistern zu verwechseln, und ein Verhalten, das in dieser neuen Umgebung nachteilig für Sie ist, abzulegen.

Das Geschäft ist offensichtlich nicht der einzige Ort, wo wir Verhaltensmuster an den Tag legen, die wir im Elternhaus gelernt haben. Noch augenfälliger ist manchmal der Einfluß, den unsere Familien auf unsere Liebesleben haben. Im nächsten Kapitel werden wir uns mit diesem Thema befassen.

9 Liebe –
Ihr Liebesleben und das Ihrer Geschwister

Ein Gesicht am anderen Ende eines überfüllten Raumes. Ein Lächeln, ein Blick, eine Stimme, eine kurze Unterhaltung. Obwohl Sie sich vielleicht erst vor einigen Minuten getroffen haben, kommt es Ihnen so vor, als ob Sie sich schon eine Ewigkeit kennen. Ihre Augen leuchten, Ihr Herz klopft, Ihre Hände zittern. Sie haben sich verliebt!

Ist das Schicksal, der Zufall, eine Fügung verantwortlich für das Aufwallen unserer Gefühle, für die Wahl unserer Partner? Weit gefehlt! Alles, was wir im Leben tun, hängt von unseren eigenen Entscheidungen ab, wobei wir manchmal einfach Gelegenheiten nutzen. In den meisten Fällen wählen wir unsere Liebespartner – ob für kurze Zeit oder für immer –, weil wir sie »erkennen« und uns auf eine rätselhafte Weise von ihnen angezogen fühlen. Irgendwie – ob gut oder schlecht für uns – kennen wir sie, spüren eine gegenseitige Vertrautheit, die es für uns einfacher macht, uns in der gewohnten Art in einer verwirrenden Welt zurechtzufinden. Zudem fühlen wir uns immer wieder zu derselben Art von Mensch hingezogen.

Und wie sind unsere Erfolgsaussichten? Wird unsere neue Liebe glücklich sein und lange halten, oder werden Konflikte und Mißtöne sie trüben – oder wird es eine Mischung sein? Haben wir einen Partner gewählt, der unsere Bedürfnisse erfüllt, der sich an die Verhaltensmuster, die wir gelernt haben, ohne Schwierigkeiten anpaßt, uns den Halt gibt, nach dem wir uns sehnen? Unsere Zukunft läßt sich bis zu einem gewissen Grad voraussagen, wenn wir unsere Entscheidungen überprüfen, um zu sehen, in welchem Verhältnis sie zu den Mustern, die wir kennen, und den Erfahrungen, die wir mit unseren Geschwistern und Eltern gemacht haben, stehen.

Die wenigstens von uns sind sich bewußt, welch starken Einfluß unsere Brüder und Schwestern auf unser Liebesleben haben. Daß wir dazu neigen, die Beziehung, die wir zu unseren Eltern hatten, bei unseren Partnern zu wiederholen, ist in der psychoanalytischen Literatur schon oft diskutiert worden, und wir lassen auch die Möglichkeit gelten, daß wir einen Partner wählen, der unserer Mutter oder unserem Vater ähnlich ist. Es kann jedoch genausogut sein, daß wir uns einen Partner suchen, der einem Geschwister ähnlich ist, obwohl wir vielleicht nicht zugeben wollen, daß unsere kleine Schwester oder unser großer Bruder die Macht hat, Einfluß auf einen solch wichtigen Bereich in unserem Leben zu nehmen.

Die Verhaltensmuster in unserer Familie werden ebenfalls oft kopiert. Sind wir mit einem Elternteil aufgewachsen, der es mit der ehelichen Treue nicht so genau nahm, neigen wir viel eher dazu, in unserer Ehe auch vom Pfad der Tugend abzukommen, wenn aber ehelicher Treue ein hoher Stellenwert zukam, werden auch wir sie wahrscheinlich für ein wichtiges Gut in der Ehe halten. Dies sogar dann, wenn wir entschlossen sind, nicht die Verhaltensmuster aus der Vergangenheit zu wiederholen. In unserer Praxis hören wir immer wieder von unsere Patienten: »Ich will keine Ehe führen wie meine Eltern.« Und häufig wollen sie auch keine Wiederholung einer Geschwisterbeziehung. Doch es ist erstaunlich, wie sich Geschichte wiederholen kann.

Betrachtet man den Unterschied zwischen Eltern- und Geschwisterliebe, zeigt sich, daß, im idealen Fall, Eltern bedingungslos lieben, also keine Einschränkungen in ihrer Liebe kennen, während Geschwister Bedingungen an ihre Liebe knüpfen: So drohen sie, uns zu verlassen oder uns ihre Liebe zu entziehen, und wir glauben ihnen das auch: »Wenn du nicht den Hund ausführst, werde ich dich immer hassen!« oder »Wenn du mir nicht sofort deine Puppe gibst, lade ich dich nicht zu meiner Geburtstagsfeier ein!« Wir werden diese Erfahrung von bedingter Liebe, einer Liebe, die zu verlieren wir ständig Gefahr laufen, in jeder Beziehung, die wir eingehen, machen. Ausgenommen ist die Liebe zu unseren Kindern, bei der sich das Wunder der bedingungslosen Liebe wiederholt.

Ein Geschwister »heiraten«

Geschwister als Metaphern sind etwas so Subtiles, daß es schwierig ist, sie zu erkennen. Nicht so ohne weiteres sehen Sie Ihre ältere Schwester in Ihrem Ehemann oder denken an Ihren jüngeren Bruder, wenn Sie Ihre Ehefrau anschauen. Aber sie sind, genauso wie am Arbeitsplatz, häufig zugegen und zeigen sich in den Verhaltensmustern, die Sie so gut kennen. Wie in allen anderen Bereichen Ihres Lebens versuchen Sie, sich heimisch zu fühlen, indem Sie bei Ihren Partnern Ihre alten Verhaltensmuster leben, ob dies nun angebracht ist oder nicht.

Robert, ein großer, gutaussehender Mann von zweiundvierzig Jahren, verliebt sich immer wieder in sehr ehrgeizige, machtbewußte Frauen. Er konkurriert mit ihnen bis zum Umfallen und verläßt sie, sobald er sich als der Stärkere erwiesen hat. Er kennt diese Art von Frauen sehr genau, handelt es sich bei ihnen doch um Duplikate seiner älteren Schwester Tracy, seinem wichtigsten Geschwister, deren Konkurrenzkampf zur Entfremdung der Geschwister geführt hat. »Ich will das nicht wirklich«, behauptet er in der Therapie, »und ich verstehe auch nicht, warum ich mir immer wieder solche Frauen aussuche.« Doch wenn er sich mit sanften und weniger herausfordernden Frauen trifft, »stimmt die Chemie nicht«, und er findet schnell einen Grund, die Affäre zu beenden.

Die Wahrheit ist, daß Sie genausogut eine Schwester oder einen Bruder »heiraten« können wie ein Elternteil. Vielleicht wählen Sie einen Partner, der einem Geschwister ähnlich ist oder die Qualitäten von mehreren Geschwistern aufweist oder eine Mischung aus einem Geschwister und einem Elternteil darstellt. Sie tun dies in dem Bemühen, die Ihnen bekannte Atmosphäre wieder zu erschaffen. Genaugenommen ist Ihr Partner ein Pseudo-Geschwister, in dem sich am deutlichsten die Beziehungen Ihrer Kindheit widerspiegeln.

Ungelöste Konflikte mit sich herumtragen

Wenn Sie immer noch in größerem Stil mit Ihren Geschwistern konkurrieren, ist es gut möglich, daß Sie dasselbe Konkurrenzdenken auch in Ihren Liebesbeziehungen zeigen, wo es katastrophale Folgen haben kann. So sind Schwierigkeiten vorprogrammiert, wenn Sie sich mit einer Frau liieren, die ein Duplikat Ihrer Schwester ist, mit der Sie nie aufgehört haben zu streiten, oder einem Mann, der ein Duplikat Ihres Bruders ist und der Sie mit seiner Überlegenheit erdrückt (oder Sie ihn mit Ihrer). Eine neue Beziehung kann scheitern, wenn Sie diese ungelösten Konflikte hineintragen, die vertraute Dynamik nicht erkennen und sich nicht bemühen, Ihr Verhalten zu ändern. Nun stellt sich die Frage: Wie kann man diese Verhaltensmuster ändern? Erstens: Indem Sie sich Ihres Verhaltens bewußt werden, ein Verhalten, das sich darin äußert, daß Sie sich stets die falsche Person aussuchen. Zweitens: Indem Sie damit beginnen, sich nach einem Partner umzusehen, der keine Reinkarnation – oder zumindest eine weniger ausgeprägte Version – des Geschwisters darstellt, mit dem Sie stets aneinandergeraten sind. Hören Sie auf, jemanden zu suchen, der der Person ähnelt, die sich früher gegen Sie gewandt hat. Zwingen Sie sich, jemand anderem eine Chance zu geben. Lernen Sie diese Person gut kennen, und in der Zwischenzeit achten Sie darauf, welcher taktischen Manöver Sie sich gewöhnlich bedienen, und versuchen Sie, dieses Verhalten zu ändern.

Althea fühlte sich immer zu »coolen« Männern hingezogen, »Männern von Welt«, berechnenden Männern, die sie ausnutzten, um sie dann fallenzulassen. Auf die Frage, wie sie »cool« definieren würde, bekam man einen verwunderten Blick und die Antwort: »Na eben einfach cool!« Es zeigte sich, daß ihr älterer Bruder »cool« war. Er hatte ihr mit seiner Schlagfertigkeit, seiner schicken Kleidung, seiner Selbstsicherheit und seiner dominierenden Persönlichkeit imponiert. Sie bewunderte ihn sehr, weil sie nicht so war. Als Kind war sie so erpicht auf seine Gesellschaft und seine Anerkennung, daß sie Geld aus Vaters Jackentaschen und Mutters Geldbörse stahl, um ihm Süßigkeiten und alle möglichen Kinkerlitzchen zu kaufen. Sie arbeitete nach der Schule und lieh ihm Geld, damit er seine jeweilige

Freundin ins Kino einladen oder sich ein neues Hemd kaufen konnte. Sie machte Botengänge für ihn und tat auch sonst, was er wollte, nur um sich sein Wohlwollen zu sichern. Ben war der Liebling des chauvinistischen Vaters und der unterwürfigen Mutter. Seine Schwester benutzte er, wie auch sonst alle Menschen, die in seinem Leben eine Rolle spielten. Als sie beide Teenager geworden waren, weihte er sie gelegentlich großmütig in einige seiner Pläne ein.

Althea verliebte sich immer nur in gewandte, »coole«, aalglatte, narzißtische Männer, ganz nach dem Vorbild von Ben. Sie bewunderte sie, tat alles, was sie wollten, und überschüttete sie mit Geschenken und Einladungen. Obwohl es immer schlimm endete, erkannte sie erst im Laufe einer Therapie, warum sie sich zu dieser Art von Männern hingezogen fühlte. Von diesem Zeitpunkt an begann sie, auch Männer zu schätzen, die ihrerseits bereit waren zu geben.

Selbstverständlich werden Sie auch in einer Liebesbeziehung das Repertoire an Verhaltenstaktiken anwenden, das Sie zu Hause gelernt haben. Waren Sie zum Beispiel Experte im Beschuldigen Ihres Bruders, werden Sie zweifelsohne dieselbe Taktik bei Ihrem Partner anwenden – falls Sie damit Erfolg haben. Gehören Sie zu den paranoiden Intriganten, werden Sie jemanden finden, dem Sie Vorwürfe machen können – vielleicht eine Person, die sich der *mea-culpa*-Technik bedient. Ist Einschüchtern Ihre Taktik, werden Sie sich jemanden suchen, über den Sie Macht ausüben können. Deshalb sollten Sie, sobald Sie in Ihrem Verhalten einer Person gegenüber, die *nicht* Ihr Geschwister ist, die vertraute Dynamik erkennen, deren Ursprung in der Geschwisterrivalität Ihrer Kindheit suchen. Teilen

Sie Ihre Erkenntnisse Ihrem Partner mit. Es ist für Ihre Beziehung von Vorteil, wenn Sie beide die Wurzeln ihres jeweiligen Verhaltens erkennen. Sie werden toleranter gegenüber den Verteidigungstaktiken sein, und sie können einander helfen, dieses Verhalten, das Ihre Beziehung schädigen oder zerstören kann, zu ändern.

Obwohl die Wiedererschaffung der Familie sich bis zu einem gewissen Grad in allen Ehen abspielt, ist es wichtig, herauszufinden, ob Sie ein konstruktives oder destruktives und dadurch gefährliches Verhaltensmuster aufrechterhalten.

Kate ist ein Beispiel dafür, wie sich eine Beziehung positiv entwickeln kann. Kate wuchs mit einer fürsorglichen und übermächtigen älteren Schwester auf, die ihr während der Kindheit alle Wege ebnete. Die schüchterne, introvertierte Kate brauchte Danielle. Sie focht ihre Kämpfe aus, nahm sie vor der strengen Mutter in Schutz und beschaffte ihr Spielkameradinnen. Obwohl Danielle ihre Schwester als ständiges Anhängsel manchmal als lästig empfand, hielt sie ihre schützende Hand über Kate und ist bis heute das große Vorbild für ihre Schwester.

Die sehr hübsche und anlehnungsbedürftige Kate hatte viele Verehrer. Schließlich entschied sie sich für einen Mann, der, genau wie Danielle, sie vor den Unbilden der Welt beschützt. Obwohl ihre Schüchternheit ihn öfter ungeduldig werden läßt, erfüllt er ihre wichtigsten Bedürfnisse. Kate erzählt: »Als ich Gerald kennenlernte, fühlte ich mich sicher. Ich wußte, das war der richtige Mann für mich. Wir verliebten uns sofort ineinander.« Gerald erfüllte sich mit Kate ebenfalls seine Bedürfnisse. Er war ein Mann, der sich immer unbedeutend fühlte und der im Schatten seiner beiden jüngeren, aber cleveren Brüder stand. Kate und

Gerald ergänzen sich gegenseitig und fühlen sich in der Gegenwart des anderen wohl.

Für Stefan jedoch nahm die Wiederaufnahme der Geschwisterrollen kein glückliches Ende. Stefan fühlte sich als der Vernünftige und Kompetente und seiner Schwester Ellie gegenüber weit überlegen. Die Familienverhältnisse, in denen er aufwuchs, waren ziemlich chaotisch: Der Vater war Alkoholiker, und die unterwürfige Mutter konnte sich gegen seine verbalen Ausfälle nicht wehren. Stefan entzog sich, indem er die Rolle des Familienhelden spielte, dessen Erfolge die Misere zu Hause vergessen ließ. Ellie wiederum war die »Verrückte«, der Sündenbock, an der alle ihren Frust ausließen.

Obwohl er seine Schwester ständig verunglimpfte und sich ihr überlegen fühlte, suchte Stefan sich eine Frau, die genauso war wie Ellie – ein Opfer, eine Frau mit enormen Minderwertigkeitskomplexen und ohne jegliche Belastbarkeit. Seine Frau hilft ihm, sich als der Gescheite und Kompetente zu fühlen, indem sie ihm erlaubt, sich auf ihre Kosten zu profilieren, so wie er es bei Ellie gemacht hatte. Er begreift sich als der Überlegene und weiß genau, wie er mit ihren periodischen Weinkrämpfen und Klagen über die große Ungerechtigkeit umgehen muß. Er demütigt sie, und sie wehrt sich nicht. Sie glaubt, selbst schuld zu haben an der Art, wie sie behandelt wird.

Glücklicher- oder unglücklicherweise wird Stefan durch die Therapie allmählich zu einsichtig, um diese Ehe weiter aufrechtzuerhalten – es sei denn, seine Frau bringt es fertig, nicht mehr so hilflos zu sein.

Natürlich ist der Partner nie eine genaue Kopie eines Geschwisters oder Elternteils, und oft entscheidet der Unterschied zwischen Familie und Partner über Erfolg oder Mißerfolg einer Beziehung.

»Man könnte sagen, ich habe meine Schwester geheiratet oder zumindest all das, was ich an ihr liebte«, erzählt Andy, der als Sozialarbeiter gelernt hat, innere Verhaltensmuster zu erkennen. »Meine Frau Anna ist wie meine Schwester Betsy neun Jahre älter als ich. Beide sind sie starke und tüchtige Frauen. Doch Anna ist die Jüngste in ihrer Familie, genauso wie ich in meiner. Deshalb versteht sie – im Gegensatz zu meiner Schwester – mich und meine Widerspenstigkeit, und ich passe mich ihrem Bedürfnis nach einem geregelten, gesicherten Leben an. Wir suchten beide nach Anerkennung. Als ich sie kennenlernte, wußte ich sofort, daß wir zusammengehören. Ich brauche eine starke Hand in meiner Ehe, jemand, der mir hilft, die Kämpfe des Lebens auszufechten, und das habe ich bekommen. Anna hat nicht nur viel von meiner Schwester, sie hat auch viel von mir. Ihr fällt alles leicht im Leben. Ich lerne von ihr, bewundere sie unendlich und versuche, ihrem Beispiel zu folgen.«

Der Einfluß reicht noch weiter

Geschwister bestimmen nicht nur, was Sie für gut befinden und wen Sie als Partner wählen, sie beeinflussen Ihr Leben auch noch in anderer, vielleicht weniger offensichtlicher Weise. Sie können zum Beispiel wie ein Barometer Dinge vorhersagen oder Werte zeigen, die von Ihren Eltern nicht direkt vermittelt wurden. Sie können ihren Einfluß benutzen, um die Familienmachtstrukturen zu stabilisieren. Sie können ihre Partner vor Ihnen auswählen und Ihnen so

das Gefühl geben, in Ihrer Wahl eingeschränkt zu sein. Sie
können die Schrittfolge von Ereignissen für Sie festlegen –
Ihren Hochzeitstermin, wann und ob Sie Kinder bekommen, ein Haus bauen, sich scheiden lassen, wieder heiraten, sich zur Ruhe setzen. Sie können in der Beziehung zu
Ihrem Partner bildlich auferstehen. Sie können mit Ihrem
Partner rivalisieren oder ihn verunglimpfen oder sich zwischen Sie und einen zukünftigen oder gegenwärtigen Partner schieben, Ihr Vertrauen mißbrauchen, Ihre Geheimnisse verraten und Verehrer vertreiben. Sie können mit Ihnen
wetteifern im Betonen der Fähigkeiten der nächsten Generation – den Tugenden und Errungenschaften ihrer Kinder.

Geschwister als Wegweiser

Die Art, wie Ihre Brüder und Schwestern ihr Leben leben,
kann auch Ihnen als Vorbild dienen. Scheitert zum Beispiel
die Ehe eines Geschwisters, können Sie nicht anders, als
sich fragen, ob Ihnen dies wohl auch passieren wird. Es
könnte ja sein, daß sie beide aufgrund der Vorgänge in Ihrer Kindheit unklug gewählt oder sich dumm verhalten haben.

Nina beobachtete ihre ältere Schwester Ada und zog ihre
Schlüsse daraus.
Ada war dreißig Jahre lang verheiratet und hatte zwei erwachsene Söhne, als sie eine Notiz fand, die ihr Ehemann
seiner Sekretärin geschrieben und achtlos auf seinem
Nachttisch liegengelassen hatte. Auf diese Weise erfuhr sie,
daß er beabsichtigte, sie wegen seiner neuen Liebe zu verlassen. Ada, am Boden zerstört, klagte ihrer Schwester am

Telefon ihr Leid. Nina überlegte sich daraufhin, ob ein solches Verhalten in der Familie bereits einmal vorgekommen war, konnte sich aber an nichts erinnern. Doch ihr Argwohn war erwacht, und sie beobachtete mißtrauisch ihren eigenen, bisher unbescholtenen Ehemann. Durch Nina hatte sie gelernt, daß man sich auf Ehemänner, denen man bisher vertraut hatte, nicht verlassen konnte.

Alles wurde klar, als ihr Vater einen Schlaganfall erlitt und in unzusammenhängenden Sätzen immer wieder von einer Frau redete, mit der er jahrelang ein Verhältnis gehabt haben mußte. Hatte das Vorbild ihres Vaters auf subtile Weise Adas Partnerwahl beeinflußt? Oder Ninas? Es mag an den Haaren herbeigezogen erscheinen, aber Kinder wissen, wenn etwas in der Familie nicht stimmt; sie spüren es, wenn es versteckte Geheimnisse gibt. Für Nina war die Warnung klar: Sei wachsam, oder der Geist des Vaters könnte auch in ihrer Ehe zu spuken beginnen. Wenn Ada einen Mann gewählt hatte, der sich als ein Ebenbild ihres Vaters erwies, warum nicht auch sie. Gleichzeitig war sie jedoch auch auf der Hut, durch ihren Argwohn und den ihrer Schwester ihren Mann nicht in die Arme einer anderen zu treiben.

Bleib so, wie du bist

Geschwister können einen zusätzlichen Druck auf Ihr Liebesleben ausüben, wenn sie erwarten, daß Sie weiterhin Ihre Rolle in der Familie spielen. Waren Sie zum Beispiel der Sündenbock, könnte es sein, daß man Sie immer noch für alle Probleme verantwortlich macht, oder als die Fürsorgliche dazu drängt, sich weiterhin um das Wohlbefinden der Familie zu kümmern, trotz Ihrer neuen Aufgaben.

Laura, vierunddreißig Jahre alt, ist das älteste Kind in ihrer Familie. Sie hat noch einen ein Jahr jüngeren Bruder und drei sehr viel jüngere Schwestern. Zusammen mit ihrem Bruder als ihrem Hauptverbündeten und Rivalen hatte Laura die Rolle der Fürsorglichen und Managerin der Geschwister inne. Sie erinnerte sich: »Ich war die Vernünftige, Ernsthafte und Verantwortungsbewußte. Für Späße war ich nicht zuständig. Ich hielt mich an die Regeln und achtete darauf, daß die anderen es auch taten, was sie mir natürlich übelnahmen.« Ihr Bruder war »ein Luftikus«, der in seiner eigenen Welt lebte, verträglich, lustig, extravagant und sehr beliebt. »Meine Rolle war es, aufzupassen, daß er – und die anderen -- nicht in Schwierigkeiten gerieten, während seine Rolle darin bestand, die anderen zu unterhalten.«

Laura spielt auch heute noch diese Rolle. Sie ist mit einem Mann verheiratet, der mit zwei sehr tüchtigen älteren Schwestern aufwuchs und weiterhin die ihm zugewiesene Rolle des verhätschelten Kindes spielt – liebenswert, witzig und von unerschütterlichem Optimismus. Es gibt Reibungen, wenn Laura zu beherrschend wird oder wenn er sich weigert, Entscheidungen zu treffen. Ansonsten fühlen sich beide in ihren Rollen wohl. Sie kümmert sich darum, daß der Kontakt zu den vier Geschwistern aufrechterhalten bleibt. Wann immer sie um Hilfe bitten – und das ist häufig der Fall –, ist sie zur Stelle. Sie erwarten dies nach wie vor von ihr, gleichgültig, ob sie es mit ihrem eigenen Familienleben vereinbaren kann oder nicht.

Das Spiel um Status und Prestige

Geschwister können Einfluß auf Ihr Liebesleben nehmen, und zwar nicht nur, indem sie als Modell für Ihren Partner oder Ursache Ihres festgefahrenen Verhaltens dienen, sondern auch, indem sie die jeweiligen Verehrer/Ehepartner zu Vergleichsobjekten machen in dem Spiel »Wer ist dem anderen um eine Nasenlänge voraus«: Wer hat den netteren, angeseheneren, verständnisvolleren, vermögenderen Partner? Wer hat den Partner, den das andere Geschwister auch gerne gehabt hätte? Wer hat gewonnen?

Zwischen ernsthaften Rivalen wird die Suche nach einem überlegenen Partner oft zum Hauptziel. Sie – oder Ihr Geschwister – wählen vielleicht einen Partner, der reich, angesehen und gutaussehend ist, weil die Verbindung mit einer solchen Person Ihnen ein Gefühl der Wichtigkeit und einen höheren Status als der Ihres Geschwisters verleiht. Diese Art von Konkurrenzdenken kann die zerstörerischste Erscheinungsform ungelöster Geschwisterrivalität sein, denn wenn Brüder oder Schwestern mit ihren Ehepartnern oder Kindern miteinander konkurrieren, vergrößern sich die Angriffsflächen, und die Gelegenheiten für Familienfehden nehmen zu.

Manchmal wird ein Bruder oder eine Schwester, in denen immer noch der Stachel der Rivalität sitzt, zu einem Gegner Ihres Partners – Ihre Wahl wird kritisiert, um sich Ihnen gegenüber überlegen zu zeigen. Ein Geschwister kann sogar versuchen, einen potentiellen oder tatsächlichen Partner zu vertreiben, indem es Vertraulichkeiten preisgibt oder ihm Ihre Schwächen zu Ohren kommen läßt. Partner werden auch oft als Wortführer eingesetzt. Sie müssen die unangenehme Arbeit in Ihrer Auseinandersetzung mit einem Bruder oder einer Schwester erledigen, weil Sie Angst haben, sich direkt mit ihnen einzulassen. Wie die Puppe bei einem Bauchredner, die die Worte ihres Herrn spricht, übernehmen der Ehemann oder die Ehefrau den Kampf im Auftrag ihres Partners.

Randall, der Ehemann von Suzy, gilt in der Familie als Tyrann, weil Suzy nicht zu atmen wagt, ohne ihn um Erlaubnis zu bitten. Er ist der Herrscher, der ihre ganze Aufmerksamkeit fordert und auch erhält. Was sie tut, ist unwichtig. Er gibt ihr jede Woche Haushaltsgeld, über dessen Verwendung sie genauestens Rechenschaft ablegen muß. Suzy, die keine Zeit für eigene Angelegenheiten hat, fühlt sich schuldig, weil sie die gesamte Sorge um den chronisch kranken Vater ihrer Schwester Georgina überläßt, die sie ihren Groll darüber spüren läßt.

Warum leistet Suzy Randall keinen Widerstand? Weil sie ihn – neben vielen anderen Gründen – dazu benutzt, die Oberhand über ihr wichtigstes Geschwister, Georgina, zu gewinnen, die sie, wie sie glaubt, in ihrer Kindheit im gleichen Maße wie Randall schikaniert hat. Ohne Randall hat Suzy keine Entschuldigung mehr, daß sie Georgina bei der Pflege des Vaters nicht entlasten kann. Indem sie alles auf Randall schiebt (Ist er nicht schrecklich? Er läßt mich einfach nicht!), wird ihm die Schuld gegeben und nicht ihr. Suzy glaubt, auf diese Weise eine alte Rechnung mit ihrer Schwester begleichen zu können.

In vielen Ehen wird der Partner im Kampf mit einem Geschwister an die vorderste Front geschickt. Der Partner spielt den Pitbull-Terrier, der zum Angriff übergeht und seinen Kopf hinhält.

Dies war der Fall bei Alicia und dem Mann ihrer Schwester. »Mein Schwager Bob war das Sprachrohr meiner Schwester«, erzählt Alicia. »Ich habe das lange Zeit nicht begriffen. Ich glaube, sie hatte das Gefühl, nie gewinnen zu können, weil ich, obwohl sie die Ältere ist, immer stärker war und das letzte Wort haben mußte. Sie wollte mich ihren Ärger spüren lassen. Schließlich habe ich erkannt, daß sie

Bob anstachelte, sich mit mir auseinanderzusetzen. Wenn wir zusammen waren, fing er an, mich zu kritisieren und zu beschuldigen. Wir stritten ständig und hatten schreckliche Auseinandersetzungen, weil ich mir nichts gefallen ließ, während meine Schwester jeden von uns beim anderen verteidigte und so als die große Schlichterin dastand. Erst als sie sich scheiden ließ, wurde mir klar, was gespielt worden war. Nun mußte sie selbst kämpfen, doch sie bediente sich dabei noch immer ihres Exmannes! So klagte sie zum Beispiel: ›Bob sagte immer, du würdest alles tun, um das zu bekommen, was du willst‹, oder ›Bob hat mir immer gesagt, daß du egoistisch bist, und nun sehe ich, wie recht er hatte.‹ Doch eines Abends hatte ich genug. Ich sagte ihr, sie solle für sich selbst sprechen, und sie tat es – und ich auch –, und seitdem sind wir ehrlicher und kommen viel besser miteinander aus.«

Oft spielen die Partner auch noch eine andere, sehr subtile, aber wirksame Rolle im Geschwisterkampf. Wird ein neuer Partner der Familie vorgestellt, werden sich die Geschwister, die das gleiche Geschlecht wie der Familienneuzugang haben, mit ihm vergleichen. Ist sie (oder er) ihnen ähnlich, wird dies als Kompliment aufgefaßt, besonders wenn das Geschwister, das zu heiraten beabsichtigt, in der Familie einen hohen Stellenwert hat. Ist sie (oder er) beträchtlich anders, wird es gewöhnlich als Demütigung, wenn nicht gar als Beleidigung aufgefaßt, auf jeden Fall aber als eine Ablehnung dessen, was sie verkörpern. Gewöhnlich ist ihre Vermutung richtig, denn möglicherweise versucht das Geschwister tatsächlich im lebenslangen Machtkampf einen Vorsprung zu gewinnen, indem es sich im Spiel mit der Ablehnung einer neuen Form bedient.

Nehmen wir den Fall von Marguerite. Sie, die Prinzessin der Familie, brachte ihren zukünftigen Mann mit nach Hause. Er war das genaue Gegenteil ihrer beiden Brüder: Groß, blond, muskulös und wohlhabend, während die Brüder eher kleine, unscheinbare, hart arbeitende, schlechtbezahlte Intellektuelle waren. Dieser charmante Eindringling gab ihnen das Gefühl, unzulänglich und unattraktiv zu sein, und sie empfanden es als eine Kränkung von seiten ihrer Schwester.

Geschwister und Timing

Die Rivalität mit einem Geschwister kann den Zeitpunkt beeinflussen, wann Sie Ihren Partner kennenlernen und wann Sie ihn heiraten – oder sogar wann Sie sich von ihm scheiden lassen. Heirat ist ein Meilenstein im Leben, und gewöhnlich ist das Geschwister, das diesen Schritt als erstes tut, der Gewinner im Wettrennen. Früher war es üblich, daß die jüngeren Geschwister den älteren bei der Heirat den Vortritt lassen mußten. Dies ist heute natürlich nicht mehr so, trotzdem wissen wir, wann wir an der Reihe sind und wann nicht. Oft fühlen wir einen innerer Druck, der uns zum Handeln oder nicht Handeln animiert. Und häufig treffen wir Entscheidungen, die nicht unseren wirklichen Gefühlen entsprechen, sondern der Geschwisterrivalität entsprungen sind. Der Druck, gleichzuziehen, besonders mit einem wichtigen Geschwister, kann vorteilhaft sein, wenn er uns dort aktiv werden läßt, wo Aktivität gut für uns ist. Aber es kann auch ernsthafte Probleme geben, wenn der Hauptanreiz – ob wir uns dessen nun bewußt sind oder nicht – das Übertrumpfen des Geschwisters ist.

»Heirat war das letzte, was ich im Sinn hatte, als ich nach Abschluß des Colleges den Zug nach New York bestieg«, erzählt Helena ihrer Therapiegruppe. »Ich fuhr zur Verlobung meiner kleinen Schwester mit Will, den sie an der High-School kennengelernt hatte. Bei Arlene verläuft immer alles genau nach Plan, nie macht sie etwas Spontanes. Ich war die Impulsive, ich tat das, was mir im Moment als richtig erschien. Und ich war von uns beiden immer die Erste, die Überlegene, doch nun hatte sie mich überholt. Es war mir jedoch vollkommen egal, zumindest glaubte ich das. Ich hatte große Pläne, in denen ein Ehemann nicht vorkam.

Ich saß also in diesem Zug und las einen Liebesroman, als eine Stimme hinter mir sagte: ›Sie wollen doch nicht so einen Schund lesen?‹ Ich drehte mich um, und da stand ein gutaussehender junger Mann, der mich anlächelte. Wir verstanden uns auf Anhieb. Matt wollte sich in New York eine Stelle suchen. Es war Liebe auf den ersten Blick, und ich nahm ihn mit zu der Verlobungsfeier. Vier Wochen später hielt er um meine Hand an, und in der Woche darauf heirateten wir – einen Monat vor Arlenes Hochzeit. Matt fand eine Stelle als Vertreter, und ich arbeitete als Redaktionsassistentin bei einer Zeitschrift. Um ganz ehrlich zu sein ich heiratete einen Fremden, aber es lief ganz gut mit uns beiden.«

Sechs Jahre später kriselte es in Helenas Ehe. »Irgendwie geht er mir in letzter Zeit auf die Nerven«, erzählt sie. »Selbst seine Art zu niesen irritiert mich.« Nach einigen Fragen kam die Therapiegruppe der Wahrheit auf die Spur. Arlene, die kleine Schwester, die sich vor sechs Monaten von Will hatte scheiden lassen, ist nun mit einem gutaussehenden jungen Mann namens Peter liiert, den sie heiraten will. Er ist Rechtsanwalt in einer renommierten Firma und stammt aus einer prominenten Familie. Auf einmal sah Matt in Helenas Augen nicht mehr so gut aus wie früher. Im Vergleich mit Arlenes zukünftigem Mann fiel er ab. Schon wieder wurde das Leben von Helena nicht durch das, was sie wirklich wollte, bestimmt, sondern von ihrer lebenslangen Rivalin – ihrer Schwester.

Läßt sich ein wichtiges Geschwister scheiden, ist es nicht ungewöhnlich, wenn das andere es auch tut.

Dieses gedankenlose Nachahmen hat, wie Dan herausfand, mit der Aufrechterhaltung des Status quo unter Geschwistern zu tun. Die Brüder Dan und David waren beide verheiratet, beide erfolgreich im Beruf, beide hatten zwei Kinder und ein Haus in einem Vorort. Als Kinder standen sie einander ziemlich nahe, im Laufe der Jahre lebten sie sich jedoch auseinander und trafen sich nur noch anläßlich größerer Familienfeiern.

Als Daves Ehe nach zweiundzwanzig Jahren geschieden wurde, begann er, Dan mindestens einmal in der Woche anzurufen. Dan, der unser Patient ist, fand dies »in Ordnung« und erzählt dann weiter: »Mir war klar, daß er einsam war, und ich wollte ihm helfen. Und um ehrlich zu sein, es tat mir auch gut, von meinem großen Bruder gebraucht zu werden. Doch dann schlich sich Unbehagen ein. Jedesmal, wenn ich zu ihm kam, fragte mich Dave, ob ich nicht einen Ausflug mit ihm machen wollte – zum Jagen, Fischen oder Schnorcheln auf den Inseln. Ich ging ein- oder zweimal mit, aber es war mir wirklich zu kostspielig, und außerdem hatte ich Gewissensbisse, als Single auf Tour zu gehen und meine Frau und die Kinder allein zurückzulassen.

Allmählich wurde mir klar, daß Dave es gern gesehen hätte, wenn meine Ehe auch in die Brüche gegangen wäre. Kummer läßt sich mit einem Leidensgefährten leichter ertragen; er wollte nicht, daß ich glücklich verheiratet war. Er hat es sich bestimmt selbst nicht eingestanden, aber er wollte besser dran sein als ich. Nachdem ich begriffen hatte, was vor sich ging, machte ich einen Rückzieher, und ich glaube, er hat verstanden, warum ich es getan habe.«

Kann die Geburtenreihenfolge Ihre Ehe beeinflussen?

Wenn Sie wissen, wie sich älteste, mittlere und jüngste Geschwister in Liebesbeziehungen im allgemeinen zu verhalten pflegen, haben Sie einige Anhaltspunkte, wie Ihr potentieller Partner die Welt sieht.

Wir wissen, daß älteste Kinder in der Familie dazu neigen, gewissenhaft, gehorsam, vertrauensvoll, selbstsicher, direkt und fleißig zu sein. Mit all diesen Eigenschaften sollten sie eigentlich wundervolle Lebenspartner sein.

Sie haben jedoch auch noch andere Züge, die sich ebenfalls auf eine Liebesbeziehung auswirken können. Zum Beispiel sind Erstgeborene bekannt dafür, herrschsüchtig zu sein. Die meisten von ihnen lieben es, die Dinge im Griff zu haben und die Verantwortung zu tragen. Dies kann besonders dann zu Schwierigkeiten führen, wenn ein ältestes Geschwister sich mit einem anderen ältesten Geschwister verbindet und beide die Führung übernehmen möchten. Zwei Erstgeborene von besonders starkem Charakter werden so lange kämpfen, bis sich herausgestellt hat, wer von den beiden dominiert – oder die Verbindung geht in die Brüche. Herrschsüchtige Erstgeborene tun besser daran, nachgiebigere Partner zu wählen, das heißt gewöhnlich, jüngste oder mittlere Geschwister, die ihr herrschsüchtiges

Wesen besser tolerieren können oder sich sogar gern unterwerfen.

Als Perfektionisten, zu denen sie geworden sind, weil die Erwartungen der Eltern hauptsächlich auf ihnen lasteten, sind die typischen Erstgeborenen oft anspruchsvoll und kritisch. Sie erwarten zu viel von sich und den anderen, und es fällt ihnen schwer, Fehler der anderen ohne Kommentar durchgehen zu lassen. Diese Intoleranz richtet sich nicht nur gegen ihre Partner, sondern auch gegen ihre Kinder, an die häufig Anforderungen gestellt werden, denen diese unmöglich entsprechen können.

Älteste Geschwister sind die geborenen Konkurrenten, und sie können aus allem einen Wettstreit machen, angefangen von »Wer verdient mehr Geld« bis hin zu »Wer kann schneller Geschirrspülen«. Im allgemeinen gehören sie nicht zu den romantischen Liebhabern, weil es ihnen oft an Spontaneität fehlt. Die Liebe ist für sie mehr ein Ritual, und kann, wie alles andere auch, zur Arbeit werden. Tatsächlich bestimmt häufig die Arbeit ihr Leben, und alles andere kommt erst an zweiter oder dritter Stelle.

Mittlere Kinder wiederum sind oft Meister darin, Kompromisse zu schließen. Schwierigkeiten gehen sie aus dem Weg, weshalb sie alles tun, um Streit zu vermeiden. Sie sind verträglich, freundlich, taktvoll und nicht sehr selbstsicher. Das größte Problem für typische mittlere Geschwister ist ihre Unfähigkeit, Entscheidungen zu treffen. »Wir machen, was du willst«, ist ihre Redensart. Dies belastet den Partner, auch wenn sie im allgemeinen bereit sind, die niederen Arbeiten, die sich daraus ergeben, zu erledigen.

Ob ihr Hang, das Rampenlicht zu meiden und Verdienste nicht für sich in Anspruch zu nehmen, reizvoll ist, hängt davon ab, wie stark ihre Partner den Wunsch verspüren,

diese Rollen für sich einzunehmen. Wenn sie mit herrsch-
süchtigen Erstgeborenen oder nach Beachtung lechzen-
den jüngsten Geschwistern verheiratet sind, kann die Ehe
ein Erfolg werden, vorausgesetzt, sie bekommen zum Ausgleich Ermutigung, Bestätigung und Loyalität. Ist der Partner ebenfalls ein mittleres Geschwister, gibt es vielleicht
nicht genügend Anreize, um ein gegenseitiges Interesse
aufrechtzuerhalten. Wir raten jenen, die mittlere Geschwister heiraten, sich ihrer Ängste bewußt zu sein und sie zu
ermutigen, für sich selbst einzustehen und stolz auf ihre Errungenschaften zu sein.
Als Eltern sind mittlere Geschwister meist verständnis- und
liebevoll, jedoch leicht manipulierbar. Disziplinarische
Maßnahmen und konsequentes Verhalten fallen ihnen
eher schwer.

Jüngste Geschwister haben ebenfalls Angewohnheiten, die
sich auf ihre Liebesbeziehungen auswirken können. Im allgemeinen sind sie kontaktfreudig, wagemutig, kreativ, rebellisch, lebenslustig und geltungsbedürftig. Gleichzeitig
leiden sie jedoch auch häufig unter einem geringen Selbstbewußtsein und der Angst, übergangen zu werden.
Weil sie es gewöhnt sind, daß andere die Verantwortung
übernehmen, scheuen sich jüngste Geschwister davor, Entscheidungen zu treffen, und erwarten, daß andere sich um
ihre Angelegenheiten kümmern – was sie ihnen dann aber
gegebenenfalls wiederum übelnehmen. Oft sind sie sehr
ehrgeizig, fühlen sich immer gleich als Experte, halten jedoch meist wenig von harter Arbeit und langen Arbeitsta-
gen. Impulsiv, wie sie sind, interessieren sie sich häufig
nicht für die Folgen ihres heutigen Tuns, sondern erwarten, daß sich morgen alles von selbst lösen wird, und zwar
ohne große Anstrengung ihrerseits. Das bedeutet, daß ih-

nen das Geld locker sitzen kann und sie keine Vorsorge für die Zukunft treffen, eine Eigenschaft, die selten zu ehelichem Glück führt.

Wer ein jüngstes Geschwister heiratet, braucht gewöhnlich viel Geduld, Fürsorglichkeit und die Fähigkeit, ein Gefühl der Sicherheit zu vermitteln. Als Gegenleistung kommt man in den Genuß von kreativen Ideen, Optimismus und Enthusiasmus. Eine Beziehung wird glücklicher, wenn man sich bewußt ist, daß jüngste Geschwister hinter ihrer Fassade aus Selbstvertrauen fast immer unter Gefühlen der Minderwertigkeit, Unzulänglichkeit und Abhängigkeit leiden. Starke Partner, die sie stützen können, passen deshalb am besten zu ihnen.

Ihre Einsichten zu Ihrem Vorteil nutzen

Die Erkenntnis, daß Ihre Geschwisterbeziehungen eine erhebliche Auswirkung auf Ihr Liebesleben haben können, wird Ihrer Liebe nicht den Zauber nehmen. Es sollte vielmehr Ihre Gefühle verstärken und unglückliche Fehlentscheidungen vermeiden helfen. Sie können sich weiterhin verlieben, Sie können weiterhin dieses Hochgefühl empfinden, doch jetzt werden Sie vielleicht besser verstehen, warum Sie so fühlen. Wenn Sie verstehen, warum Sie sich in einen anderen Menschen verlieben, kann Ihnen dies beim Scheitern einer Liebe helfen, weniger Gefühle des Verlustes, der Zurückweisung und des Schmerzes zu empfinden – und, wenn es gutgeht, noch mehr Freude zu haben.

Nehmen wir Normas Fall als Beispiel.
Nach einer unglücklichen sechsjährigen Ehe und einer qualvollen Scheidung, die sich drei Jahre lang hingezogen

hatte, begann Norma mit einer Therapie. Sie behauptete, einen Mann geheiratet zu haben, der sie an ihre lebhafte, hilfsbereite und tolerante Mutter erinnerte, sich aber im Laufe ihrer Ehe als anmaßend, wenig hilfsbereit und voreingenommen entpuppte. Immer dann, wenn etwas nicht klappte, schien es ihr Fehler zu sein.

Nachdem sie ihre Ehe einer genauen Überprüfung unterzogen hatte, sah sie ein, daß ihr Mann nicht ihrer Mutter, sondern ihrem Bruder glich. Dieser hatte es sich während ihrer Kindheit zur Gewohnheit gemacht, sie zu loben und sie dazu zu bringen, sich sicher zu fühlen, nur um ihr dann den Boden unter den Füßen wegzuziehen. Er war eifersüchtig, weil sie offensichtlich Mutters Liebling war. Stets versuchte er, sie in Mutters Augen schlechtzumachen, indem er alles so hinstellte, daß die Schuld nicht bei ihm, sondern bei ihr lag. Doch er hatte auch seine guten Seiten. Sein Witz und Elan brachten etwas Spaß und Lachen in das trübselige Leben zu Hause. Aus etwas Alltäglichem konnte er eine aufregende Sache machen. Alle Eigenschaften von Jerry konnte man bei Normas Exmann wiederfinden, aber irgendwie war ihr diese Ähnlichkeit nie aufgefallen.

Während der zweieinhalb Jahre dauernden Therapie verabredete sich Norma mit mindestens fünfundzwanzig Männern. Zuerst waren es Männer, die Jerry und ihrem früheren Ehemann glichen. »Aber allmählich wurde mir bewußt, was ich tat«, erzählt sie, »ich begriff, daß ich das ständig gleiche Verhaltensmuster an den Tag legte, das nicht anders als unglücklich für mich ausgehen konnte. Bald traf ich keine Verabredungen mehr mit Männern, mit denen ich einst liebend gerne ausgegangen wäre, und begann mich für Männer zu interessieren, die ich früher als langweilig bezeichnet hätte. Es ist erstaunlich, wie uns ein wenig Selbstkenntnis viel Kummer ersparen kann.

10 Im Laufe der Jahre – die verschiedenen Phasen einer Geschwisterbeziehung

Weil sie aufeinander böse waren, hatten sich Alex und seine Schwester Gladys, er achtzig und sie fünfundsiebzig Jahre alt, zweiunddreißig Jahre lang nicht gesehen. Doch nun saßen sie zusammen beim Abendessen, zwei alten grauen Elefanten ähnelnd, die sich dieselbe Wasserstelle teilten. Jahrelang hatte Alex gehofft, daß sie anrufen würde, um sich nach seinem Befinden zu erkundigen oder sich für das zu entschuldigen, was sie ihm angetan hatte. Und Gladys hatte oft gebetet, »daß er zur Einsicht kommen und sich Gottes Willen beugen möge«. Doch keiner hatte den ersten Schritt unternommen – bis vor kurzem.

Gladys, der Schönheit in die Wiege gelegt wurde, war von Geburt an der Star der Familie. Verwöhnt von ihren Eltern, die sie über alles liebten, wurde sie eine bekannte Tänzerin. Ihr Bruder: »Sie war das Thema der Stadt. In den Gesellschaftsspalten der Zeitung konnte man lesen, mit welchem berühmten Sportler oder welchem reichen Mann sie gerade ausging. Sie war unsere große Hoffnung und sollte unserer kleinbürgerlichen Familie den Weg in die große Gesellschaft ebnen. Sie heiratete schließlich einen reichen Geschäftsmann aus besten Kreisen. Ich wiederum war nichts Besonderes, zwar ziemlich gescheit, aber sonst eher langweilig und solide. Ich machte Karriere bei einer Bank, heiratete und gründete eine Familie. Meine Kinder haben alle studiert und üben gute Berufe aus. Trotzdem wurden meine Errungenschaften im Vergleich zu ihren nicht sehr gewürdigt.

Ich habe nie begriffen, warum ich, mit meinen fünf Jahren Vorsprung, von ihr so überrundet wurde, als ob ich der kleine Bruder wäre. Es war, als ob ich auf der Stelle stehenbleiben und sie in vollem Tempo voranrennen würde. Als wir Kinder waren, wurde sie abgöttisch geliebt, während ich das Gefühl hatte, nur toleriert zu werden. Ich habe mir alles hart erarbeiten müssen.«

Alex wurde der Fürsorgliche in der Familie. Er war verantwortungsbewußt, zuverlässig und gehorsam. »Immer wollte ich alles recht machen, selbst wenn es mir schwerfiel.«

Trotzdem verstanden sich die Geschwister ganz gut, denn auch er liebte es, sich im Ruhme seiner Schwester zu sonnen und auf ihre Wünsche einzugehen.

Die Fehde zwischen den beiden entzündete sich, als Gladys nach einer bitteren Scheidung, die sie verarmt zurückließ und zwang, mit ihren Kindern zu ihrer verwitweten Mutter zu ziehen, zur Sekte der Christian Science konvertierte und die Mutter überredete, ebenfalls beizutreten. Gladys war inzwischen zu alt und zu übergewichtig, um wieder als Tänzerin aufzutreten. Alex, der hart an seiner beruflichen Karriere arbeitete, hielt die Verbindung aufrecht und achtete darauf, daß es ihnen gutging.

Zum offenen Streit kam es, als Alex sah, daß die Mutter sehr krank war, und darauf bestand, einen Arzt zu rufen. Gladys verweigerte dies aus Glaubensgründen. Das Gericht stellte sich schließlich auf die Seite von Alex, aber die ärztliche Hilfe kam zu spät, und die Mutter starb. Gladys gab ihm die Schuld wegen seines mangelnden Glaubens, und er gab ihr die Schuld wegen ihres absoluten Vertrauens in ihren Glauben. Kurz darauf mußte er feststellen, daß die

Mutter ihren gesamten Nachlaß Gladys vermacht hatte. »Es war nicht viel, aber es ärgerte mich, und ich wußte, daß meine Schwester sie dazu überredet hatte.« Von da an sprachen er und Gladys nicht mehr miteinander.

Warum haben sie sich nach all den Jahren zu einem Wiedersehen durchgerungen? Alex erklärt es so: »Ich hatte das Gefühl, daß es Zeit wäre, Frieden zu schließen, denn unser Schöpfer kann uns jederzeit zu sich rufen. Deshalb sollten wir versuchen, zu vergeben und zu vergessen. Vielleicht hört es sich dumm an, aber sie ist, trotz allem, was sie mir angetan hat, meine Schwester und gehört zu meiner Familie. Sie ist die einzige, die noch übriggeblieben ist.«

Erst schrieb er ihr, dann rief er mehrere Male an, und schließlich trafen sie sich im Haus seines Sohnes. Die ganze Familie, bestehend aus ihren und seinen Kindern, war anwesend. Obwohl so viele Jahre vergangen waren und sich in der Zwischenzeit vieles ereignet hatte, fielen die beiden sofort wieder in ihre alten Rollen zurück. Gladys, die noch immer gern im Mittelpunkt steht, erzählte lustige und auch ziemlich unglaubliche Geschichten, während Alex wiederum nur die zweite Geige spielte. »Aber es war es wert«, sagt er, »irgendwie fühle ich mich jetzt viel wohler, seit die Sache bereinigt ist. Alles Unerledigte ist vom Tisch.«

Die Intensität der Geschwisterbeziehung unterliegt im Laufe des Lebens Schwankungen: Es gibt Zeiten großer Nähe, Zeiten der Stagnation oder gar der Entfremdung, und fast immer verläuft die Beziehung nach einem bestimmten Muster: In der Kindheit ist das Verhältnis zwischen Brüdern und Schwestern meist sehr eng, als Erwachsene driften sie auseinander, um dann, wenn sie älter werden, von einem unwiderstehlichen Drang getrieben wieder zusammenzukommen.

Nachfolgend erläutern wir unsere Sicht der wichtigsten Phasen des Lebens, und welche Auswirkungen die Jahre auf die Beziehung zwischen Brüdern und Schwestern haben.

Kindheit

Die Entwicklungsphase in der Kindheit, von der Geburt bis zur Adoleszenz, ist eine entscheidende Zeit voller Spannungen, da die Familie ihre endgültige Struktur noch nicht entwickelt hat, sich ständig ändert, neu formiert und arrangiert, wenn neuen Kindern ihre Rollen zugewiesen und ihnen eigene Identitäten gegeben werden. Allmählich kristallisiert sich die Familiendynamik heraus, die kleine Einheit Familie erhält ihre definitive Form, die sich aller Voraussicht nach im wesentlichen nicht mehr ändern wird.

In der Kindheit sind Brüder und Schwestern notgedrungen ein wichtiger Teil im Leben des anderen. Oft verbringen die Geschwister mehr Zeit miteinander als mit ihren Eltern. Es ist der Beginn einer Beziehung, die ein Leben lang fortbestehen wird, oft länger als jede andere eingegangene Beziehung. Zusammen leben, essen, spielen, streiten, sich gemeinsam gegen Autoritäten verteidigen und denselben Familienproblemen stellen – dies schafft eine Beziehung, die einerseits von großer Intimität, andererseits aber auch von offener Rivalität geprägt ist.

Brüder und Schwestern werden sich wahrscheinlich nie wieder körperlich und emotional so nahe sein, noch werden sie je wieder mit so großem Aufruhr und Unberechenbarkeit konfrontiert werden, was die Rivalität in diesen frühen Jahren stark und offen, ja manchmal sogar brutal und gewalttätig werden läßt, wenn sie füreinander das direkte

Objekt der Wut und des Neides sind. Gleichzeitig können sich aber auch starke Bande, Liebe und Abhängigkeiten entwickeln, was zu noch mehr Spannung innerhalb der Gruppe führen kann.

Christine erinnert sich an einen Nachmittag, als sie zehn Jahre alt war. Ihre Mutter war einkaufen gegangen, und sie und ihre zwölf Jahre alte Schwester Ellen blieben allein zurück. »Wir fingen an, schrecklich zu streiten, ich weiß nicht einmal mehr, warum, aber wir schlugen aufeinander ein. Ich ging mit einem hölzernen Kleiderbügel auf Ellen los und zerkratzte ihr das Gesicht, und sie biß mich in den Arm und riß mich an den Haaren. Als Mutter nach Hause kam, sah es fürchterlich aus, und wir beide waren in Tränen aufgelöst.«

Als Christy an diesem Abend ihr gemeinsames Zimmer betrat, lag Ellen heulend auf dem Bett. Eine Klassenkameradin, die sie für ihre beste Freundin hielt, hatte sie nicht zu ihrer Geburtstagsparty eingeladen. »Ich legte meinen Arm um sie und versuchte sie zu trösten. Ich konnte es nicht ertragen, daß jemand ihr weh tat. Sie kam mir so zart und verletzlich vor, und ich wollte nichts anderes, als sie beschützen. Ist das nicht komisch, ein paar Stunden davor hätte ich sie liebend gerne umgebracht, und jetzt das?«

Die größte Macht stellen eindeutig die Eltern dar, eine Macht, die andere Einflüsse auf die Beziehungen zwischen ihren noch kleinen Kindern fast gänzlich ausschließt. Um ihre Liebe, Anerkennung, Aufmerksamkeit und Zeit wird unter den Geschwistern gekämpft. Besonnene und vernünftige Eltern bemühen sich, kein Kind zu bevorzugen oder ihnen irgendwelche abwertenden Bezeichnungen zu geben. Sie greifen ein, um Grenzen zu setzen und um Regeln im Geschwisterkrieg aufzustellen, damit jedes so fair und kalkulierbar wie möglich behandelt wird. Es handelt sich hierbei gewiß um keine leichte Aufgabe, versuchen doch alle Kinder ständig herauszufinden, wie weit sie bei den Eltern und Geschwistern gehen können.

Als Kind in einer jungen Familie versuchen Sie sich eine günstige Stellung unter den Geschwistern zu verschaffen. Sie tun alles, um die Vorherrschaft zu gewinnen und möglichst viel Liebe und Aufmerksamkeit der Eltern zu erhalten. Sieht es so aus, als ob Ihr Bruder oder Ihre Schwester mehr davon abbekommt, glauben Sie, daß diese über besondere Gaben verfügen, die Ihnen fehlen, oder daß sie sich die Zuwendung, die eigentlich Ihnen zusteht, erschwindelt haben. Sie wollen ihnen dieses Geschenk der Eltern wegnehmen und ihnen weh tun, denn sie haben etwas, das Sie auch gerne hätten. Wie es sich in Wirklichkeit verhält, spielt keine Rolle, denn es zählt nur, wie Sie diese Ungerechtigkeit empfinden.

Zu der Person werden, die man ist

In der Kindheit werden Sie zu der Person, die Sie heute sind. Natürlich können Sie sich in Ihrem späteren Leben neue Verhaltensformen aneignen – durch die Umstände, Freunde, Mentoren, Ehe, Berufslaufbahn, Therapie und Elternschaft. All dies hat Auswirkungen auf Ihre Persönlichkeit. Doch im Elternhaus, bei Vater und Mutter, Brüdern und Schwestern, wird das Innere Ihres Wesens geformt.

In dieser Zeit bekommen Sie Ihre Bezeichnungen, diese besonderen Eigenschaften, die Ihnen zugesprochen werden und die Sie definieren und einmalig machen. Gleichzeitig entwickeln Sie die Rolle, die Sie in der Familie zu spielen haben, und Sie perfektionieren Ihren individuellen

Stil im Umgang mit den anderen. Im Wettbewerb mit Ihren Brüdern und Schwestern schaffen Sie sich Ihr eigenes Territorium und lernen, dieses zu verteidigen. Im Alter von sechs bis acht Jahren haben sich Ihre elementaren Wesenszüge entwickelt, die Sie ein Leben lang behalten werden.

In dieser Zeit entdecken Sie auch die wirksamsten Methoden, mit denen Sie auf das Verhalten der anderen Familienmitglieder Einfluß nehmen können, um sich die Macht, die Sie für Ihr seelisches Wohlbefinden brauchen, zu sichern. So finden Sie zum Beispiel heraus, daß Sie Ihren Bruder fügsam machen können, wenn Sie ihm androhen, seine Streiche aufzudecken, daß Jammern und Heulen dazu dient, von Ihrer Mutter das zu bekommen, was Sie wollen, und daß Sie durch Verweigerung fast immer die Macht über Ihre Schwester – zumindest für den Moment – gewinnen.

Geschwisterrivalität kann selbst dann eine Rolle spielen, wenn ein Geschwister ein liebes Gesicht aufsetzt und die »kleine Mutter« spielt oder den väterlichen großen Bruder. Es kann eine geschickte Tarnung oder ein direkter Weg sein, Macht und Überlegenheit über einen Bruder oder eine Schwester zu bekommen.

Melissa ist acht Jahre alt und das mittlere Kind zwischen zwei Brüdern. Ihr älterer Bruder, der Star der Familie, ist für sie außer Reichweite, und er beachtet sie auch kaum. Ihren jüngeren fünfjährigen Bruder dagegen beherrscht sie auf der ganzen Linie, und sie möchte auf keinen Fall, daß er mächtiger wird als sie.

Eines Tages, als der kleine Harry das Kindermädchen fragt, ob er bei seinem Freund übernachten dürfe, bemerkt Melissa deren Zögern und schaltet sich sofort ein. »Nein«, sagt sie, »du kannst nicht bei ihm übernachten. Mama würde es nicht wollen. Du bleibst daheim, und wir machen Spiele.« Und damit war die Angelegenheit entschieden. Melissa wird ihr Leben lang die Ersatzmutter und die Fürsorgliche spielen, und Harry wird versuchen, sich ihrer Macht zu entziehen, indem er seine eigenen Taktiken der Widerspenstigkeit oder der Ironie anwendet.

Diese, wie auch andere Arten der Rivalität, sind natürlich, entwicklungsbedingt und akzeptabel. Auf diese Weise lernen und wachsen wir und werden zu dem, was wir sind.

Wichtige Unterschiede

Wie wir erfahren haben, ist es ein Unterschied, ob man als erstes Kind in die Familie hineingeboren wurde oder als zweites, drittes oder in der Reihenfolge noch weiter hinten. Wie Sie nach Ihrer Geburt in Empfang genommen werden, hängt außerdem vom Zustand der Ehe der Eltern ab. Größere Spannungen zwischen ihnen übertragen sich oft auf die Geschwister und schaffen Ressentiments, die manchmal nie überwunden werden und die Art ihrer Beziehung für immer prägen.

Margot macht für die Rivalität zwischen ihr und ihrer Schwester großenteils den Machtkampf verantwortlich, der zwischen ihren Eltern herrschte. Margot und ihre ältere Schwester Lee hatten von Anfang an ihre Bezeichnungen, von denen sie sich nie lösen konnten, obgleich jede Schwester immer das sein wollte, was die andere war. »Sie war die Kluge und ich die Witzige«, erzählt Margot. »Sie wollte aber immer die Witzige sein und ich die Kluge. Sie verteidigte jedoch ihre Rolle, indem sie mir sagte, wie dumm ich wäre, und ich hielt sie von meinem Territorium fern, indem ich ständig den Clown spielte und durchblicken ließ, daß ich sie für langweilig hielt.

Während einer Psychoanalyse habe ich viel über unsere Beziehung nachgedacht. Dabei erkannte ich, daß unsere Eltern uns in ihrem Konflikt wie Schachfiguren benutzten. Sie waren sich dessen sicherlich nicht bewußt, aber ich glaube, Lee übernahm die Rolle der Klugen mit den festen Meinungen, weil mein Vater, der trotz seiner geringen Schulbildung ein Intellektueller mit festen Meinungen war, eine Verbündete brauchte. Und meine Mutter, die Umgänglichere, Kontaktfreudigere, nahm mich an ihre Seite, um einen Ausgleich zu schaffen.«

In dieser Phase werden Geschwisterbeziehungen noch auf eine andere Weise durch die Familiendynamik beeinflußt. Kinder können es nicht riskieren, ihre Aggressionen und Feindseligkeiten an ihren Eltern – oder anderen Erwachsenen – abzureagieren, da dies böse Auswirkungen für sie haben könnte. Deshalb neigen sie dazu, ihre Wut und Frustration an weniger gefährlichen, leichter erreichbaren und verwundbaren Objekten auszulassen – an ihren Geschwistern. Dies kann zu schrecklichen Problemen zwischen Geschwistern führen. In mehr Familien, als die meisten zu glauben bereit sind, gibt es in diesen frühen Jahren körperlichen, seelischen und sexuellen Mißbrauch unter Geschwistern.

Adoleszenz und frühe Erwachsenenjahre

Wenn Kinder zu Erwachsenen werden, orientieren sie sich eher nach außen und trennen und distanzieren sich von ihrer Familie. Die Rivalität in Nahkampfmanier nimmt ab, wenn die engen, intensiven Beziehungen innerhalb der Familie abgelöst werden von Beziehungen zu Außenstehenden. Obwohl sich die Geschwister weiterhin miteinander messen, gehen sie langsam zu einem Wettkampf mit dem symbolischen Bild des Geschwisters über und weniger zu einem mit der wirklichen Person.

Da Geschwister ihr Verhalten und ihre Taktiken beibehalten, wenn sie hinaus in die Welt gehen, werden sie auf die gleichen Probleme stoßen und die gleichen Erfolge haben wie zu Hause. Zum Beispiel wird ein Mädchen, das im Elternhaus die Führungsrolle innehatte, auch in ihrer neuen Umgebung diese Rolle spielen wollen, und, wenn dies nicht gelingt, unglücklich sein. Ein Jugendlicher, der sich seinem Bruder gegenüber unterlegen vorkommt, wird diese Gefühle mit in die Schule tragen und, ohne sich dessen bewußt zu sein, einen gewitzten »Bruder« finden, der ihm wiederum Minderwertigkeitskomplexe vermittelt. Die Tendenz, Verhaltensmuster zu wiederholen, ist sehr stark.

Doch auch eine Neubewertung ist möglich. Der gleiche junge Mann entdeckt vielleicht, daß er gar nicht so unfähig ist, wie er immer gedacht hat. Er kann in seiner neuen Umgebung einigen Erfolg verbuchen, was ihn veranlaßt, sein Bild von sich zu revidieren.

Bei der Trennung der Geschwister in dieser Phase des Lebens erleben sie oft Gefühle von Verlust oder sogar von Ablehnung, wenn die Außenwelt sich in die enge Geschwisterbeziehung drängt. Die Intimität, die sie als Kinder erfuhren, als sie gemeinsam gegen dieselben starken Kräfte ankämpften, löst sich auf, sobald die einzelnen Geschwister beginnen mit Fremden auszugehen, sich aufmachen, das College zu besuchen, aus dem Elternhaus ausziehen, heiraten und die Stadt verlassen. Die Zurückgebliebenen schließen sich dann gern Menschen an, die sie an ihre Geschwister erinnern, um die Lücke, die diese hinterlassen haben, zu füllen.

»Als mein Bruder Spencer auf die High-School ging, fühlte ich mich verlassen. Er lernte eine Menge neuer Leute kennen und hatte keine Zeit mehr für seinen kleinen Bruder«, erzählt Mike. »Von nun an interessierte er sich mehr für Mädchen und für Aktivitäten außer Haus. Ich vermißte sogar unsere Streitereien. Er konnte nichts mehr mit mir anfangen, und ich war darüber todtraurig.

Als ich vier Jahre später auf die High-School kam, ging er aufs College und verschwand so gut wie ganz aus meinem Leben. Ja, ich bekam sein Zimmer und seine Modellflugzeugsammlung, aber eigentlich wollte ich nur ihn. Ungefähr um die gleiche Zeit begann mein bester Freund Butch mir auf die Nerven zu gehen. Er war ein netter Junge, aber einfach zu langweilig. Er hatte mir geholfen, Komplotte gegen meinen Bruder zu schmieden, aber jetzt, wo dieser weg war, wußten wir nicht mehr viel miteinander anzufangen. Dann traf ich Ed, der Spencer sehr ähnlich war – groß und dünn, streitlustig, egoistisch und selbstsicher. Genau wie Spencer dachte er, jemand Besonderer zu sein und Anspruch auf die guten Dinge des Lebens zu haben. Es war eine sehr angenehme Beziehung, etwas ganz Natürliches, als ob wir schon immer Freunde gewesen wären. Er wurde zu einer Art Ersatzbruder, jemand, der mich herausforderte und den ich bewundern konnte. Unsere Freundschaft besteht nun schon seit über zwanzig Jahren.«

In der Adoleszenz und im frühen Erwachsenenalter schwindet die Macht, die die Familie auf die jungen Menschen ausübt. Geschwister kämpfen nicht mehr miteinander um familienbezogene, metaphorische und egozentrische Belohnungen; sie beginnen um greifbarere und meßbarere, mehr gesellschaftsbezogene Leistungen zu konkurrieren. Mit anderen Worten: Sie kämpfen nicht mehr so sehr um die Aufmerksamkeit der Mutter oder um ein Kuchenstück mehr, sondern um Überlegenheit in der Schule oder auf dem Fußballplatz, um mehr Freunde, als die Schwester vorweisen kann, oder um mehr Erfolg am Arbeitsplatz. Dies sind die Dinge, die alle anderen auch haben wollen.

Gleichzeitig testen sie ihre Identität in einem neuen Bereich und fragen sich, ob das, was die Familie ihnen an Bezeichnungen und Rollen zugewiesen hat, ihnen auch wirklich entspricht. Indem sie ihre Geschwister, insbesondere das wichtigste Geschwister als Maßstab einsetzen, beurteilen sie ihre Leistungen in bezug auf die restliche Welt. Wenn sie das Gefühl haben, daß sie den Dingen gewachsen sind und ihr Selbstbild dem entspricht, wie sie sich innerhalb der Familie gefühlt haben, werden Sie voraussichtlich ohne größere Probleme durch die Adoleszenz und das frühe Erwachsenenalter gehen können. Doch wenn die Welt, wie sie in der Kindheit gesehen wurde, nicht der jetzt angetroffenen Welt entspricht, wird die Rivalität mit den Geschwistern, von denen man sich überrundet fühlt, auch im Erwachsenenalter unvermindert anhalten.

Jason war fünf Jahre jünger als sein Bruder James. Als er in die High-School kam, war dieser bereits auf dem College, für das er ein »Football-Stipendium« erhalten hatte. Jason erinnert sich: »Der Biologielehrer sagte zu mir, er hoffe, ich sei ein besserer Schüler als mein Bruder, der nur an Sport und Mädchen interessiert gewesen wäre. An diesem Tag wurde mir klar, daß ich endlich eine eigene Person sein konnte. Ich vergaß die Worte des Lehrers nicht und beschloß, anders als mein Bruder zu sein. Ich arbeitete hart, und dieser Lehrer staunte nicht schlecht, als ich zum Schüler gewählt wurde, der die Abschiedsrede halten sollte und ein Stipendium für ein renommiertes College bekam. In unserer Familie hat man mir den Glauben vermittelt, daß ich der Intellektuelle bin und James der Sportler. Gut, und so ist es dann auch gekommen.«

Ein neues Leben beginnt

Als junge Erwachsene distanzieren sich Geschwister gewöhnlich voneinander, wenn sie neue Bündnisse eingehen und ein Leben führen, in dem ihre Brüder und Schwestern nur noch am Rande vorkommen. Das ist die Zeit, wo sie sich geographisch und emotional oft weit von zu Hause entfernen, wo neue Prioritäten gesetzt werden und bereits existierende Animositäten zu Gründen werden, die Distanz zu wahren.

Einer der kritischsten Momente im Leben einer Geschwisterbeziehung ist die Heirat eines Geschwisters. Obwohl, oberflächlich betrachtet, eine Ehe gewöhnlich für alle Beteiligten ein willkommenes und positives Ereignis ist, können sich die Geschwister einer glücklichen Braut oder eines glücklichen Bräutigams gegenüber ambivalenter Gefühle nicht erwehren.

Mit der Hochzeit eines Geschwisters geht etwas verloren, das niemals zurückgewonnen werden kann, denn die meisten anderen Ereignisse im Leben ändern die über Jahre hinweg geformten Bindungen nicht so drastisch. Häufig stößt der Eindringling bei einem Bruder oder einer Schwester auf Ablehnung, sie fühlen sich durch das Ereignis aufs Abstellgleis geschoben, und zwar sowohl im eigentlichen als auch im symbolischen Sinn.

»Als mein Bruder heiratete, machte mich dies – zu meiner eigenen Überraschung – traurig, und ich fühlte mich ausgestoßen«, erzählt Dick. »Obwohl zwischen uns ein ständiger Konkurrenzkampf herrschte und wir uns fast immer haßten, empfand ich es als wirklichen Verlust, fast wie der Verlust der ersten Liebe. Vieles veränderte sich dadurch. Zum einen lebte er nicht mehr im gleichen Haus wie ich, auch nicht in der kurzen Zeit der Collegeferien. Zum anderen konnte ich in ihm nicht mehr meinen großen, tyrannischen Bruder sehen, sondern eine erwachsene Person mit Verantwortung. Er war mit seinem eigenen Leben beschäftigt, und ich spielte darin keine Rolle mehr.

Ich hatte das Gefühl, daß all seine Aufmerksamkeit nun seiner Frau galt und ich nicht mehr wichtig war. Er heiratete im Alter von dreiundzwanzig Jahren, ich war achtzehn und im zweiten Collegejahr. Der emotionale Schock war viel stärker, als ich erwartet hatte, und unsere Beziehung veränderte sich vollständig. Seine Frau war nun seine Verbündete; sie war klug, hatte Geld und war gesellschaftlich anerkannt. Er hat sich dann auch schnell etabliert – mit eigenem Haus und Kindern. Ich war nur fünf Jahre jünger, aber immer noch ein Kind. Plötzlich trennten uns Welten. Dazu kam, daß ich von meinen Eltern ständig zu hören bekam ›Jim dies‹ und ›Jim das‹. Ich gab seiner Frau die Schuld an allem.«

Die mittleren Jahre, von 25 bis 45

In den mittleren Jahren – einer Zeitspanne der vielfältigsten Möglichkeiten und hoher Leistungsfähigkeiten – tendieren wir dazu, uns noch weiter von unseren Geschwistern zu entfernen, da andere Prioritäten unser Leben bestimmen. Unsere Interessen und Aktivitäten konzentrieren sich mit großer Wahrscheinlichkeit auf Menschen und Aufgaben, die außerhalb unserer ursprünglichen Familie liegen. In dieser neuen Welt gibt es wichtigere Dinge, um die es sich zu kümmern gilt – die Ausbildung, die Gründung eines eigenen Heims, die Anforderungen des Partners, eine neue Familie, eine sich entwickelnde Karriere, Arbeitsplatzwechsel, Niederlagen, Siege, schwierige Kinder im Teenageralter, soziale Anerkennung und finanzielle Probleme. Unsere Geschwister und unsere Eltern können nicht mehr unsere volle Aufmerksamkeit in Anspruch nehmen. Unser Hauptaugenmerk gehört nun einem anderen Umfeld und anderen Menschen.

Einige wenige unter uns, besonders wenn sie ihren Geschwistern gegenüber Groll verspüren, verlieren in dieser Phase ihres Lebens den Kontakt vollständig (eine totale Entfremdung ist jedoch selten), während andere eng miteinander verbunden bleiben. Doch die meisten von uns leben sich mehr oder weniger auseinander, da wir so beschäftigt mit unserem eigenen Leben sind. Wir vergessen unsere Geschwister zwar nicht, und wir erfüllen unsere Familienpflichten, aber sie sind uns nicht mehr so wichtig wie früher, weil unmittelbarere Dinge uns mehr in Anspruch nehmen. Unsere Geschwister und unsere Beziehung zu ihnen liegen uns bei weitem nicht so am Herzen wie unsere Ehe und eine erfolgreiche Karriere.

Das bedeutet jedoch nicht, daß wir nicht weiterhin im Konkurrenzkampf mit unseren Geschwistern stehen. Nur weil sie Ihren Bruder oder Ihre Schwester in den letzten zwanzig Jahren nicht gesehen haben oder wochenlang nicht an sie denken, ist die Rivalität nicht wie von Zauberhand verschwunden. Sie kann sich unter einem Schutzwall höflicher oder geographischer Distanz versteckt halten. Doch es genügt eine Krise oder wichtige Veränderung in Ihrem Leben, um sie wieder zu wecken. Eine Ehe, eine Scheidung, die Geburt des ersten Kindes, eine Beförderung, ein Umzug, die Krankheit oder der Tod eines Elternteils, ein Erbschaftsstreit kann das alte Verhaltensmuster und dieselben Gefühle wie früher zum Vorschein bringen: »Du warst immer Mutters Liebling« oder »Du hast schon immer deinen Kopf durchgesetzt.«

Es sieht fast so aus, als ob eine Entfremdung Explosionen wahrscheinlicher macht. Sie waren damit beschäftigt, sich um Ihre Dinge zu kümmern, als Sie plötzlich mit der Rivalität Ihres Bruders oder Ihrer Schwester konfrontiert wurden. Sie sind überrumpelt worden, und schon bricht ungewollt die alte Rivalität wieder aus.

Fran war drei Jahre älter als ihr Bruder Bruce. Bei den Vorbereitungen zur Hochzeit ihrer zwanzigjährigen Tochter Allison machte sie alle Chancen auf eine Wiederversöhnung zwischen ihr und ihrem Bruder zunichte. Die beiden Familien hatten sich vor sieben Jahren das letzte Mal gesehen, als sie ein gemeinsames Wochenende am Meer verbrachten. Es endete in einer Katastrophe, weil Allison mit dem ein Jahr jüngeren Sohn von Bruce, Jeff, nackt im Bett erwischt wurde. Fran beschuldigte Jeff, und Bruce, der das Ganze als ein Experimentieren zweier Kinder ansah, fand ihre Reaktion übertrieben. Nach diesem Vorfall sprachen die Geschwister nur noch ab und zu am Telefon miteinander und sahen sich selten, besonders seit Fran an der Ostküste und Bruce in Kalifornien lebten.

Allison, die bei uns zur Beratung war, erinnerte sich an die Miene ihrer Mutter, als die Sprache darauf kam, ob Onkel Bruce und seine Familie zur Hochzeit eingeladen werden sollten. »Sie sagte, ich hätte das zu entscheiden, woraufhin ich antwortete, ich fände es gut, wenn sie alle kämen. Um ehrlich zu sein, ich dachte, sie würden der Sache etwas Glanz verleihen, denn Onkel Bruce war inzwischen ein bekannter Filmregisseur. Aber Mutter, völlig außer sich, fing wieder damit an, wie mein Vetter Jeff versucht hatte, mich zu vergewaltigen, als ich dreizehn war, und daß sie durch seine Gegenwart nicht daran erinnert werden wollte.

Wir beschlossen schließlich, nur Onkel Bruce und seine Frau einzuladen. Doch das gefiel meinem Onkel nicht, der meinte, er würde gerne kommen, aber nur wenn Jeff auch eingeladen wäre. Meine Mutter und er hatten einen scharfen Wortwechsel am Telefon, der mein Begriffsvermögen überstieg. Ich brauche wohl nicht zu erwähnen, daß Onkel Bruce nicht gekommen ist und die beiden seitdem nicht wieder miteinander gesprochen haben.

Insgeheim glaube ich, daß Mutter den Krach ausgelöst hat, weil ihrer Meinung nach Bruce der Liebling der Eltern war und in ihrer Kindheit sich alles um ihn drehte. Ich glaube, sie hatte Angst, er könnte ihr an der Hochzeit die Schau stehlen. Ich werde mich hüten, ihr zu erzählen, daß ich damals vor sieben Jahren meinen Vetter aufgefordert hatte, zu mir ins Bett zu kommen.«

Die Rivalität hört nie auf

Selbst wenn Sie sich von Ihren Geschwistern distanzieren, hören Sie nie auf, sich mit ihnen zu messen – besonders mit Ihrem wichtigsten Geschwister. Sie versuchen, sich selbst zu beweisen, daß Sie sich in einer besseren oder zumindest gleichwertigen Situation befinden.

Obwohl die Wettkampfstätte nicht mehr die gleiche ist, wägen Sie das von Ihnen Erreichte ständig mit dem Ihrer Geschwister ab. Bei Ihren Überlegungen kann fast alles Bestandteil des Wettbewerbs werden. Wer hat das bessere Leben, den lukrativeren Job, den attraktiveren Partner, das schönere Haus, die klügeren Kinder?

Aber Sie konkurrieren nicht nur mit Ihren wirklichen Geschwistern, sondern auch mit dem, was Sie von ihnen verinnerlicht haben. Wie wir bereits gesehen haben, ersetzen Sie die Originale mit Faksimiles – Menschen, in denen Sie Ihren Bruder oder Ihre Schwester sehen.

Die späten mittleren Jahre, von 45 bis 65

Wenn die bedeutendsten Meilensteine in unserem Leben hinter uns liegen, erleben die meisten von uns eine Wiedergeburt der Intimität mit ihren Brüdern und Schwestern, und zwar ganz besonders dann, wenn die Beziehung früher gut war. Man kann auch sagen, daß wir abgeklärter werden. Wir sehnen uns danach, uns von der emotionalen Last aus unserer Kindheit zu befreien, und spüren das Verlangen, näher zu unseren Wurzeln zu gelangen. Wir suchen Geborgenheit, Frieden und Vertrautheit. Deshalb beginnen wir unsere Fundamente neu aufzubauen, die emotionale Distanz zu anderen zu verringern, wieder Freunde zu werden und am Leben des anderen teilzunehmen. Wir suchen nach Gelegenheiten, Erinnerungen auszutauschen mit jenen, die dabei gewesen sind.

Wenn Brüder und Schwestern die Lebensmitte überschritten haben, scheinen viele Dinge, die Barrieren aufbauten, an Bedeutung zu verlieren, und manche Probleme berühren Sie nicht mehr so stark wie früher. Die Rivalität von einst ist zwar immer noch vorhanden, aber jetzt ist es nicht mehr so wichtig, ob Ihre Schwester in ihrem Beruf mehr Geld verdient hat oder ob ihr Ehemann über ein höheres Prestige verfügt als Ihrer. Es kann sogar sein, daß Ihr Neid auf das von ihr Erreichte in Respekt und Bewunderung umschlägt. Inzwischen ist auch Ihre Schwester eher bereit, Ihnen die besseren Leistungen Ihrer Kinder und Ihr herrschsüchtiges Wesen in der Kindheit zu verzeihen. Ungleichheiten verlieren allmählich an Bedeutung, und Sie beginnen Ihre Geschwister als Menschen zu sehen, bei denen Sie sich wohl fühlen, weil Sie die gleichen Erinnerungen haben und die gleichen Anliegen an die Zukunft.

So um die Fünfzig herum werden die Dinge dann ziemlich vorhersehbar. Wahrscheinlich werden weder Sie noch Ihre Geschwister große Veränderungen vornehmen, die das Gleichgewicht zwischen Ihnen stören könnten – Sie werden aller Voraussicht nach kein neues Baby bekommen, sich nicht verheiraten, kein Astronaut werden, kein Medizinstudium beginnen und nicht die Leitung der Firma übernehmen. Entweder sind Sie auf dem Weg, Aufsichtsratsvorsitzender zu werden und ein Vermögen zu machen, oder Sie sind es nicht. Sie wissen, wer von Ihnen Mutters Liebling war, und Sie haben es akzeptiert. Dies ist die Zeit in Ihrem Leben, wo Sie höchstwahrscheinlich wieder zu der Person werden, die Ihre Geschwister kennen, und auch Ihnen kommen Ihre Geschwister ebenfalls vertraut und kalkulierbar vor. All dies macht es Ihnen viel leichter zu sagen: »So sind sie nun einmal, und sie werden sich auch nicht verändern.« Sie denken häufiger an sie, fühlen sich ihnen näher und anerkennen und akzeptieren sie mehr. Außerdem ziehen Sie sie jetzt wahrscheinlich öfter als bisher ins Vertrauen und suchen ihren Rat.

Nachdem so viele Freunde gekommen und gegangen sind, Sie vielleicht Ihren Partner und Ihre Eltern verloren haben, die Kinder aus dem Nest geflogen sind und vielleicht bereits eine eigene Familie gegründet haben – fragen Sie sich: Wer kümmert sich jetzt um mich und, genauso wichtig, wer wird dasein, wenn es mir schlechtgeht? Meist lautet die Antwort: meine Geschwister, die dieselben Wurzeln haben. Oft fällt es leichter, sich an sie zu wenden als an die Kinder. Deshalb, falls nicht bereits geschehen, ist nun die Zeit gekommen, alte Wunden heilen zu lassen und Frieden zu schließen – ein starkes gegenseitiges Bedürfnis nach Familie hilft uns dabei.

Probleme mit den Eltern

Diese Lebensphase wird häufig vom Altern der Eltern bestimmt. Eine große Herausforderung an die Geschwisterbeziehung sind Krankheit, Behinderung, Tod und Nachlaß der Eltern. Manchmal bringen diese Probleme Brüder und Schwestern einander näher. Sie bemühen sich zu kooperieren, ihr Leid zu teilen und der Bedeutung der Familie einen neuen Stellenwert zu geben, in dem Bewußtsein, daß sie nun die Überlebenden sind. Der Tod eines Elternteils kann die Rivalität zwischen Geschwistern sogar verringern, da das Elternteil, um dessen Liebe die Kinder gekämpft haben, nicht mehr da ist.

Andererseits kann der Tod oder die Erkrankung der Eltern die Kluft, die sich zwischen den Geschwistern über die Jahre gebildet hat, noch vertiefen. Alte Rivalitäten brechen wieder auf, selbst solche, die lange begraben und angeblich vergessen waren, wenn es darum geht, wer die Verantwortung für die alternden Eltern übernimmt, wer die Entscheidungen trifft und wer bei der Aufteilung des Nachlasses bevorzugt ist.

Alan hat mit seiner Schwester, mit der er trotz vieler Streitereien die ganzen Jahre über Kontakt gehalten hat, nun endgültig gebrochen. Alan und Elaine waren beide immer schnell dabei, ihre Feindseligkeiten und ihren Groll – und davon gab es viel – in Worten auszudrücken, dem anderen und auch Freunden gegenüber. Trotzdem trafen sie sich regelmäßig mehrere Male im Jahr an den Feiertagen, telefonierten alle paar Wochen miteinander und achteten darauf, daß ihre Kinder sich oft genug sahen, um ein Familiengefühl zu entwickeln.

Doch nach dem Tod der Mutter kam soviel Groll und Bitterkeit auf, daß sie nicht mehr miteinander sprachen. Da sich hauptsächlich die Schwester um die Mutter gekümmert hatte, besonders in ihren letzten Jahren, vermachte diese ihr praktisch alle »Erbstücke«. Obwohl sie nicht von großem finanziellen Wert waren und Alan bisher nie Interesse daran gezeigt hatte, fühlte er sich betrogen. Er forderte Elaine auf, alles gerecht aufzuteilen, und weil sie sich weigerte, stehen sie sich heute feindlich gegenüber. »Ich brauche sie nicht, und ich will sie auch nicht. Sie ging mir schon immer auf den Geist«, sagt er über Elaine. Inzwischen überlegt er sich täglich, was er ihr antworten könnte; sie verfolgt ihn, und er kann sie nicht aus seinem Gedächtnis tilgen.

Die späten Jahre

In ihren späten Jahren verspüren die meisten Menschen ein starkes Bedürfnis nach der Nähe ihrer Brüder und Schwestern. Sie beginnen, sich füreinander zu interessieren und am Leben des anderen teilzunehmen. Weil Geschwister das letzte Bindeglied zu der ursprünglichen Familie und die letzten noch übriggebliebenen, vertrauten Menschen sind, die dieselben Erinnerungen haben, gewinnen Geschwister mit den Jahren an Wert. Ältere Menschen fühlen sich ihren Geschwistern näher als anderen Verwandten, abgesehen von ihren Kindern und vielleicht deren Partnern.

Geschwister, die von Kindheit an eine gute Beziehung zueinander hatten, rücken noch enger zusammen. Und jene, bei denen dies nicht der Fall war, zeigen jetzt, wo sich das Ende ihres Lebensweges nähert, mehr Bereitschaft, ihren alten Groll zu begraben. Im Alter scheint die Geschwisterrivalität abzunehmen und das Verständnis und die Toleranz für die Unterschiede zuzunehmen. Eine fünfundsiebzigjährige Frau stellt die Frage: »Wenn man jetzt keine Familie hat, wen hat man dann?«

Die sechsundsechzigjährige Lana versuchte in ihrer Jugend, die Aufmerksamkeit ihres sieben Jahre älteren Bruders Al zu gewinnen. Obwohl noch ein Bruder zwischen ihnen war, war Al ihr wichtigstes Geschwister, nach dessen Anerkennung sie strebte. »Er ignorierte mich und hielt sich von mir fern. Außerdem glaubte er immer, genau zu wissen, was richtig und was falsch war, und zögerte nicht, es auch zu sagen. Sogar als wir erwachsen und verheiratet waren und selbst Kinder hatten, interessierte er sich nicht für mein Leben und meine Sicht der Dinge.

Politisch war er sehr konservativ, ein wirklicher Reaktionär. Um ihn zu ärgern, verhielt ich mich so progressiv wie möglich und äußerte Ideen, die radikaler waren als meine wirkliche Meinung. Außerdem machte ich abfällige Bemerkungen über sein starkes Interesse an Geld. Ich achtete auch darauf, ihm nie etwas Lobendes zu sagen, und irgendwie brachte ich es fertig, nicht zur Hochzeit seines Sohnes zu kommen. Obwohl er wegging, um das College zu besuchen, als ich gerade in der fünften Klasse war, und eigentlich nie wieder richtig zu Hause wohnte, hat er, so unglaublich dies klingt, mein ganzes Leben beeinflußt.«

Lana und Al, die ungefähr tausend Meilen voneinander entfernt wohnten, sahen sich lange Zeit höchstens einmal im Jahr, und später wurden die Abstände zwischen den Besuchen noch größer. Doch vor zwei Jahren, als Al nach dem Tod der Mutter einen Schlaganfall erlitt, überkam Lana das Bedürfnis, mit ihm Frieden zu schließen, bevor es zu spät war. »Weil er mein Bruder ist, konnte ich mich nicht gänzlich von ihm lossagen. Ich sah dies als meine letzte Chance für eine Versöhnung. Zudem war er nach seinem Schlaganfall für mich wieder zu einem gewöhnlichen menschlichen Wesen geworden.

Wir, die bis dahin noch nie ein wirklich gutes Gespräch miteinander geführt hatten, konnten uns auf einmal unterhalten. Wir redeten über unsere Kindheit auf dem Lande, und zum ersten Mal wurde mir bewußt, daß er eigentlich ein unglücklicher Junge gewesen war, der immer das Gefühl hatte, den Erwartungen der Eltern nicht zu entsprechen. Diese Erkenntnis war etwas Sonderbares und Schönes zugleich, machte sie ihn doch für mich viel menschlicher und zugänglicher. Und obwohl wir über die meisten Dinge anderer Meinung waren, war dieses feindselige Gefühl ihm gegenüber verschwunden. Ich empfinde ihn nun als eine Bereicherung in meinem Leben, und das erfüllt mich mit einem Gefühl des Friedens, das mir anscheinend gefehlt hat.«

Dies ist eine Zeit, in der andere Kontakte, die einem praktische und seelische Unterstützung gaben, verschwinden, neue Freundschaften nur schwer zu schließen sind und viele Menschen das Gefühl beschleicht, allein auf der Welt zu sein, wenn da nicht noch die Familie wäre. Meistens hat man jetzt auch mehr Zeit, um in Erinnerungen zu kramen und sich um seine Gesundheit und die der anderen zu sorgen. Und noch wichtiger: Älteren Menschen wird plötzlich bewußt, daß ihre Brüder und Schwestern nicht mehr ewig dasein werden und, falls man ihnen näherkommen möchte, dies möglichst schnell tun sollte.

Der ernüchternde Gedanke an die eigene Sterblichkeit bringt selbst Ungläubige dazu, über das Leben nach dem Tode nachzudenken, und das Flicken zerrissener Bande könnte sich möglicherweise im Jenseits bezahlt machen. Diese Lebensphase wird daher oft dazu benutzt, Frieden zu schließen und Schulden zu begleichen.

Da Sie und Ihre Geschwister häufig die einzigen Überlebenden der ursprünglichen Familie sind, verspüren Sie in dieser Lebensphase den starken Drang, alte Feindseligkeiten zu begraben und sich zu versöhnen. Gefühle des Isoliertseins, das Bedürfnis nach Bestätigung der eigenen Identität, eine Wertschätzung der Erinnerungen und die Sehnsucht nach der Nestwärme, die man einst gehabt oder immer gesucht hat, läßt Geschwister einander näherkommen. In dieser Zeit machen sich die meisten Menschen auch auf die Suche nach dem Sinn ihres Lebens. Und wer kann Ihnen besser dabei helfen als Ihre Geschwister, die Sie länger kennen als irgend jemand sonst?

Gewiß, gewöhnlich sind erwachsene Kinder und Ehegatten, falls vorhanden und erreichbar, die ersten, bei denen Sie um Unterstützung nachsuchen. Doch an nächster Stelle, so sagt Ihnen wahrscheinlich Ihr Gefühl, würden die Geschwister im Falle der Not für Sie dasein.

Männer, in diesen wie auch in anderen Phasen ihres Lebens, zeigen im allgemeinen wenig Geschick, wenn es darum geht, die Verbindung zu ihren Geschwistern enger oder wieder enger zu gestalten. Oft schaffen sie sogar noch mehr Distanz als bisher. Schwestern rivalisierten vielleicht mehr untereinander, aber gleichzeitig stehen sie sich gewöhnlich näher, sind hilfsbereiter und sensibler, was den anderen betrifft. Und, was auch noch sehr wichtig ist, meist sind sie diejenigen, die den Kontakt zwischen den Geschwistern aufrechterhalten und darauf achten, daß es allen gutgeht. Selbst Brüder, besonders wenn sie älter werden, fühlen sich einer Schwester oft näher und verbundener als einem Bruder.

Der Tod eines Bruders oder einer Schwester ist ein schrecklicher Angriff auf Ihre Unverletzlichkeit und Unsterblichkeit. Sie müssen sich eingestehen, daß mit der Verabschiedung dieser Person auch Ihr Tod nicht mehr in weiter Ferne ist. Falls Ihre Rivalität die ganzen Jahre über unvermindert angehalten hat, kann es sein, daß Sie ein perverses Vergnügen darin finden, Ihr Geschwister überlebt zu haben. Doch der Verlust läßt Sie ungeschützter und einsamer zurück und macht die Nähe zu den anderen Familienmitgliedern wichtiger denn je.

11 Schadensbegrenzung – mit den Geschwistern Freundschaft schließen

Es ist nie zu spät, die Beziehung zu einem Bruder oder einer Schwester zu verbessern. Vielleicht haben Sie das Gefühl, zwar ganz gut miteinander zurechtzukommen, aber eigentlich könnte die Beziehung noch besser sein. Oder Sie verkehren zwar mit ihnen, aber Groll und Rivalitäten belasten das Verhältnis. Oder Sie sind der Meinung, die Bande sind irreparabel zerrissen, so unnahbar, unbeugsam und feindselig stehen Sie sich gegenüber. Doch fast jede Geschwisterbeziehung, und sei sie noch so geschädigt, kann verbessert werden, vorausgesetzt, Sie sind bereit, sich wirklich zu bemühen.

Die meisten von uns wünschen sich ein freundschaftliches Verhältnis zu ihren Brüdern und Schwestern. Wir sehnen uns nach einem uns liebenden und treu ergebenen Geschwister, dem wir vertrauen, das wir respektieren und auf das wir uns verlassen können. Wir stellen uns eine Beziehung vor, die von Liebe und Verständnis geprägt ist, in der wir uns gleichberechtigt fühlen und sein können, wie wir sind, ohne Angst vor Zurückweisung. Wir wünschen uns heitere Familientreffen voller Harmonie und Hilfsbereitschaft, anstelle dieser unerfreulichen Spektakel, zu denen sie oft ausarten. Wir möchten uns von diesen Rivalitäten aus der Kindheit, die immer noch in uns wach sind, den Eifersüchteleien und verletzten Gefühlen, den Ablehnungen oder Manipulationen befreien und uns den Menschen nahe fühlen, mit denen uns so unlösliche Bande vereinen. Und wenn Liebe und Nähe nicht möglich sind, möchten wir zumindest gut mit ihnen auskommen.

Wenn Sie sich eine veränderte Beziehung zu Ihren Geschwistern wünschen, müssen Sie aktiv werden. In einer im wesentlichen guten Beziehung können die noch rauhen Stellen geglättet werden. In einer schlechten Beziehung kann oft erstaunlich viel verändert werden, auch wenn Sie oder Ihre Geschwister sich nicht in andere Personen verwandeln können. Im besten Fall werden Ihre Bemühungen um eine Verbesserung der Beziehung zu neuen Einstellungen und Verhaltensformen auf beiden Seiten führen und sie einander näherbringen. Im schlechtesten Fall werden einige Ihrer eigenen Animositäten dem anderen gegenüber abgeschwächt, indem Sie sich und Ihre Geschwister objektiver betrachten, Ihr Verhalten teilweise ändern und sich bemühen, in einer Beziehung, die Ihnen seit Ihrer Kindheit Steine in den Weg gelegt und vielleicht ständig Ihre Sicht der Dinge verdunkelt hat, einen anderen Kurs einzuschlagen. Ihre Anstrengungen, den Bruder oder die Schwester besser zu verstehen und sich mit ihrer Verschiedenheit abzufinden, lassen Sie persönlich wachsen, denn was auch geschieht, Sie werden wichtige Erkenntnisse gewinnen.

Wenn Sie sich Ihrer Rolle im Wettstreit zwischen ihnen bewußt werden und sich bemühen, den Ursprung der Gefühle Ihres Geschwisters Ihnen gegenüber zu verstehen, werden Sie entdecken, daß Sie beide durch Ihre eigenen Erfahrungen darauf programmiert wurden, sich so zu verhalten. Diese Erkenntnis erleichtert es Ihnen, Ihr Geschwister zu akzeptieren. Das heißt nun aber nicht, daß Sie ein Geschwister, das Sie immer gehaßt haben, von jetzt an lieben werden. Sie müssen es auch nicht lieben und bewundern, ja, Sie müssen es nicht einmal mögen. Sie sollten es lediglich akzeptieren, so wie es ist, als ein Produkt seiner Vergangenheit, in der auch Sie eine Rolle gespielt und Einfluß genommen haben. In unserem Leben – es sei denn, wir sind etwas sehr Besonderes – beeinflussen wir nur selten das Leben eines anderen Menschen. Wenn Ihnen bewußt wird, daß Ihre Geschwister zu den wenigen Menschen gehören, bei denen Sie Einfluß nahmen, möchten Sie sie vielleicht besser kennenlernen, damit Sie das Ergebnis Ihres Einflusses sehen und vielleicht wie Eltern stolz auf das sein können, was sie von Ihnen gelernt haben.

Erinnern Sie sich daran, daß keine Beziehung ohne Makel ist, besonders nicht nach einem Leben voller Rivalität. Wer Makellosigkeit verlangt, wird nie zufriedengestellt werden. Geben Sie sich erst einmal mit einer geringen Verbesserung zufrieden, und versuchen Sie dann allmählich, weitere Fortschritte zu erzielen. Doch wie viele Fortschritte Sie auch machen, die schwerwiegenden Komplexe und wunden Punkte, die Sie über die Jahre entwickelt haben, werden sich nicht in Luft auflösen – Sie werden keine anderen Menschen werden, und Sie werden die Spannungen, die zwischen Ihnen herrschen, nie ganz ausmerzen können. Doch selbst wenn die Rivalität weiterhin stark ist, sollte sie nicht so überwältigend sein, daß sie dunkle Schatten auf den Rest Ihres Lebens wirft.

Eine Veränderung Ihrer Geschwisterbeziehung benötigt Zeit und Geduld. Alles wird beim alten bleiben, wenn Sie sich nicht bemühen, und manchmal ist auch Hilfe von außen nötig. Denn schließlich haben Sie beide ein Leben damit zugebracht, Ihr Verhalten und Ihre Verteidigungsstrategien zu perfektionieren. Es ist nicht leicht, dies zu ändern, denn das Vertraute hat sich uns eingeprägt. Und trotzdem ist es machbar, wenn Sie die Beziehung einer Überprüfung unterziehen, angetrieben vom ehrlichen Wunsch, die Dinge begreifen zu wollen.

Endlich Frieden mit einem Geschwister zu schließen, besonders wenn es sich dabei um das wichtigste Geschwister handelt, kann zu wirklichem Seelenfrieden führen. Das vollbrachte Werk erweist sich oft als die größte psychologische Entwicklung, die man in seinem Leben machen kann. Die Bande zwischen Geschwistern sind so stark, daß eine Veränderung auf diesem Gebiet Auswirkungen auf alle anderen Gebiete Ihres Lebens hat. Wenn Sie schließlich mit Ihrer Schwester besser zurechtkommen, werden Sie auch besser mit der Pseudo-Schwester am Arbeitsplatz zurechtkommen. Wenn Sie die Beziehung zu Ihrem Bruder verbessern, werden sich die verringerten Spannungen auch auf das Verhältnis zu Ihrem Partner und Ihren Kindern auswirken. Positive Veränderungen in einem Bereich Ihres Lebens zahlen sich in anderen aus.

Wie fängt man es an?

Aufgrund jahrelanger Erfahrungen mit unseren Patienten, die fast alle Schwierigkeiten im Umgang mit ihren Geschwistern haben, wissen wir, daß man einiges tun kann, um eine gute Geschwisterbeziehung aufrechtzuerhalten, und wir wissen auch, daß es sogar möglich ist, zerrüttete Bande zu flicken. Wir wollen Ihnen helfen, sich emotional nicht ständig im Kreise zu drehen und nicht immer wieder die Fehler von früher zu wiederholen.

Doch zuerst sollten Sie sich einige wichtige Dinge in Erinnerung rufen:

- Auch in Familien, in denen alles vollkommen harmonisch zu sein scheint, gibt es Probleme, vielleicht sogar schwerwiegende. Vergeuden Sie nicht Ihre Zeit damit, diese Leute zu beneiden. Kümmern Sie sich lieber um Ihre eigene Familie.

- Ihre Geschwister sind keine Kinder mehr. Sie sind erwachsen und müssen wie Erwachsene behandelt werden. Sie sind versucht, sie so zu sehen, wie sie einst waren oder wie Sie sie einst wahrgenommen haben, doch heute haben sie zahlreiche andere Facetten und sind viel mehr als nur Ihre kleine Schwester oder Ihr großer Bruder.

- Eine Geschwisterbeziehung, die nicht den Erwartungen entspricht, verbessert sich nicht von allein. Wenn Sie sich verhalten wie immer, wird alles so bleiben wie immer oder sich sogar noch verschlechtern. Sie müssen sich bewußt bemühen, so wie Sie sich bemühen würden, wenn Ihre Ehe am Auseinanderbrechen wäre.

- Denken Sie daran: In jeder Familie gibt es Ungerechtigkeiten. Jedes Geschwister kann unmöglich ganz genau die gleiche Menge und Intensität an elterlicher Liebe und Aufmerksamkeit erhalten haben. Deshalb ärgert sich einer (oder mehrere) von ihnen über die wahrgenommene Bevorzugungen der anderen. Das liegt in der Natur der Geschwisterbeziehung und ist nicht zu vermeiden. Dies zu akzeptieren sollte Ihr erster Schritt sein.

- Zum Erwachsenwerden gehört auch, daß man lernt, den Augenblick so zu nehmen, wie er ist, und das, was sein könnte, realistisch abzuschätzen. Schrauben Sie Ihre Erwartungen nicht zu hoch. Wenn Sie es in diesem Buch bis hierher geschafft haben, müßte Ihnen eigentlich klargeworden sein, daß Geschwisterbeziehungen von Natur aus schwierig sind. Begnügen Sie sich mit dem, was ist. Erfreuen Sie sich an den positiven Seiten, und versuchen Sie, die

Enttäuschungen gelassen hinzunehmen. Tun Sie Ihr möglichstes, was vielleicht auch nicht ganz den Erwartungen der anderen entspricht, und verlangen Sie von Ihren Geschwistern – Menschen mit eigenen Problemen und Pflichten – nur das, was diese im Moment geben können.

- Lassen Sie sich von Ihrem Stolz – oder Ihrer Sturheit – nicht einreden, daß Ihr Geschwister den ersten Schritt machen muß, selbst wenn Sie überzeugt sind, daß es im Unrecht ist. Sie könnten ewig warten müssen, und Ihr Groll könnte zu einer unerträglichen Bürde werden. Ergreifen Sie die Initiative! Machen Sie selbst einen Annäherungsversuch! Dabei kommt es nicht darauf an, ob es Ihre Absicht ist, in Verbindung zu bleiben oder Mißverständnisse aufzuklären. Den ersten Schritt zu machen, bedeutet jedoch nicht, daß Sie der bessere Mensch sind oder daß Ihre Arbeit nun getan ist und alles Weitere von Ihrem Bruder oder Ihrer Schwester abhängt. Vielleicht ist Beharrlichkeit vonnöten.

- Als Erwachsene sind Ihre Geschwister so, wie sie sind – das Produkt ihrer eigenen Erfahrungen, eine Mischung aus Gut und Böse. Sie können niemand anderer sein, und sie können nicht in vollkommen andere Wesen verwandelt werden. Für Ihre Geschwister besteht die Realität darin, wie sie eine Situation sehen und wie sie darauf reagieren. Vielleicht sind Sie ihnen ein Leben lang böse, weil sie nicht so sind, wie Sie sie gerne gehabt hätten. Aber Sie können die Vergangenheit nicht ändern. *Hören Sie auf, daran zu glauben, daß sich Ihre Geschwister ändern werden.* Akzeptieren Sie das, was sie als *ihre* Realität betrachten, und die Gefühle, die sie Ihnen entgegenbringen, als *ihre* Wahrheit. Statt zu versuchen, sie zu Menschen zu machen, wie Sie sie gerne hätten, und sich über ihre Unzulänglichkeiten zu ärgern, sollten Sie sich bemühen, sie besser kennenzulernen, ihre Perspektive zu verstehen, zu erfahren, wie Sie von ihnen gesehen werden, und warum sie sich – genauso wie Sie selbst – nicht anders verhalten können. Von ihrem Standpunkt aus tun sie ihr möglichstes.

- Machen Sie sich bewußt, daß zum Beispiel ein jüngster Bruder auf eine Herausforderung nicht mit demselben natürlichen Selbstvertrauen reagieren kann wie ein ältester Bruder. Eine mittlere Schwester, die immer in den Hintergrund gedrängt wurde, hat kein uneingeschränktes Verständnis für ein erstgeborenes Geschwister, das sich dazu berufen fühlt, die Führungsrolle zu übernehmen und allen Verdienst für sich in Anspruch zu nehmen. Ein Kind, das sich weniger geliebt, weniger respektiert und weniger fähig als seine Geschwister gefühlt hat, kann den anderen für die empfundenen Defizite nie vollkommen vergeben.

- Möglicherweise werden Sie feststellen müssen, daß Ihre Brüder oder Schwestern, trotz all Ihrer Bemühungen, nicht zu Freunden werden. Doch selbst dann können Sie ein gewisses Verständnis für sie aufbringen und sich sagen, daß sie Ihnen nicht weh tun wollen, sondern nur versuchen, ihr Leben zu meistern. Aufgrund ihrer Erfahrungen, ihrer Perspektiven, ihrer Geburtenreihenfolge, ihrer von der Familie zugewiesenen Bezeichnungen und Rollen, ihrem Verhältnis zu Ihnen als Mitbewerber für eine begrenzte Menge von Liebe, hatten sie keine andere Wahl, als sich Ihnen gegenüber so zu verhalten, wie sie es taten.

- Vielleicht war es auch nicht einfach, mit einem Rivalen wie Ihnen aufzuwachsen. Vielleicht litten Ihre Geschwister unter Ihrer Entschlossenheit, die Kontrolle über sie zu erlangen und – wie sie es empfanden – mehr als den Ihnen zustehenden Teil an Liebe und Aufmerksamkeit zu bekommen. Mit den Erkenntnissen, die Sie inzwischen ge-

wonnen haben, sollte es Ihnen möglich sein, in die Haut
Ihrer Geschwister zu schlüpfen und die Dinge von ihrer
Warte aus zu betrachten. Sie werden dann feststellen, daß
sie ihre eigenen Probleme hatten und nicht nur böse und
ungerecht sind.

- Viele Menschen – nicht nur Ihre Geschwister – sind interessiert daran, daß Sie sich so verhalten, wie sie es gewöhnt
sind. Wie wir bereits besprochen haben, möchten sie meist
keine Veränderung in der Beziehung zu Ihnen. Ihre Eltern,
Ihre anderen Geschwister, Ihr Partner, Ihre Kinder, ja vielleicht sogar Ihre Freunde befürchten möglicherweise, weniger Aufmerksamkeit zu bekommen, wenn Sie sich mit
einem Geschwister enger verbinden – und das kann ihren
Widerstand wecken.

Eltern versuchen häufig und aus vielerlei Gründen, die
Wiederversöhnung ihrer erwachsenen Kinder zu verhindern. Manchmal haben sie Angst, dadurch unter Druck gesetzt zu werden, sich selbst zu verändern. Manchmal möchten sie auch nicht, daß ihre Schwächen als Eltern ans Licht
kommen. Oft glauben sie, daß ihnen etwas verlorenginge –
wie zum Beispiel die Aufmerksamkeit, die ihnen entgegen-
gebracht wird, wenn die Kinder miteinander im Wettstreit
liegen oder keine gute Beziehung zueinander haben. In Familien, in denen ein ungesundes Klima herrscht, ist es für
Eltern möglicherweise von großem Vorteil, wenn die Geschwister sich in ihrer Rolle weiterhin an das vertraute
Drehbuch halten.

Deshalb errichten Eltern Barrieren, die zu überwinden,
ihre Kinder sich nicht trauen. Dies ist auch der Grund, warum wir so oft feststellen, daß Geschwisterbeziehungen nach
dem Tod der Eltern besser werden. Wenn Eltern nicht
mehr da sind und den immer neu zu erobernden Preis ver-

körpern, den jedes Geschwister unbedingt für sich gewinnen möchte, kann der Wettbewerb eingestellt werden. Eine Frau drückte es so aus:

»Wir haben wirklich um Mutters Liebe konkurriert. Jede von uns wollte diejenige sein, an der sie am meisten hing, die ihr am nächsten stand, die sie am meisten liebte. Da sie nie zufriedenzustellen war, dachte jede, die andere macht alles besser. Als sie nicht mehr da war, ließen die Spannungen nach, und wir konnten endlich normal miteinander umgehen und Freude aneinander empfinden.«

Partner und auch andere Geschwister versuchen oft, Brüder und Schwestern davon abzuhalten, Frieden miteinander zu schließen, weil sie einen Vorteil aus der Entfremdung ziehen oder bei einem engen Verhältnis Eifersucht empfinden. Ein Ehemann möchte seine Frau vielleicht ganz für sich haben, ohne Einmischung eines Familienmitglieds. Ein Geschwister hat vielleicht Angst, ausgegrenzt zu werden, wenn zwei andere Geschwister Freundschaft schließen.

Eine gute Geschwisterbeziehung aufrechterhalten

Wie erhält man eine gute Geschwisterbeziehung, in der zwar kleinere Störungen und Enttäuschungen nicht ausgeschlossen sind, die aber im allgemeinen gut funktioniert? Geschwisterbeziehungen, selbst die allerbesten, sind labil und störungsanfällig. Deshalb muß man sie, damit sie keinen Schaden nehmen, hegen und pflegen. Ihre Bemühungen werden jedoch belohnt werden – durch weniger Mißverständnisse und eine Stärkung der Familienbande. Später werden wir Ihnen auch noch Wege zeigen, wie ernsthaft zerrüttete Geschwisterbeziehungen repariert werden können.

Wenn Sie eine gute Beziehung zu Ihren Brüdern und Schwestern haben wollen, sollten Sie folgende »Regeln« beachten:
Reinigen Sie die Atmosphäre möglichst rasch, wenn es Konflikte gegeben hat oder Gefühle mehr oder minder stark verletzt wurden. Da Groll und Mißverständnisse, denen man sich nicht stellt, größer und intensiver werden, sollten Sie möglichst umgehend darüber sprechen. Wenn Sie es nicht sofort tun können, zwingen Sie sich, etwas später eine Gelegenheit für ein Gespräch zu finden. Sagen Sie einfach: »Ich möchte mit dir darüber sprechen, weil es mich bedrückt.« Und dann erläutern Sie Ihren Standpunkt, wobei Sie darauf achten, daß es nicht in Vorwürfe oder offene Feindseligkeit ausartet.

Katherine sagt über ihre Schwester Sue: »Obwohl wir beide wirklich gut miteinander auskommen, frage ich mich, warum sie mir immer wieder etwas sagen muß, was mich ärgert. So habe ich ihr vor kurzem erzählt, daß Jim und ich eine Fahrradtour durch England machen werden, woraufhin sie mir antwortete: ›Bist du für so etwas nicht zu alt?‹ Es war, als ob wir beide wieder Kinder wären und ich mich dumm und verunsichert fühlen sollte. Warum hat sie das gesagt? Ich möchte ihre Freundin sein, aber manchmal fällt es mir schwer.«
Für Katherines Beziehung zu ihrer Schwester wäre es förderlich gewesen, wenn sie den Mut gehabt hätte, sofort um eine Erklärung zu bitten, statt sich verletzt und verärgert zurückzuziehen. Die ruhig gestellte Frage: »Ich verstehe nicht, warum du das sagst. Was meinst du damit?« hätte

vielleicht zu einem besseren Verständnis zwischen den beiden geführt. Möglicherweise hätte Katherine erfahren, daß Sue sich angesichts von Katherines Abenteuerlust minderwertig vorkommt oder daß Sue, die immer noch glaubt, ihre kleine Schwester behüten zu müssen, sich Sorgen um ihre Sicherheit macht, oder daß sie, die einen chronisch kranken Mann hat, auf das gute Leben ihrer Schwester eifersüchtig ist.

Nach einem Konflikt oder einer Enttäuschung so zu tun, als ob nichts gewesen wäre, nur um den Frieden mit Ihrem Geschwister aufrechtzuerhalten, wird auf die Dauer nicht stimmig sein, da strittige Punkte, die immer wieder unter den Teppich gekehrt werden, sie nur noch mehr voneinander entfernen. Verletzte Gefühle, die ignoriert werden, schaffen eine Distanz zwischen ihnen und verhindern eine echte Nähe. Nicht schädlich ist es hingegen, wenn Sie kleinere Irritationen bewußt nicht zur Kenntnis nehmen oder wenn Sie übereinkommen, heikle Themen, über die Sie verschiedener Meinung sind, auszuklammern. Manchmal lösen sich Probleme auch von selbst, wenn man sie eine Weile auf kleiner Flamme vor sich hinköcheln läßt. Doch wenn sich Groll aufgestaut hat, ist der Schaden schwieriger zu reparieren, und die Beziehung gerät in den Bereich: »Wie du mir, so ich dir« – »Du hast mir das angetan, deshalb revanchiere ich mich, indem ich dir dies antue« – ein Szenario, aus dem man schwer wieder herausfindet.

• Hören Sie zu, wenn Ihr Bruder oder Ihre Schwester mit Ihnen spricht. Was er oder sie zu sagen hat, ist wichtig und Sie müssen es ernst nehmen, selbst wenn Sie es schon ein dutzendmal gehört haben. Daß Sie es bereits sooft gehört haben, deutet darauf hin, daß Ihr Geschwister glaubt, Sie hätten es nicht kapiert. Und es könnte ja sein, daß dem so ist. Schalten Sie also bitte nicht ab.

- Respektieren Sie in Ihrer Beziehung die Grenzen, über die hinaus ein Vordringen unklug wäre. Diese Grenzen verschieben sich im Laufe der Jahre, sollten aber, um Frieden und Harmonie zu gewährleisten, eingehalten werden. In der Kindheit haben sie vielleicht all ihre Gedanken und Gefühle miteinander geteilt, doch später im Leben können andere Menschen zu ihren vorrangigen Vertrauenspersonen werden, wie zum Beispiel ihre Partner, und es gibt Dinge, die sie geheimhalten wollen. Deshalb akzeptieren Sie die Tatsache, daß Sie in mancher Beziehung Distanz wahren sollten und daß Ihr Geschwister nicht immer seine intimsten Dinge oder seine Entscheidungsprozesse mit Ihnen teilen kann.

- Nehmen Sie nicht automatisch an, daß Mißverständnisse zwischen ihnen immer auf das Konto Ihres Bruders oder Ihrer Schwester gehen. Da wir alle als gute Menschen gelten wollen, glauben wir, es mache einen schlechten Eindruck, wenn wir uns mit unseren Brüdern und Schwestern nicht verstehen. Deshalb geben wir gewöhnlich ihnen die Schuld, so wie Geschiedene ihre Expartner beschuldigen. Aber sie sind nicht immer die Verantwortlichen oder zumindest nicht die Alleinverantwortlichen, Sie haben wahrscheinlich auch Ihren Teil zu dieser unangenehmen Situation beigetragen. Deshalb seien Sie bereit, zuzuhören und über den Standpunkt des anderen nachzudenken, und gestehen Sie sich ein, an der Sache nicht gänzlich unbeteiligt zu sein. Zögern Sie nicht, Aussagen oder Taten, die Ihrer Meinung nach falsch interpretiert wurden, ins richtige Licht zu rücken, und sagen Sie, daß Ihnen die Fehleinschätzung leid tut. Geben Sie Ihre eigenen Fehler zu, und lassen Sie erkennen, daß Sie sich in das Geschwister hineinversetzen können, indem Sie zum Beispiel sagen: »Das muß dich sehr geärgert haben, und jetzt verstehe ich auch, warum.«

- Machen Sie sich nicht rar! Jede Familie stellt andere Erwartungen an Ihre Mitglieder, und Sie sollten versuchen, diese, wenn sie im Rahmen liegen, zu erfüllen. So wird zum Beispiel in den meisten Familien erwartet, daß man zu Familienfesten erscheint. Fernbleiben wird als fehlendes Interesse oder sogar Feindseligkeit interpretiert.

Als zum Beispiel Bobs Bruder Jonathan nicht zur Taufe von Bobs Kind kam, sagte er nichts zu ihm. Uns gegenüber aber meinte er: »Als Jonathans Tochter geboren wurde, war es für mich sonnenklar, daß ich auch nicht zu ihrer Taufe gehen würde.«

Die sechsundfünfzigjährige Charlotte unterhält trotz der üblichen kleinen Enttäuschungen eine enge und liebevolle Beziehung zu ihrer Schwester und deren Mann. Sie rät: »Wenn man zu einem Familienfest eingeladen wird, muß man der Einladung Folge leisten! Tut man es nicht, heißt dies, daß es einem nicht wichtig ist. Ich wohne über hundert Meilen von meiner Schwester entfernt, und sie gibt nächste Woche eine Schulabschlußparty für ihre Tochter. Es macht mir keinen Spaß, an einem Samstag abend im Sommer dahinzufahren. Ich hatte andere Pläne. Aber ich gehe. Warum? Weil es wichtig für meine Schwester ist und mir viel an einer guten Beziehung zu ihr liegt.«

Vielleicht haben Sie nicht immer Lust, zu Veranstaltungen Ihres Partners oder Ihrer Kinder zu gehen, aber Sie tun es trotzdem. Machen Sie das gleiche bei Ihren Geschwistern. Auch an Geburtstage, Jahrestage und andere bemerkenswerte Ereignisse sollten Sie denken. Gewöhnen Sie es sich an, mit einer Karte, einem Geschenk, einem Telefonanruf, vielleicht sogar mit einem Besuch darauf einzugehen.

- Warten Sie nicht darauf, daß Ihre Geschwister den Kontakt aufnehmen. Ein Geschwister, das das Gefühl hat, hinter Ihnen herjagen zu müssen, empfindet dies als Zurückweisung und Herabsetzung. Wie oft haben wir gehört: »Er ruft nie bei mir an. Ich muß immer anrufen, und dann ist er entweder in Eile wegen seiner Golfpartie, oder er sieht sich gerade sein Lieblingsprogramm im Fernsehen an.« Wenn Sie wenigstens ab und zu den ersten Schritt tun, zeigt dies, daß Sie an Ihre Geschwister denken und Interesse an ihnen haben. Und außerdem braucht man sich dann nicht dauernd Entschuldigungen auszudenken und zu Ausreden Zuflucht zu nehmen.
- Seien Sie da, wenn man Sie braucht. Nichts bringt Menschen näher zusammen als die Unterstützung in leidvollen Zeiten. Wie oft hört man sagen: »Wenn nicht auf die Familie, auf wen kann man dann zählen?« Uns allen tut es gut, unsere Last mit anderen teilen zu können. Wenn wir uns nicht an einen Bruder oder eine Schwester wenden können, haben wir unseren Rückhalt in Zeiten der Not stark reduziert.
- Benutzen Sie Ihre gemeinsamen Erinnerungen, um auf eine unbedrohliche, friedvolle Art mit Ihren Geschwistern zu kommunizieren. Stück für Stück die Vergangenheit zusammenzusetzen und sich an konfliktfreie Ereignisse aus der Kindheit zu erinnern, ist eine indirekte Methode, bestehende Spannungen abzubauen. Es stellt die Vertrautheit wieder her und stärkt Ihr Zusammengehörigkeitsgefühl. Nur für Sie beide ist dieser Blick in die Vergangenheit mit soviel Emotionalität verbunden.

Die meisten Geschwister ergehen sich in Erinnerungen an

alte Zeiten, ohne damit irgendwelche Absichten zu verknüpfen. Sie aber können Ihre nicht bedrohlichen Erinnerungen dazu verwenden, Ihrem Bruder oder Ihrer Schwester näherzukommen. Beginnen Sie am besten mit dem Satz: »Kürzlich habe ich über die Zeit nachgedacht, als ...« Oder fertigen Sie ein Familienfotoalbum an. Wenden Sie sich an Ihre Geschwister mit der Bitte, Ihnen möglichst viele alte Fotos aus der gemeinsamen Kindheit und Jugend zur Verfügung zu stellen. Sind sie dann einmal alle versammelt, vielleicht an einem Feiertag, nehmen Sie sich eine Stunde Zeit, um das Album zusammenzustellen. Machen Sie dann für jeden eine Kopie, die sie behalten und später ihren Kindern weitergeben können.

- Nehmen Sie sich Zeit für Ihre Geschwister. Sicherlich verbringen Sie ab und zu ein Wochenende mit Freunden. Gelegentlich gehen Sie auch mit Kollegen essen, oder Sie veranstalten zusammen mit Ihren Nachbarn ein geruhsames Sonntags-Picknick im Park. Noch wichtiger ist es, Ihren Brüdern und Schwestern einen Platz in Ihrem Terminkalender freizuhalten, denn für eine gute Beziehung braucht man Zeit, um Gedanken auszutauschen und Vertrauen zu entwickeln.

- Und vor allen Dingen: Zeigen Sie Ihren Brüdern und Schwestern, wie wichtig sie für Sie sind. Sätze wie »Weißt du, ich mag dich wirklich sehr« oder »Ich denke sooft an dich und möchte, daß du weißt, wieviel du mir bedeutest« kommen uns nur schwer über die Lippen, es sei denn, es handelt sich um unsere Partner oder Kinder. Doch die Zuneigung, die Sie einem Geschwister entgegenbringen, sollte auch zum Ausdruck gebracht werden. Wenn Sie es nicht fertigbringen, dem anderen dies persönlich von Angesicht zu Angesicht oder am Telefon zu sagen, machen Sie es in Form einer Postkarte. Es kann ja sein, daß Sie

Angst haben, zurückgewiesen zu werden oder als Antwort zu hören: »Na, das merkt man aber nicht.« Doch wenn Sie wirklich so empfinden, kann das Mitteilen Ihrer Gefühle viele Wunden heilen.

Wir alle wollen geliebt und respektiert werden, besonders von jenen, an deren Meinung uns viel liegt. Deshalb zeigen Sie Ihre Zuneigung mit einer Umarmung, einem Kuß, einem ehrlich gemeinten Kompliment, einem unerwarteten Geschenk, einer Einladung, einem Telefonanruf, einem Brief, einer Karte. Warten Sie nicht auf eine besondere Gelegenheit, ob traurig oder freudig. Zeigen Sie Ihre Liebe und Ihr Interesse, wann immer Ihnen danach ist. Und vergessen Sie auch nicht, Gesten, die an Ihre Adresse gerichtet sind, zu würdigen.

Tiefe Risse reparieren

Manchmal ist die Kluft zwischen Ihnen und einem Geschwister so breit und tief, daß es mit einfachen Reparaturarbeiten nicht getan ist. Manchmal muß alles noch mal aufgerissen und dann Stück für Stück neu zusammengefügt werden. Mit unserer Erfahrung als Therapeuten zeigen wir Ihnen einige Schritte, die unsere Patienten bei der Wiederversöhnung mit Geschwistern, in deren Beziehung ein toter Punkt erreicht war, hilfreich fanden.

Als erstes, wie wäre es mit einer Therapie?

Um einen dauerhaften Frieden mit Ihren Geschwistern schließen zu können, sollten Sie verstehen, welche Macht Sie aufeinander ausüben. Am besten erreichen Sie dieses Verständnis durch eine Therapie, der Sie sich entweder allein oder, noch besser, als Familie unterziehen. Es könnte sein, daß Sie psychisch dazu noch nicht bereit sind – die meisten Menschen ziehen eine Therapie erst dann in Betracht, wenn ihre Welt zusammenbricht – oder es Ihnen an Geld, Zeit, dem erforderlichen Glauben oder der nötigen Energie fehlt.

Wir sind jedoch überzeugt, daß man in einer Therapie am schnellsten herausfindet, was die ganzen Jahre über vorgegangen ist. Unter der Anleitung einer Fachkraft – und unabhängig davon, ob Sie diese allein oder gemeinsam konsultieren – ist es viel einfacher, zu entdecken, worauf bestimmte Verhaltensweisen zurückzuführen sind. Mit der Hilfe eines professionellen Therapeuten fällt es Ihnen leichter, Ihre innersten Gefühle auszudrücken, weil er oder sie darauf achtet, daß alles unter Kontrolle bleibt. Es werden die richtigen Fragen gestellt, Hinweise und Interpretationen gegeben. Eine Therapie muß sich nicht über einen langen Zeitraum hinziehen, und manchmal genügen einige wenige Sitzungen, um wichtige Veränderungen in der Beziehung zu Ihrem Geschwister einzuleiten. Diese Sitzungen können Ihnen Erkenntnisse vermitteln, mit deren Hilfe Sie ohne professionelle Unterstützung weiterhin Fortschritte machen können. Es kann Ihnen den Anstoß geben, den Sie brauchen.

Wir alle haben Gefühle, und doch erstaunt es uns immer wieder, daß so viele Menschen unfähig sind, sie zu erkennen, wahrscheinlich weil sie glauben, schlechte Menschen zu sein, wenn sie sich »häßliche« oder »nicht akzeptable« Gefühle eingestehen. Oft müssen wir unseren Patienten »andeuten«, welche Gefühle sie möglicherweise haben, und ihnen sozusagen die »Erlaubnis« geben, sie zu empfinden, bevor sie dazu stehen können. Mit anderen Worten, indem man ihnen sagt, daß alle menschlichen Wesen diese

»nicht akzeptablen« Gefühle haben, helfen wir unseren Patienten, auf eine bewußte und konstruktive Weise damit umzugehen.

Falls der Besuch bei einem Therapeuten für Sie nicht in Frage kommt, ist es auch möglich – wenn auch bei weitem nicht so einfach –, selbst Veränderungen herbeizuführen. Doch denken Sie daran, falls Sie in Ihren Bemühungen, das Verhältnis zu einem Geschwister zu verbessern, in einer Sackgasse stecken, daß es vielleicht ratsam wäre, sich der Unterstützung eines erfahrenen, ausgebildeten Beraters zu versichern.

Es allein in Angriff nehmen

Machen Sie zuerst eine Bestandsaufnahme der Probleme, die zwischen Ihnen und Ihrem Bruder oder Ihrer Schwester bestehen. Fragen Sie sich, welche Bezeichnungen und Rollen Sie der Familie hatten, wie sich die Geburtenreihenfolge ausgewirkt hat und welches Ihre typischen Verhaltensweisen sind, besonders wenn Sie sich in die Defensive gedrängt fühlen. Mit Hilfe dessen, was wir in diesem Buch gesagt haben, versuchen Sie, sich Ihrer Gefühle bewußt zu werden – Rivalitätsgefühle, feindliche Gefühle, Schuldgefühle, Minderwertigkeitsgefühle, Neidgefühle – und sich gleichzeitig vorzustellen, welche Gefühle Ihr Bruder oder Ihre Schwester Ihnen gegenüber hat. Um diese verborgenen Emotionen zu erkennen, sollten Sie eine Liste aller möglichen Gefühle – negativer und positiver Art – erstellen, und diese dann als Checkliste benutzen. Eine andere Möglichkeit bietet der Einsatz der »Methode der kritischen Ereignisse«, auf die wir später zu sprechen kommen.

Wenn Sie sich entschlossen haben, sich ernsthaft um eine freundschaftliche oder zumindest friedliche Beziehung zu Ihrem Geschwister zu bemühen, sollten Sie als erstes Kontakt mit ihr oder ihm aufnehmen und um ein Gespräch bitten. Ist Ihre Beziehung schlecht oder gar nicht existent, kann dieser erste Schritt sehr viel Mut erfordern.

Vergessen Sie dabei jedoch nicht: Auch wenn es Ihrer Meinung nach Zeit ist, die unbefriedigende Beziehung zu Ihrem Geschwister zu ändern, könnte es sein, daß er oder sie für Ihre Annäherungsversuche noch nicht bereit ist. Sie müssen also geduldig sein und, wie wir noch besprechen werden, auf die richtige Gelegenheit warten. Ihr Bruder oder Ihre Schwester sieht die Sache vielleicht nicht als so dringend an oder verspürt nicht dasselbe Verlangen wie Sie, das Geschwister wieder zu einem Teil seines oder ihres Lebens zu machen.

Kommt es zu einer Unterredung, müssen Sie bereit sein, Ihre Gefühle ehrlich mitzuteilen. Viele von uns zögern, sich ihrem lebenslangen Rivalen gegenüber zu öffnen, aus Angst, das Geschwister könnte unsere Gefühle des Neides, der Eifersucht, der Minderwertigkeit, der Frustration, der Wut oder der Schuld als kindisch oder neurotisch bezeichnen oder als unwichtig abtun. Doch solange diese Gefühle nicht offenbart werden, wird sich die Beziehung nicht verbessern. Deshalb sollten Sie, selbst wenn die Reaktion auf Ihre Annäherungsversuche lautet »Sei nicht albern! Wie konntest du nur so empfinden« oder »Komm, jetzt wirst du aber hysterisch«, nicht aufgeben und darauf bestehen, daß dies Ihre wahren Gefühle sind und daß Sie alles tun, so ehrlich wie möglich zu sein. Ihre Antwort könnte dann lauten: »Vielleicht werde ich hysterisch, weil du mir nicht zuhörst!« Andersherum sollten auch Sie die Gefühle Ihres Geschwisters mit dem nötigen Respekt akzeptieren und nicht versuchen sie zu leugnen oder zu verunglimpfen.

Haben Sie keine Angst vor einer Auseinandersetzung oder gar einem handfesten Streit. Sie haben zweifelsohne Ihre

Gefühle in einem Maße unterdrückt, daß Sie sie nicht äußern können, ohne Wut, Entrüstung oder Verzweiflung zu zeigen. Und warum auch nicht? Das ist Kommunikation, vielleicht seit Jahren die erste wirklich ehrliche Kommunikation zwischen Ihnen. Offen und ehrlich sein, besonders wenn es beim anderen dieselbe Reaktion hervorruft, ist der einzige Weg, wirklich Fortschritte zu machen. Eine ehrliche Explosion ist besser, als weiterhin Ihren Groll zu hegen und Ihre Gefühle zu unterdrücken. Sie müssen Ihre Gefühle offen auf den Tisch legen und Ihrem Geschwister erlauben, es Ihnen gleichzutun. Dazu gehört auch, daß jeder den anderen sprechen läßt, ohne ihn zu unterbrechen.

Die Unterredung sollte nie damit enden, daß alles offengelassen wird. Sich ehrlich auszusprechen ist zwar wichtig, sollte jedoch nur der Anfang sein. Wütend oder frustriert aus dem Zimmer zu stürmen, beendet den in Gang gekommenen Prozeß unvermittelt und brüsk.

Der nächste Schritt besteht darin, konstruktiv über Veränderungen zu sprechen, die die Beziehung verbessern könnten. Wenn Sie das erste Mal zu keiner Einigung kommen, versuchen Sie es mit einem weiteren Gespräch, das vielleicht zu mehr Klarheit und Verständigung führt.

Wie beginnt man am besten?

Wenn die Beziehung zu einem Geschwister seit vielen Jahren schlecht ist oder sich eine große Kluft zwischen Ihnen aufgetan hat, kann sich dies natürlich nicht innerhalb eines Tages ändern. Es genügt fürs erste, die Dinge ins Rollen zu bringen. Greifen Sie zum Telefonhörer und sagen Sie: »Weißt du was? Ich habe gerade ein Buch über Geschwisterbeziehungen gelesen, und dabei mußte ich an uns denken. Meinst du nicht, wir sollten uns einmal treffen und miteinander reden? Mit deiner Hilfe könnte ich wohl einige meiner Probleme besser verstehen. Also komm, laß uns überlegen, wann und wo wir uns sehen könnten.« Oder »Ich mag dich. Aber ich finde es schrecklich, wie wir uns manchmal benehmen, wenn wir beieinander sind. Ich bin sicher, daß sich dagegen etwas tun läßt, wir müßten uns nur einmal zusammensetzen.«

Viele unserer Patienten haben uns gesagt, daß sie es vorziehen, ihre Geschwister in einem Brief oder einem Telefongespräch auf das Problem anzusprechen. Weder das eine noch das andere ist unserer Meinung nach der geeignete Weg, es sei denn, es gibt keinen anderen. Sie können zwar einen Brief an Ihre Schwester oder Ihren Bruder schreiben, in dem Sie allen Groll und alle Meinungsverschiedenheiten zur Sprache bringen – aber senden Sie ihn bitte nicht ab. Lesen Sie das Ganze noch einmal durch, und dann zerreißen Sie den Brief. Briefe sind eine gefährliche Art der Kommunikation, weil sie so leicht falsch interpretiert werden können.

Telefongespräche sind ebenfalls schwierig, weil es sich dabei um eine impulsive Aktion handeln kann und es für beide viel zu einfach ist, beleidigt aufzulegen. Natürlich können Telefongespräche der einzige Weg sein, wenn persönliche Unterredungen nicht möglich sind, aber sie bieten keine optimalen Voraussetzungen, um Differenzen zu beseitigen oder Gefühle offenzulegen.

Andererseits können Telefonanrufe und Briefe als subtile Mittel der Annäherung auf dem Weg zu einer besseren Verständigung benutzt werden. Ein Anruf zum Geburtstag, ein Anruf ohne einen bestimmten Grund, nur um zu schwatzen, das Angebot zu helfen, wenn Hilfe gebraucht wird, das Heraufbeschwören von Erinnerungen an schöne Momente, ein Brief, der zeigt, daß Sie sich für das Leben Ihres Geschwisters interessieren – all dies kann dazu beitragen, die Beziehung auf eine befriedigendere Ebene zu bringen.

Doch wenn es irgendwie möglich ist, sollten Sie sich in einem persönlichen Gespräch über Ihre Beziehung unterhalten, denn dies ist die wirksamste Art, die zwischen Ihnen stehenden Barrieren zu überwinden. Sie können sich dabei gegenseitig ansehen und die Intensität der Gefühle spüren. Und Sie können dabei den anderen ausreden lassen und so wirklich alles zur Sprache bringen.

Sich der »Methode der kritischen Ereignisse« bedienen

Vor Ihrer Zusammenkunft sind einige wichtige Vorbereitungen zu treffen. Sie und Ihr Geschwister haben gemeinsam – wie Ehefrau und Ehemann oder Eltern und Kind – eine Anzahl »kritischer Ereignisse« erlebt, die Sie als emotionale Last mit sich herumtragen. Diese kritischen Ereignisse sind kleinere oder größere Begebenheiten, die Sie nie vergessen haben, weil sie Ihnen als Symbole für Ihre Beziehung dienen. Ähnlich wie die frühen Erinnerungen und Träume von Psychoanalytikern als Mittel benutzt werden, um ins Innere eines Patienten einzudringen und seine Sicht der Dinge zu erfahren, können diese Ereignisse helfen, zu Ihren wirklichen Gefühlen vorzustoßen.

Halten Sie kurz beim Lesen inne, und denken Sie über Ihren Bruder oder Ihre Schwester nach. An welche Begebenheit erinnern Sie sich am besten? Es kann etwas scheinbar Unbedeutendes sein, wie der glückliche Ausdruck auf dem Gesicht Ihrer Schwester, als Sie in der zweiten Klasse den Rechtschreibtest nicht bestanden, oder etwas so Wichtiges wie die fürchterliche Schlägerei zwischen Ihnen, als Sie zehn Jahre alt waren. Es könnte der Moment sein, wo Ihre Schwester Sie tröstete, als Ihre Lieblingspuppe kaputtging, oder der Tag, als Sie beide zu einer Party gingen und Sie Ihrem Bruder sein Mädchen ausspannten. An welches kritische Ereignis Sie sich auch erinnern, es hat einen ganz besonderen Platz in Ihrem Gedächtnis, weil es Ihre Sicht der Beziehung zwischen Ihnen symbolisiert. Es kann nur ein solch wichtiges Ereignis oder aber mehrere gegeben haben. Doch immer erzählen sie eine wichtige Geschichte.

Unsere Patientin Jeanne, eine Frau in den Fünfzigern, erinnerte sich an ein Ereignis, als sie ein mageres kleines Mädchen von acht Jahren war. Ihre Mutter hatte der älteren Schwester Rosalie, die damals dreizehn war, aufgetragen, sie an diesem Nachmittag nach der Schule in die Stadt zum Zahnarzt zu bringen. Rosalie, die diese Aufgabe als eine schreckliche Zumutung empfand, packte Jeanne bei der Hand, zog sie durch Straßen, über Plätze und Brücken, wobei sie trotz tränenreichen Protests nie ihren Griff lockerte, bis sie beim Zahnarzt angelangt waren – und genau dasselbe spielte sich auf dem Rückweg ab. Dieses Ereignis symbolisierte für die jüngere Schwester die Herrschsucht Rosalies.

Solche Momente setzen sich aus Bildern zusammen, die zeigen, wie Sie die Beziehung zu Ihrem Bruder oder Ihrer Schwester sehen. Es kommt noch eine große Zahl ähnlicher Momente hinzu, die wiederum mit Hunderten von Variationen zu demselben Thema verknüpft sind und einen raschen Zugang zu Ihren inneren Gefühlen vermitteln.
Es ist besser, mit Ihrem Bruder oder Ihrer Schwester über solch ein kritisches Ereignis, das symbolisch für Ihre Beziehung ist, zu sprechen, als über irgendein amorphes allgemeines Gefühl wie: »Du hast mich immer herumkommandiert« oder »Du hast mir immer das Gefühl gegeben, ich wäre dumm.«

Als erstes sollten Sie sich etwas Zeit nehmen und über Ihre Schwester oder Ihren Bruder nachdenken. Welches Ereignis erscheint in Ihrem Gedächtnis? Schreiben Sie das auf ein Blatt Papier: Was ist passiert? Wo ist es passiert? Wie alt waren Sie? Wie waren Sie gekleidet? Wie haben Sie ausgesehen? Wer sagte was? Wer tat was? Wer war sonst noch anwesend? Was taten die anderen Leute? Was hat es für Sie bedeutet? Was sagt es über Sie und Ihr Geschwister aus? Warum erinnern Sie sich immer noch daran? Überlegen Sie, wie Sie sich damals gefühlt haben und wie Sie heute empfinden. Empfanden Sie Wut, Erniedrigung, Frustration, Schadenfreude, Macht, Ohnmacht, Triumph, Neid oder Schuld? Notieren Sie Ihre damaligen und heutigen Gefühle bezüglich des Ereignisses, und fragen Sie sich, ob es immer noch ein Problem zwischen Ihnen darstellt. Jeanne sah sich als Opfer ihrer Schwester, die ihre Macht über sie ausübte und sie herabsetzte, wie sie es, obwohl inzwischen so viele Jahre vergangen sind, heute noch zu tun pflegt.

Die nächste Frage, die Sie sich stellen müssen, lautet: Welches war das Problem, das sich durch dieses Ereignis offenbart? Im Falle von Jeanne war es das Problem, sich herabgesetzt, gedemütigt und beherrscht zu fühlen. Welches war Ihr Gefühl in Ihrer Geschichte, und ist es immer noch ein Problem zwischen Ihnen?

Als wir Lynn baten, sich an einen kritischen Moment in ihrer Kindheit zu erinnern, erzählte sie ohne zu zögern von einer phantasierten Szene zwischen ihr und ihrer vier Jahre älteren Schwester. Sie sah sich auf dem Bett der großen Schwester sitzen und dieser den Rücken streicheln. Nur das, nicht mehr und nicht weniger. Als sie gefragt wurde, was sie damals fühlte, erinnert sie sich an ein wohliges, angenehmes Gefühl. Warum streichelte sie ihrer Schwester den Rücken? Sie wollte sie nach einer ihrer vielen Auseinandersetzungen mit dem Vater trösten.

»Ich war zwar eifersüchtig auf Julie, weil sie immer im Mittelpunkt stand, doch wenn sie es schaffte, mir leid zu tun, war ich bereit, alles für sie zu tun. Sie war ständig in Schwierigkeiten, und ich fühlte mich dann schlecht, obwohl sie gewöhnlich so tat, als ob ich nicht existierte. Ich liebte es, sie zu trösten. Später, als wir erwachsen waren, heiratete sie und wollte jahrelang so gut wie nichts von mir wissen. Erst als ihr Mann starb und sie allein zurückblieb, erinnerte sie sich wieder an mich. Ich ging auf ihre Annäherungsversuche ein und war bereit, mich wieder um sie zu kümmern, ihr sozusagen ›den Rücken zu streicheln‹, und das, obwohl ich es ihr übelnahm, daß sie mich praktisch vergessen hatte, als sie mich nicht brauchte.«

Die Erinnerungen dienten dazu, Lynn die Perspektive der Beziehung zu ihrer Schwester zu zeigen. Allmählich begann sie zu begreifen, daß sie ihre Rolle des fürsorglichen Kindermädchens ablegen und eine andere Form der Beziehung zu Julie finden mußte, um nicht erneut zur Seite gelegt zu werden, sobald sie nicht mehr gebraucht wird.

Diese Erkenntnis zog sie aus einem kleinen Stück Erinnerung. Welche Vielfalt an Gefühlen kann eine vermeintlich harmlose Geschichte enthalten!

Ein Blick auf die andere Seite

Denken Sie nun an Ihren Bruder oder Ihre Schwester. Welches waren, Ihrer Meinung nach, deren Gefühle bei diesem kritischen Ereignis?

Jeanne, die bei der Hand gepackt und zum Zahnarzt gezerrt wurde, kam zu dem Schluß, daß ihre ältere Schwester sie als eine unangenehme Last empfunden haben mußte; ein Kind, das sie nicht mochte, das auftauchte, als sie fünf

Jahre alt war und ihr die Liebe der Mutter wegnahm. »Ich war der Liebling in unserer Familie. Meine Schwester muß das sehr gekränkt haben. Sie muß auch sehr eifersüchtig gewesen sein, denn sie war das ›schwierige Kind‹ und ich das ›liebe Kind‹, das immer versuchte, Mutter zu gefallen. Wahrscheinlich hätte sie mich lieber vor ein Auto gestoßen, als Verantwortung für mein Wohlergehen zu übernehmen. Außerdem hatte sie an diesem Tag sicherlich Besseres vor. Für sie war ich eine undankbare, widerborstige Göre, die ihr aufgedrängt wurde und das, was sie für mich tun mußte, nicht schätzte. Ich fasse es nicht! Nach all diesen Jahren des Grolls verspüre ich nun Mitleid mit *ihr*!«

Um zu einer objektiveren Interpretation zu kommen, sollten Sie mit einigen Freunden oder Kollegen – von denen mindestens einer in der Geburtenreihenfolge denselben Platz wie Ihr Geschwister einnimmt – über das Ereignis, an das Sie sich erinnern, reden. Bitten Sie sie nun, Ihnen zu sagen, welche Gefühle ihrer Meinung nach Sie und Ihr Geschwister empfanden und was Sie beide damals zu erreichen versuchten. Jemand, der denselben Platz in der Geburtenreihenfolge einnimmt, hat ähnliche Momente und Gefühle erlebt und kann Ihnen deshalb sagen, was Ihr Geschwister empfunden haben mag. Dies hilft Ihnen, sich in eine andere Sicht der Geschichte hineinzuversetzen.
Und nun wartet auf Sie eines der emotional belastendsten Gespräche, das Sie je führen werden. Es könnte sein, daß Sie zugeben müssen, sich geirrt zu haben, und daß nicht einzig und allein Ihr Geschwister schuld an den Problemen hat, die Sie beide betreffen. Wenn Sie von vornherein die Position einnehmen, die andere Person ist minderwertig und bringt Ihnen keinerlei positive Gefühle entgegen, kann nichts Konstruktives entstehen. Die Einstellung ist

immens wichtig, denn anhaltende Bitterkeit blockiert Einsichten. Denken Sie daran: Jedes Ding hat zwei Seiten.

Natürlich sind auch Sie nicht für alles verantwortlich, was zwischen Ihnen falschgelaufen ist. Ihre Verantwortung für die Beziehung beträgt nur fünfzig Prozent. Wichtig ist, über die Vorwürfe hinauszukommen und mit der Reparaturarbeit zu beginnen.

Es ist nicht einfach, den richtigen Zeitpunkt für das erste Gespräch mit Ihrem Geschwister zu finden. Sie müssen geduldig sein und den Moment abwarten, wo Ihr Bruder oder Ihre Schwester offen für eine Unterredung über vergangene Zeiten zu sein scheinen. Nutzen Sie die Gelegenheit, wenn Emotionen nahe an der Oberfläche liegen – vielleicht während einer Familienkrise, wie zum Beispiel Krankheit oder Tod eines Elternteils, oder während eines besonderen Anlasses, wie zum Beispiel einer Hochzeit, der Geburt eines Kindes oder einer Scheidung.

Aber machen Sie es sich nicht zunutze, wenn Ihr Geschwister sich schlecht fühlt oder so gestreßt von Arbeit, Verpflichtungen oder Emotionen ist, daß es nicht die Zeit oder Energie für ein produktives Gespräch hat. Wählen Sie auch nicht das am Familiensitz stattfindende Festtagsmahl am Erntedankfest für eine solche Unterredung. Sie wollen doch keine Szene heraufbeschwören, und Sie wollen auch nicht von anderen, die vielleicht ihre eigenen Probleme haben, abgelenkt oder unterbrochen werden. Was Sie brauchen, ist ein Gespräch unter vier Augen.

Wenn Sie einen geeigneten Zeitpunkt gefunden haben, sagen Sie Ihrem Bruder oder Ihrer Schwester persönlich oder, wenn es nicht anders geht, am Telefon, daß Sie viel über Ihre Beziehung nachgedacht haben und gerne mit ihm oder ihr darüber reden möchten. Fragen Sie, ob er oder sie bereit dazu ist.

So gut wie keine Chance haben Sie, wenn Ihr Geschwister mit großer Entschlossenheit sagt: »Nein, ich habe kein Interesse daran. Für mich gibt es nichts zu besprechen. Was bringt es, das alles noch einmal durchzukauen, es ist zuviel Wasser den Bach heruntergeflossen.« Sie werden keine Verabredung treffen und keine Verbesserung der Beziehung erzielen. Es könnte jedoch auch sein, daß der Zeitpunkt Ihrer Annäherung schlecht gewählt war. In diesem Fall raten wir Ihnen, es noch einmal zu probieren.

In den meisten Fällen ist es jedoch so, daß Ihre Geschwister neugierig gemacht werden und Interesse zeigen, weil sie ebenfalls Sehnsucht haben nach der Wärme und Fürsorglichkeit, die es in einer guten Beziehung gibt. Auch sie möchten den Groll hinter sich lassen und Freundschaft mit Ihnen schließen.

Bedauerlicherweise kommt es jedoch auch vor, daß, wenn eine Beziehung über die Jahre hinweg Schaden genommen hat, sie nicht mehr zu reparieren ist. In diesem Fall raten wir unseren Patienten, sich zurückzuziehen, Distanz zu wahren und die Geschwisterbande durch andere enge Beziehungen zu ersetzen. Unter diesen Bedingungen ist dies die beste Entscheidung.

Ohne Emotionen kein Fortschritt

Bei Ihrem Treffen sollten Sie klarmachen, daß Sie gekommen sind, um zuzuhören, und hoffen, daß er oder sie ebenfalls bereit ist, Ihnen zuzuhören. Versuchen Sie, sich in Ihrer Unterredung auf das kritische Ereignis, an das Sie sich erinnern, zu konzentrieren. Sie können die Sprache darauf bringen, indem Sie sagen: »Da ist etwas zwischen uns vorgefallen, das mich schon immer beschäftigt hat. Es würde mich wirklich interessieren, wie du darüber denkst.« Beschreiben Sie anschließend die Begebenheit. Ihr Geschwister wird diesen Köder höchstwahrscheinlich annehmen, da für sie oder ihn dieses Gespräch genauso mit Emotionen beladen ist wie für Sie.

Ihr Bruder oder Ihre Schwester werden sich sicherlich an das kritische Ereignis bis ins Detail erinnern, wobei ihre Sicht der Dinge jedoch eine andere sein wird. Schweifen sie möglichst nicht von dem Vorfall ab, und lassen Sie sich auch nicht zu Ausbrüchen hinreißen wie: »Du hast mich ja immer gehaßt!« Jeder sollte genügend Zeit haben, seine Version der Geschichte zu erzählen, ohne unterbrochen zu werden.

Falls sich Ihr Geschwister nicht an das Ereignis erinnern kann, erzählen Sie von einem anderen oder fragen Sie, ob es sich seiner Meinung nach so abgespielt haben könnte. Hält es dies für unmöglich, erkundigen Sie sich, wie es gegebenenfalls hätte sein können. Auf diese Weise haben Sie Ihr Geschwister dazu gebracht, sich auf eine Perspektive, wie die Dinge gewesen sind, festzulegen, was Ihnen erlaubt, zum nächsten Schritt überzugehen.

Sollten zu diesem Zeitpunkt die Fetzen fliegen, so ist dies, von unserem Standpunkt aus, nur zu begrüßen. Die Erinnerung an diese Begebenheit kann furchterregende Kräfte freilegen, die friedliche Seelen in feuerspeiende Monster verwandeln, und Ihnen ist vielleicht danach, die Flucht zu ergreifen. Doch zwingen Sie sich dazu, nicht aufzugeben und diesen einen Vorfall bis ins kleinste Detail auseinanderzunehmen. Der Zusammenstoß, den diese intensive Auseinandersetzung hervorruft, wird, auf die Dauer gesehen, Ihre Geschwisterbeziehung deutlich verbessern.

Jetzt sind Engagement, Wut, Ehrlichkeit und Gefühle gefragt. Eine konstruktive Auseinandersetzung ist nur möglich, wenn Sie beide sich in die Konfrontation einlassen. Sind nur Sie wütend und verärgert und Ihr Geschwister ruhig, reserviert und beherrscht, können Sie sicher sein, daß er oder sie unbedingt den Status quo beibehalten möchte. Sie müssen diese Unerschütterlichkeit ins Wanken bringen, damit Neuland betreten werden kann. Andererseits dürfen Sie Ihrem Geschwister aber auch nicht erlauben, sich in Tränen oder hysterische Ausfälle zu flüchten und Sie dadurch aus dem Konzept zu bringen.

Es könnte jedoch auch sein, daß Sie auf Ihre altbewährten Verteidigungstaktiken zurückgreifen wollen. Verstehen Sie dies als ein Warnsignal, daß das Thema vielleicht zu emotionsgeladen ist. Nehmen Sie sich zurück, und zeigen Sie Ihre Gefühle auf eine weniger bedrohliche Art.

Sobald die Situation außer Kontrolle zu geraten droht, sollten Sie versuchen, etwas Luft herauszunehmen. Schlagen Sie vor, das Gespräch für eine Weile zu unterbrechen, um herauszufinden, was vorgefallen ist: »Vielleicht sollten wir über dieses Thema später noch einmal reden. Ich komme morgen wieder vorbei.« Oder versuchen Sie sich zu entspannen, indem Sie zu einem emotional weniger brisanten Thema überwechseln.

Denken Sie daran: Zuhören ist wichtig

Hören Sie Ihrem Geschwister aufmerksam zu. Es steckt immer eine gewisse Aussagekraft in dem Gesagten, und vieles, was über Sie und Ihr Verhalten gesprochen wird, beruht vielleicht auf Tatsachen. Auf jeden Fall entspricht es aus der Perspektive Ihres Geschwisters der Wahrheit. Sie sollten also nicht einfach darüber hinweggehen.

Sie werden feststellen, daß nun der Punkt gekommen ist, wo Sie nicht mehr zurückkönnen. Sie haben sich beide auf das Thema eingelassen und können nun nicht mehr aufhören, bevor die Atmosphäre gereinigt ist. Auch wenn Sie sehr aufgewühlt sind und böse Worte gewechselt wurden, sind Sie in Ihrem gegenseitigen Verständnis höchstwahrscheinlich weitergekommen. Wut ist meistens ein Signal dafür, daß die andere Person sich stark mit den Vorfällen identifiziert. Das ist der Moment, wo neue Verhaltensmuster ins Leben gerufen werden, denn jetzt, wo Sie endlich ganz offen miteinander sind, sagen Sie beide genau das, was Sie meinen. In Ihrer Beziehung ist zweifelsohne etwas in Bewegung geraten.

Nehmen wir einmal an, Ihr Bruder oder Ihre Schwester steht auf und sagt: »Das ist doch ein alter Hut. Ich habe das alles schon einmal gehört!« In diesem Fall schlagen wir folgende Antwort vor: »Kann ja sein, aber laß uns trotzdem weitermachen. Vielleicht lernen wir endlich, uns zu verstehen. Bitte, sage mir, wie du die Sache siehst, und ich werde versuchen, dir ganz ehrlich zu antworten. Dann wird uns sicherlich vieles klarwerden.«

Was auch immer passiert, laufen Sie nie davon, und sagen Sie nie, die Sache wäre für Sie damit endgültig erledigt. Nehmen Sie das Gespräch wieder auf, vielleicht bereits am nächsten Tag, aber kommen Sie dann nicht wutgeladen an, und beschuldigen Sie Ihr Geschwister nicht: Zeigen Sie, daß Sie der Perspektive Ihres Geschwisters Glauben schenken. Ihr Geschwister wird höchstwahrscheinlich gerne bereit sein, mit der Unterredung fortzufahren, wenn es das Gefühl hat, daß Sie seine Version der Dinge zu begreifen beginnen. Sagen Sie Ihrem Bruder oder Ihrer Schwester, daß Sie über alles nachgedacht haben und nun seinen oder ihren Standpunkt besser verstehen. Zeigen Sie, daß Sie sich in sie oder ihn hineinversetzen können. Drücken Sie dies vielleicht so aus: »Ich habe über das, was du gesagt hast, nachgedacht und bin zu dem Schluß gekommen, daß du in vielerlei Hinsicht recht hast. Erzähl noch mehr darüber, wie du empfunden hast.«

Falls es die Situation erfordert, entschuldigen Sie sich für ein Verhalten, das Ihr Geschwister unerträglich fand (auch wenn dies inzwischen vierzig Jahre zurückliegt): »Es tut mir leid, daß ich dir dein Mädchen in der High-School ausgespannt habe. Weißt du, ich habe mich dir immer unterlegen gefühlt. Du warst in allem so gut. Wahrscheinlich habe ich es gemacht, um dir zu beweisen, daß es einen Bereich gibt, wo ich mehr Erfolg habe als du. Ich entschuldige mich dafür. Ich hatte deswegen immer Gewissensbisse, habe aber nie gewagt, etwas zu sagen. Ich habe gehofft, du hättest es vergessen.«

Und Sie sollten dann noch hinzufügen – falls dies Ihren wahren Gefühlen entspricht: »Du weißt, ich habe dich immer geliebt und möchte dein Freund sein.«

Und dann können Sie noch sagen: »Komm, laß uns noch weiter miteinander reden, es hat mir so gutgetan. Wann können wir uns wiedersehen?« Vielleicht vergehen Monate, bis Ihr Bruder oder Ihre Schwester bereit ist, das Gespräch fortzusetzen, aber er oder sie haben Ihnen zugehört und konnten über das, was Sie beide gesagt haben, nachdenken.

Selbst wenn Ihr Geschwister nicht bereit ist, weiter über das Thema zu sprechen, dürfen Sie dies nicht als ein Scheitern Ihrer Bemühungen ansehen. Sie waren mutig und haben etwas unternommen, und oft braucht es Monate, bis eine Saat zu sprießen beginnt. Vielleicht ist es Ihnen gelungen, für Sie beide neue Perspektiven zu schaffen und Denkanstöße zu geben. Lassen Sie nun etwas Zeit verstreichen, um dann einen neuen Anlauf zu nehmen.

Sagen Sie sich immer wieder, daß eine engere Beziehung zu den einzigen Brüdern und Schwestern, die Sie je haben werden, etwas zutiefst Befriedigendes sein kann. Arbeiten

Sie darauf hin, versuchen Sie, die Bande zu stärken – es wird sicherlich zu Ihrem Vorteil sein. Mit diesem Buch wollen wir Ihnen Mut machen, Ihre Geschwisterbeziehung einer näheren Betrachtung zu unterziehen. Wir wollen, daß Sie den starken Einfluß, den Ihre Geschwister auf Sie ausgeübt haben, erkennen, und Sie sollen erkennen, daß sie immer einen Platz in Ihrem Leben einnehmen werden und daß sie Menschen sind, die anders leben und andere Probleme haben als Sie. Und schließlich möchten wir, daß Sie das Positive und das Negative an ihnen akzeptieren und begreifen, daß sie Menschen sind, die ihr Bestes tun.

Ihre Bemühungen werden vielleicht nicht zu der ersehnten Freundschaft und Nähe führen, aber sie werden bestimmt Ihre Lebensqualität verbessern, weil Sie jetzt über ein anderes Verständnis Ihrer Vergangenheit verfügen. Sie haben gelernt, Ihre Geschwister und sich selbst mit mehr Großmut zu betrachten.

Und wenn Ihre Bemühungen Sie einander nähergebracht haben, können Sie sich beide zu den Gewinnern zählen.

Mit der Überprüfung Ihrer Familie haben Sie noch etwas anderes, vielleicht Wichtigeres erreicht – ein besseres Verständnis von sich selbst. Weil Ihre Geschwister einen solch starken Einfluß auf die Entwicklung Ihrer Persönlichkeit und die Bestimmung Ihrer Zukunft gehabt haben, müssen Sie, um sich selbst zu begreifen, erst die Beziehung, die Sie zu ihnen haben, verstehen.

Sie haben gelernt, daß die Geschwisterbeziehung auf ihre Art die einflußreichste Ihrer Beziehungen ist, da sie die Wurzeln zu Ihrem Rivalitätsverhalten gelegt hat. Diese Beziehung ist auf ihre Art sogar mächtiger als diejenige zu den Eltern, weil die Art und Weise, wie Sie mit Ihren Brüdern und Schwestern umzugehen lernten, Ihre Verhaltens-

muster für alle anderen Beziehungen in Ihrem Leben fest-
legten. Weil Sie stets um die Liebe, Anerkennung und Aufmerksamkeit Ihrer Eltern konkurriert haben, werden Sie
und Ihre Geschwister lebenslang versuchen, das Kind zu
sein, das die Mutter am meisten geliebt und der Vater am
meisten bewundert hat. Wo Geschwister sind, ist auch Rivalität – dies ist etwas völlig Normales, Natürliches und Uni-
verselles.

Sie haben weiterhin gelernt, daß Sie einen besonderen
Platz in Ihrer Familie einnehmen, der auf verschiedene
Faktoren zurückzuführen ist, zum Beispiel Geburtenreihenfolge, Geschlecht, Größe der Familie, Bevorzugung,
wirtschaftliche Situation und Umgang der Familienmitglieder miteinander. Sie wissen, daß Sie von Geburt an – ja vielleicht bereits vorher – Bezeichnungen bekamen, daß Sie
eine Rolle entwickelt haben, die Sie inzwischen wie fernge-
steuert spielen können, und auch eine Art des Verhaltens,
das Sie, wo immer Sie auch hingehen, zeigen.

Es hat Mut erfordert, den Geschwisterkomplex zu überprüfen, einschließlich der sich überall bemerkbar machenden
Auswirkungen dieser anderen wichtigsten Beziehung in Ihrem Leben, die in unserer Kultur zu den am wenigsten er-
forschten Gebieten gehört. Dadurch, daß wir etwas Licht
ins Dunkel gebracht haben, haben Sie sicherlich mehr Verständnis für sich und Ihre Geschwister gewonnen. Und vielleicht sind Sie Ihren Brüdern und Schwestern nähergekom-
men oder haben zumindest mehr Toleranz für ihre
Fehler und mehr Bewunderung für ihre Stärken entwickelt – genauso wie für Ihre eigenen.